La espiral de la razón

Dan Ariely

La espiral de la razón

Las trampas y los mecanismos de las falsas creencias

Traducción de Julio Hermoso

Ariel

Título original: *Misbelief. What Makes Rational People Believe Irrational Things*

Primera edición: junio de 2025

Esta edición está publicada por acuerdo con The Foreign Office Agencia Literaria, S.L. y Levine Greenberg Rostan Literary Agency.

Avda. Diagonal, 662-664, 08034 Barcelona
Editorial Ariel es un sello editorial de Planeta, S. A.
www.ariel.es
www.planetadelibros.com

ISBN: 978-84-344-3895-8
Depósito legal: B. 7.549-2025

Impreso en España

PEFC Certificado
Este libro procede de bosques gestionados de forma sostenible
PEFC/14-38-00305
www.pefc.es

Este libro está dedicado a todas esas personas que se han convencido de algo sin fundamento y que me han ayudado a comprender su manera de ver la realidad, además de a entender mejor el mundo en que convivimos todos. Al principio, muchas de ellas eran verdaderas adversarias a título personal, pero se convirtieron en mis guías antropológicas. Otras pocas fueron derivando de un modo extraño hacia algo que no estaba, ni mucho menos, en las antípodas de la amistad. Mi más profundo agradecimiento por vuestro tiempo y orientación.

Índice

Cuarta parte
LOS ELEMENTOS PERSONALES Y LA HISTORIA DE NUESTRAS DIFERENCIAS INDIVIDUALES

Quinta parte
LOS ELEMENTOS SOCIALES Y LA HISTORIA DEL TRIBALISMO

Sexta parte
LA CONVICCIÓN INFUNDADA, LA CONFIANZA Y LA HISTORIA DE NUESTRO FUTURO

Demonizado

Una introducción que deberías leer
aunque seas de los que se saltan las introducciones

> Nunca te imagines que no eres diferente de lo que pudieras parecerle a los demás que eras o pudieras haber sido que no era diferente de lo que habías sido que les hubiese parecido que era distinto.
>
> Lewis Carroll,
> *Las aventuras de Alicia en el País de las Maravillas*

«Dan, no me puedo creer que te hayas convertido en alguien así. ¿Cuándo te volviste tan codicioso? ¿Cómo has cambiado tanto?»

Reconozco el nombre que firma el correo electrónico: Sharon, una mujer a la que conocí hace varios años, cuando me pidió ayuda con un taller corporativo que iba a impartir sobre el cambio conductual. En aquel entonces, me pasé tres horas ayudándola a darle más sustancia a su conferencia sin cobrarle nada. Después del taller, me llamó para agradecérmelo y ahí se terminó nuestra relación..., hasta julio de 2020, cuando recibí este mensaje tan extraño y críptico. Le envié mi respuesta: «¿A qué te refieres exactamente?».

Su contestación iba acompañada de varios enlaces y, cuando hice clic en ellos, me vi embarcado en uno de los viajes más desconcertantes, perturbadores y aun así fascinantes de toda mi existencia. Era como si me hubiese acercado hasta el límite de mi realidad conocida y retirado una cortina, revelando un universo paralelo donde alguien que tenía mi rostro, mi voz y mi nombre estuviera perpetrando toda una serie de maldades que amenazaban a toda la humanidad..., y aquel otro yo ya llevaba un tiempo haciéndolo. Era como si me encontrara con la primera escena de una novela de ciencia ficción. Los enlaces de internet que me envió Sharon remitían a una infinidad de páginas web que me describían como «la principal cabeza pensante» del «fraude del covid» y como uno de los líderes de la denominada «trama de la Agenda 21». En este universo paralelo, mis amigos los Illuminati y yo nos habíamos confabulado con Bill Gates para diseñar un plan destinado a poner a las mujeres una vacuna que las dejaría estériles, reduciendo la población mundial, así como, de manera simultánea, crear el sistema de un pasaporte de vacunación internacional que permitiría que el poder establecido (supuestamente, Bill y los Illuminati, incluido yo) rastreara los movimientos de todos los habitantes del planeta. Muchos de los que escribían en internet iban más allá y afirmaban que yo estaba colaborando con varios Gobiernos para controlar a sus ciudadanos y manipularlos.

No supe qué pensar. Continué leyendo y empecé a sonreírme. Al fin y al cabo, aquello era absurdo y —en caso de que te lo estés preguntando— rotundamente falso. Mi principal relación con Bill Gates se reducía a un trabajo breve que había hecho unos años antes con la Fundación Gates (Bill & Melinda Gates Foundation) sobre la nutrición durante la primera etapa de la infancia en África. Desde luego, jamás me he unido a los Illuminati (y, aunque hubiese querido, no tengo la menor idea de cómo se hace eso). No se había aprobado aún ninguna vacuna contra el covid y yo tampoco había participado de ningún modo en los trabajos para desarrollar ninguna. En cuanto al asesoramiento a los Gobiernos, sí que había hecho algo de eso, pero este se limitaba a cuestiones como la manera de incentivar el cumplimiento de las restricciones de la pandemia y el uso de las mascarillas, la distribución más eficiente de las ayudas económicas, el modo de lograr una mayor motivación para los educadores y los alumnos y reducir el grado de violencia en el entorno doméstico. Me consideraba una persona que

Este libro está dedicado a todas esas personas que se han convencido de algo sin fundamento y que me han ayudado a comprender su manera de ver la realidad, además de a entender mejor el mundo en que convivimos todos. Al principio, muchas de ellas eran verdaderas adversarias a título personal, pero se convirtieron en mis guías antropológicas. Otras pocas fueron derivando de un modo extraño hacia algo que no estaba, ni mucho menos, en las antípodas de la amistad. Mi más profundo agradecimiento por vuestro tiempo y orientación.

trabajaba de manera incansable para mejorar las cosas, y sin embargo mucha gente me estaba comparando con Joseph Goebbels, el ferviente subordinado de Adolf Hitler y principal propagandista nazi. ¿Sería una broma pesada y poco más o un malentendido de lo más estrambótico? Dudaba de que alguien se tomase aquello en serio.

No obstante, fui siguiendo el rastro de aquellos vínculos hasta las catacumbas de internet y, al parecer, era mucha la gente que le estaba dando credibilidad a aquello. Las publicaciones que hablaban sobre mí contaban con miles de comentarios. Mi gemelo malvado aparecía en unos vídeos editados con torpeza, en ocasiones vestido con un uniforme nazi y siempre con unas intenciones despreciables. Unos grupos de tertulianos *online* debatían mis defectos y mis nefarias motivaciones. Había quien reclamaba unos «juicios de Nuremberg 2.0» que me declarasen culpable y me condenaran a una ejecución en plaza pública.

Después de pasarme varias horas leyendo comentarios y viendo vídeos, ya no me parecía ni mucho menos divertido. Es más, me resultó doloroso y desconcertante, en especial cuando, más adelante, me enteré de que las personas que se creían estas mentiras no eran tan solo desconocidos, sino que entre ellas había quienes habían estudiado mi trabajo y lo respetaban hasta entonces, e incluso gente a la que conocía personalmente desde hacía años. ¿Cómo era posible que no se hubieran enterado de nada? Estaba claro, pensé, que me iba a bastar una simple conversación con ellos para que se percataran de su error y se pondría fin a todo aquel disparate. Quizá se disculparan, incluso.

Vi que uno de los líderes de aquella discusión, Sara, indicaba un número de teléfono. Era ella quien pedía que me juzgasen y estaba absolutamente segura de que, en cuanto se hiciesen públicos mis crímenes de lesa humanidad, sería de los primeros a los que colgarían para que todo el mundo lo viese, lo jalease y lo celebrase. Decidí llamarla y aclarar las cosas. ¿Qué podría salir mal?

Al parecer, muchas cosas. No fue nada bien, por motivos que quizá resulten obvios para cualquiera que haya dedicado aunque sea unos minutos a considerar las posibilidades de convencer a alguien para que cambie de opinión por medio de una llamada de teléfono por sorpresa. Pero, claro, es que yo no estaba pensando en ese momento: estaba sumamente ofendido y actuaba por impulso. Después de presentarme, le dije que quería aclarar las cosas y que podía preguntarme lo que quisiera. Me sorprendió su primera tanda de preguntas. Quiso saber mi opinión sobre lo que estaba pasando. Cuando empecé a hablar sobre el covid, la mujer me interrumpió de inmediato.

—No, no, no, ¿qué sabe usted sobre cómo encaja el covid con la Agenda 21 y los globalistas?

—Ni siquiera sé qué es la Agenda 21 —le respondí—, y tampoco estoy seguro de quiénes son esos globalistas en los que está pensando usted.

—No se haga el tonto conmigo —contestó—. Sé quién es usted y a qué se dedica.

Entonces, cambió de tema y exigió saber en qué proyectos estaba trabajando yo con los Gobiernos de diferentes países. En ese momento, colaboraba en gran medida con el Gobierno israelí en asuntos relacionados con el covid, y algo menos con los Gobiernos británico, holandés y brasileño. Ante aquellas preguntas tan inquisitivas de Sara, me sentí como si me estuviesen juzgando y ella fuera la fiscal. Le conté que estaba trabajando, fundamentalmente, con el objetivo de conseguir que la policía utilizase el mecanismo de la recompensa para incentivar la buena conducta en el uso de las mascarillas y el respeto del distanciamiento social en lugar de recurrir a las multas. También estaba tratando de averiguar las formas más eficaces de lograr el distanciamiento en los colegios y, además, qué ayudas económicas debía ofrecer el Gobierno a las personas que se veían obligadas a cerrar sus negocios.

Sara no se creyó nada de esto, ni por un segundo.

—¿Y eso de destrozar familias diciendo a los nietos que no vean a sus abuelos? ¿Y lo de aumentar la soledad y el estrés, que terminan en más muertes? ¿Y lo de obligar a los niños a ponerse unas mascarillas que disminuyen el suministro de oxígeno que recibe su cerebro?

Mis poco convincentes intentos de negar estas acusaciones no surtieron ningún efecto.

—¿Y cómo explica los millones que le pagaron por sus servicios de asesoría a los diferentes Gobiernos? —quiso saber.

Aquí, en mi ingenuidad, vi un rayo de esperanza. Hasta el momento, todas las acusaciones habían sido tan descabelladas que ni siquiera había sabido por dónde cogerlas. Hay un dicho en hebreo que dice algo parecido a esto: «¿Cómo vas a demostrar que tu hermana no es una ramera cuando ni siquiera tienes hermanas?». Ahora bien, eso de que me habían pagado, eso sí podía refutarlo. Aunque ayudo a muchos Gobiernos, lo considero parte de mi labor académica, así que nunca les cobro por mi tiempo. Además, como cualquier otro ciudadano estadounidense, pago mis impuestos todos los años y en mi declaración figuran todas mis fuentes de ingresos.

—¿Y si le mostrara mi declaración de la renta —le propuse— y viera que no hay pagos de ningún Gobierno? ¿Con eso cambiaría de opinión?

La mujer masculló algo y, acto seguido, me preguntó de forma abrupta si podía publicar en internet una grabación de aquella conversación. Aquello me sorprendió, pues no tenía ni idea de que la estaba grabando (a partir de entonces, me quedó claro que la gente que se dedica a lo mismo que Sara lo graba todo).

—No, no puede publicarla —le dije.

—¿Es que tiene algo que ocultar? —intentó provocarme.

—No, no tengo nada que ocultar —respondí—, pero, de haber sabido que esto era una conversación pública, me habría preparado para ella de un modo distinto. —Hice una pausa, sin saber muy bien qué más decir, pues parecía que habíamos llegado a un callejón sin salida. Al final, tras varios intentos fallidos más, le dije—: Siento que no hayamos podido salvar nuestras diferencias. —Y colgué.

Unos minutos más tarde, Sara publicó otro artículo en Facebook donde contaba que el catedrático Dan Ariely —«el catedrático», me llamaba— la había llamado por teléfono para intentar justificarse. Ahora bien, no había nada de lo que preocuparse

—decía a sus seguidores—, porque ella no había permitido que el catedrático utilizara con ella ninguno de sus trucos ni le soltara ninguna mentira. Añadía que en el curso de la conversación había quedado claro que, si los Gobiernos contratan a gente como el catedrático, solo es para lavarle el cerebro a la gente. Al fin y al cabo, ¿para qué iban los Gobiernos a necesitar los servicios de gente como el catedrático si lo que tenemos ante nosotros fuera una verdadera pandemia? Sara concluía su análisis diciendo: «El catedrático ha insistido mucho en que él no ha cobrado nada por sus servicios y esta insistencia me provoca muchas sospechas de que, en realidad, hay algo más bajo la superficie y que algún día lo sacaremos a la luz en su juicio público».

Es evidente que esta conversación con Sara no fue muy provechosa. ¿Sabes eso de que hay gente a la que le cuesta aprender? Yo soy uno de esos. No dejé de intentarlo, ni siquiera después de aquella experiencia. Acto seguido, me aventuré en Telegram, la red social preferida por mis detractores. Esta aplicación desarrollada por rusos está diseñada para personas desconfiadas: el código fuente es público para asegurarse de que no está pasando nada raro entre bambalinas y esta plataforma facilita mucho el envío de vídeos de un minuto. Me lancé de cabeza y publiqué una serie de vídeos en respuesta a un montón de acusaciones: que yo era responsable de las cuarentenas, de que obligaran a la gente a ponerse la mascarilla que daña el cerebro al privarlo de oxígeno, de la falta de las libertades individuales más básicas, del miedo de la gente, de haber destrozado familias, de pedir a los niños que no fueran a ver a sus abuelos, de la soledad de las personas en todo el mundo.

Punto por punto, fui ofreciendo aclaraciones racionales acerca de lo que estaba y lo que no estaba haciendo en mi trabajo con los diferentes Gobiernos. Reducción de la violencia en el entorno doméstico, sí; cuarentenas, no. Motivación para que los niños aprendiesen a distancia, sí; meterle miedo a la gente, no. Aporté pruebas que refutaban con claridad las preocupaciones sobre las mascarillas: si privasen de oxígeno al cerebro, ¿no habríamos visto alguna clase de deterioro cognitivo en los cirujanos y los dentistas mucho antes de la llegada del covid? Compartí mi tristeza por la soledad de la gente y por el impacto que el confinamiento estaba causando en los niños. También señalé que no estaba de acuerdo con todo lo que estaban haciendo los Gobiernos, pero que había muchas complejidades con numerosos costes y beneficios.

Cada vídeo que subía recibía ataques en forma de comentarios o de vídeos con decenas de nuevas acusaciones que volaban por mi pantalla como un enjambre de avispas iracundas. No era capaz de seguirles el ritmo ni de responder con la suficiente rapidez. Los intentos por apartarlas a manotazos tan solo las enfadaba más. No tardó en parecerme que eran mil contra uno, y ni uno solo de ellos tenía verdaderas intenciones de establecer un diálogo: cogían mis palabras y las retorcían para hacerlas pasar por pruebas evidentes de su relato. Lanzaban afirmaciones a una velocidad superior a mi capacidad para refutarlas. En un momento dado, me percaté de que estaba proporcionando más minutos de imágenes a sus editores sin escrúpulos. Así, me rendí y borré todos mis vídeos, un acto que fue interpretado como una prueba más de mi baja catadura moral y como una admisión de culpa. Cuando me desconecté de Telegram, llegué a la conclusión de que quizá fuese imposible razonar con la gente que quiere creer lo que ya cree y que ya siente un odio tan intenso. Odiar no es conversar.

Los contenidos negativos no tardaron en superar los límites de aquel universo paralelo y en acceder a mi mundo. Mis redes sociales se vieron inundadas de comentarios cargados de odio. Gente que afirmaba que iba a quemar mis libros, que llamaba a las personas de mi entorno laboral para calumniarme a mí y a mi familia. Comencé a recibir amenazas de muerte casi a diario.

Si has tenido alguna experiencia en la que hayas vivido alguna forma de odio —en internet o fuera—, o has sido objeto de tergiversaciones, quizá te hagas una idea de cómo me sentí: unas veces impotente, otras veces furioso, a veces temeroso, siempre maltratado. También estaba intrigado. ¿Por qué me estaba pasando eso a mí? ¿Cómo me había convertido en blanco de esos ataques? Lo de Bill Gates, vale, eso lo entiendo, es un hombre rico y famoso y tiene una fundación que trabaja en el campo de la salud pública. Por supuesto, eso no lo convierte en un cerebro criminal, pero se puede llegar a comprender por qué recibe esos ataques. ¿El doctor Anthony Fauci? Bueno, sale mucho en la tele diciendo cosas impopulares sobre mascarillas y confinamientos. Eso tampoco lo convierte en un cerebro criminal, pero, de nuevo, puedes llegar a entender por qué atrae esos ataques. ¿Los Illuminati? Si existen siquiera, nadie sabe quiénes son en realidad, pero parecen bastante sospechosos, así que tal vez se merezcan ser el blanco de varias teorías conspirativas. Ahora bien, ¿un científico social relativamente conocido que ha escrito varios libros sobre por qué la gente es irracional? Era incapaz de adivinar cómo había acabado yo formando parte de tan ilustre grupo.

¿Por qué yo?

Empecé por estudiar con más detenimiento las *pruebas* que estaban convenciendo a tanta gente para que me odiara. El contenido más compartido, al parecer, era un vídeo en el que yo sugería que, para reducir los costes sanitarios, deberíamos hacer que las ambulancias tardaran más en llegar, que fomentásemos el consumo del tabaco e incrementáramos el nivel general de estrés de toda la población. El rostro era el mío, sin duda, con mi media barba (si tienes curiosidad por saber por qué tengo solo media barba, te lo cuento dentro de un momento), aquellas palabras también eran mías y recordaba haber dado aquella charla..., aunque yo nunca dije exactamente aquello. ¿Cómo podía ser eso? Para aclararlo, permíteme que te lleve a la Irlanda de 1729.

Jonathan Swift, tan conocido por sus *Viajes de Gulliver,* escribió también una sátira fantástica aunque un tanto menos exitosa que se popularizó con el título de *Una modesta proposición.* El título completo del ensayo ya desvelaba su contenido: «Una modesta proposición para evitar que los hijos de los pobres se conviertan en una carga para sus padres o su país y lograr que sean de provecho para el público». En este ensayo, Swift propone que los pobres de Irlanda alivien sus penurias económicas vendiendo a sus hijos como alimento para las damas y caballeros adinerados. Pero Swift no se quedó ahí y escribió: «Un bebé sano y bien nutrido de un año de edad constituye un manjar de lo más delicioso, nutritivo y saludable ya sea estofado, asado, hervido o al horno, y no me cabe la menor duda de que se podría servir tanto en una fricasé como en un ragú». El ensayo, que ahora se suele utilizar como ejemplo del arte de la sátira, es un impactante —y eficaz— argumento acerca de ciertas actitudes hacia los pobres.

¿Y qué relación guarda este ensayo con nuestra historia?, quizá te preguntes. Pues bien, en 2017, decidí hacer una modesta propuesta yo mismo. Me habían invitado a dar una charla en un congreso médico sobe el futuro de la medicina. Es obvio que no soy médico, así que mi papel consistía en reflexionar sobre las dificultades de la medicina desde el punto de vista de la economía conductual. «Está claro que el problema que tiene la medicina moderna es de oferta y demanda —les dije—. La gente pide muchos cuidados sanitarios y el sistema no tiene una capacidad infinita para ofrecerlos. Veamos, la mayoría de la gente afronta este problema intentando averiguar la manera de cambiar el sistema para que pueda proporcionar más, y yo quiero exponer un planteamiento distinto, que consiste en que la gente los pida menos. Está claro que es una forma mucho más barata de equilibrar el desajuste entre la oferta y la demanda. ¿Y cómo podríamos hacer que la gente solicitara menos atención sanitaria?» Acto seguido, con la expresión más seria de que fui capaz, apunté que, si ralentizábamos las ambulancias, mitigaríamos la necesidad de hospitalizaciones caras, igual que si aumentáramos el consumo de tabaco y los niveles de estrés de la población (resulta que, desde un punto de vista meramente económico, el tabaco y el estrés matan más rápido a las personas enfermas y, en total, reducen los costes sanitarios). Mi golpe de humor final, por si acaso se le había escapado a alguien que se trataba de una broma, fue: «¡Un momento, pero si ya estamos haciendo todo eso!».

Es evidente que mis intenciones consistían en hacer hincapié en que el sistema sanitario no se preocupa por la gente hasta que entra por su puerta (una ambulancia, en mi historia) y en que no invertimos lo suficiente en prevenir, combatir el tabaquismo y reducir el estrés. Durante aquella charla, hice lo imposible con tal de mantenerme serio, pero, si te fijas bien, de vez en cuando se me escapa alguna sonrisita. Como corresponde, el vídeo de YouTube indicaba que se trataba de una charla en tono humorístico, que fue recibida entre risas y aplausos por los asistentes.

Por desgracia, quienes editaron el vídeo no conservaron ninguna de las contextualizaciones y manipularon la charla para generar pruebas de mis malvadas intenciones. Combinaron fragmentos con imágenes de campos de concentración nazis y una banda sonora de risas diabólicas. El vídeo finalizaba con una ominosa voz superpuesta: «Y esta es la persona que decide los planes de nuestro país para el futuro». El texto que acompañaba el vídeo daba a entender que el increíble trabajo detectivesco de sus creadores había desvelado una serie de datos sobre mi verdadero yo y los presentaban como si se tratara de una exclusiva en el programa *60 Minutes*.

Otra de las *pruebas* que más se compartía era un corte de un programa televisivo en el que participé en una ocasión. Parecía que yo afirmaba haber trabajado con Bill Gates en temas relacionados con las vacunas. Ahora bien, si uno examinaba el fragmento de vídeo con detenimiento, se percataba de que había un pequeño salto en mi intervención, porque los editores habían cogido una frase en la que yo hablaba sobre el proyecto que habíamos realizado con la Fundación Gates sobre el hambre y la malnutrición en las primeras etapas de la infancia en África, le habían hecho un cortapega con otra en la que me refería a las vacunas y... *voilà*: el profesor Dan Ariely reconoce que colabora con Bill Gates en las vacunas.

Otro vídeo al estilo *revelación en exclusiva* comenzaba con unas fotografías mías de adolescente en el hospital después de sufrir quemaduras en el 70 por ciento de mi cuerpo (esto sí sucedió). Mostraba unos primeros planos de mi rostro quemado e imágenes de los vendajes que tenía por todo el cuerpo, pero daba un giro sorprendente al afirmar que mi desfiguración y mi sufrimiento me habían convertido en una persona amargada y llena de odio hacia la gente sana y que lo único que deseaba era que todo el mundo lo pasase tan mal como yo. En realidad, mis lesiones tuvieron justo el efecto contrario: me convirtieron en alguien más compasivo y lleno de ganas de aliviar el sufrimiento. De nuevo, el vídeo finalizaba con una dramática afirmación sobre mi papel en la destrucción del mundo tal y como ahora lo conocemos.

Había muchas más de aquellas *pruebas*, algunas en vídeo, otras en texto, seguidas de comentarios despectivos sobre mis cicatrices, de personas que decían que me tenía que haber muerto por aquellas quemaduras y que la media barba me hacía parecer el demonio.

Dada la edición deliberada de los vídeos para eliminar ciertos contenidos y poner otras palabras en mi boca, cabría esperar que hubiese llegado a la conclusión de que tenía que haber alguien con malas intenciones detrás de todo aquello, pero, si bien se me pasó por la cabeza la posibilidad de que existiese un adversario malvado, enseguida descarté la idea. En primer lugar, las ediciones que habían realizado a los vídeos no eran de mucha calidad. En segundo lugar, ¿por qué iba a tener alguien un interés especial en ir a por mí? No es que no tenga orgullo, pero me resultaba difícil imaginarme con la suficiente importancia como para que nadie emplease sus energías en tratar de acabar conmigo. Me imaginé que detrás de esos vídeos habría alguien con excesivas ganas de hacer una buena obra —al menos en su imaginación— que se habría tropezado con las informaciones originales, unió los puntos, extrajo sus propias conclusiones, se convenció de ellas, editó los fragmentos relevantes para resaltar las conexiones a ojos de quien lo viese y, acto seguido, difundió el resultado para ayudar a los demás a ver la luz. Ni que decir tiene que el hecho de obtener reconocimiento en las redes sociales en forma de *likes* y de comentarios constituía, al mismo tiempo, una importante recompensa por sus esfuerzos y una motivación para continuar.

En particular, me entristecía que hubiera gente que afirmaba que iba a quemar mis libros (algunos prometían, incluso, que iban a compartir los vídeos de la quema en la hoguera). Es de suponer que esas personas habían comprado los libros y los habían leído, y que por tanto conocían mi historia, mi motivación, mi manera de pensar y los resultados de mis investigaciones. ¿Cómo podían tirar por la borda todo cuanto sabían sobre mí y quedarse con un vídeo de tres minutos? Aunque pensaran que las *pruebas* de los vídeos eran dignas de consideración, ¿cómo podían comparar eso con todo lo que sabían sobre mí y acabar tan llenas de ira y de odio? En los canales de sus redes sociales, había numerosas afirmaciones acerca de que habían hecho sus «propias averiguaciones» y llamamientos a los demás a hacer lo mismo, pero estaba claro que allí nadie estaba haciendo ninguna investigación, más allá de ver unos vídeos sometidos a una profunda edición, creérselos a pies juntillas y, después, sacar unas conclusiones precipitadas. Me vino a la cabeza esa frase tantas veces citada (y atribuida a diversos autores) y tan aplicable al caso de las redes sociales: «No hay extremo al que un ser humano no sea capaz de recurrir con tal de evitar el verdadero esfuerzo de pensar».

Me sigue dejando perplejo que fuesen capaces de acabar demonizándome de ese modo, pero creo que en gran medida se debe al hecho de que aportase una gran cantidad de material *online* entre el que la gente podía escoger libremente, a mi sentido del humor un tanto peculiar, a mi aspecto diferente del resto con mis cicatrices y mi media barba y al hecho de haber trabajado con distintos Gobiernos en numerosos proyectos.

También hay una parte que es cuestión de simple mala suerte: alguien empezó a fijarse en mí con un sesgo negativo y creó unos vídeos, y todo eso se convirtió en una avalancha de desinformación y odio que cobró vida propia. No era una respuesta muy satisfactoria, que digamos, pero fue la mejor que se me ocurrió. Ya estaba en condiciones de pasar a otras preguntas de mayor calado. Es probable que tú también, pero, antes, una breve explicación para quienes sientan curiosidad por el motivo de que tenga barba solo en media cara.

¿A QUÉ VIENE MI MEDIA BARBA?

La razón fundamental de mi particular estilo de lucir el vello facial son las cicatrices de mis quemaduras: no tengo pelo en el lado derecho de la cara. Por supuesto, podría afeitarme el otro lado y tener un aspecto menos asimétrico, algo que hice durante muchos años. No obstante, detrás de la media barba, hay una historia un tanto más compleja que se inició con una ruta de senderismo que emprendí al cumplir los cincuenta. Aquella ruta duró un mes, en el que ni me afeité ni apenas tuve ocasión de mirarme en un espejo. Al finalizar, no me gustó la pinta que tenía aquella barba y no pensaba dejármela, pero era un recuerdo de aquel viaje, así que decidí posponer el afeitado unas semanas más.

Entonces, sucedió algo inesperado: comencé a recibir mensajes en redes sociales y correos electrónicos de gente que me daba las gracias por la media barba. Me contaban que ellos también habían sufrido lesiones y que la naturalidad con que enseñaba mis cicatrices les había infundido cierto valor para hacer lo mismo con las suyas. Aquellos mensajes me trajeron a la mente los recuerdos de tiempos ya lejanos en que comenzaba a moverme por el mundo con unas cicatrices tan visibles. La gente me señalaba y, a veces, se reía. Incluso había padres que decían a sus hijos: «Mira, eso es lo que te pasa cuando juegas con fuego». Fue algo espantoso.

Así pues, decidí dejarme la media barba. Hizo que fuese más la gente que me miraba con cara rara y los niños que se reían, pero me dio la sensación de que volver a afeitarme habría equivalido a ocultar mis heridas en lugar de mostrarme con claridad y franqueza al respecto.

A lo largo de los meses siguientes, sucedió algo aún más inesperado: la singularidad de la media barba me ayudó a tener la sensación de que me aceptaba más a mí mismo, y no solo en referencia a mis cicatrices en la cara. Tengo muchas otras asimetrías a causa de mis quemaduras y, en cierto modo, el hecho de lucir la media barba me ayudó a cambiar de actitud hacia ellas; tanto es así que ahora las considero parte de mí, sin más. Son la simple crónica de un capítulo de la historia de mi vida.

Esta nueva aceptación de mí mismo me hizo percatarme de algo acerca del acto de plantarme delante del espejo todas las mañanas y afeitarme, algo que había realizado durante tantos años. En mi caso, no se trataba solamente de un afeitado, suponía también dedicarme al proceso de darme un aspecto menos asimétrico y disfrazar un poco mis lesiones. ¿Qué impacto tenía ese esfuerzo diario para disimular mis defectos en la idea que tenía de mí mismo y de mis cicatrices? Al echar la vista atrás, me di cuenta de que el hecho de afeitarme para ocultarme me estaba impidiendo aceptar mi yo herido. Ahora que he dejado de hacerlo, las cosas han mejorado mucho para mí.

Soy un científico social que ha de comprender la naturaleza humana, se supone, y como tal me avergüenza reconocer que los beneficios de mi media barba me pillaron por sorpresa. No me imaginaba ni por asomo el cambio de perspectiva tan positivo que iba a producir mi decisión de no afeitarme (tampoco me imaginaba ni remotamente que, en ciertos rincones oscuros de internet, se me conocería con ese mote al estilo Harry Potter de «el profesor Half-Beard» o Media Barba). Tal vez sea otro recordatorio de que nuestra capacidad intuitiva tiene sus límites y que hemos de estar más abiertos a experimentar con todo tipo de cambios, aunque en un principio imaginemos que no nos traerán ningún beneficio.

¿Qué debería hacer?

Tras pasarme horas leyendo mensajes y viendo vídeos sobre aquel yo imaginario, empecé a tener la sensación de estar perdiendo la cabeza. Me explico: no me refiero solo a perder la cabeza en el sentido metafórico. Era como si una parte de mi cerebro estuviera entregada constantemente al odio que estaba viviendo, y eso me dejaba una menor energía cerebral para realizar mi trabajo. Piensa en un ordenador que dedica demasiada capacidad de procesamiento en una tarea que se lleva a cabo en segundo plano, pues así me sentía yo. No obstante, al contrario que un ordenador, yo era muy consciente de que me estaba ralentizando más de lo normal y sospechaba que iba a requerir de algo más que un reinicio para volver a funcionar en condiciones. Tardaba más en tomar decisiones y me sentía menos seguro de haber tomado las decisiones correctas. ¿La preocupación por las desinformaciones me estaba erosionando la capacidad intelectual? ¿Por qué me veía incapaz de recuperar el control sobre esta parte de mi cerebro? ¿Por qué estaba tan obsesionado con las falsedades de aquella gente, hasta el punto de que discutía mentalmente con ellos una y otra vez?

Al observar mi ralentización, comencé a ver con nuevos ojos un tema de investigación que ya me interesaba mucho, pero que no había valorado plenamente hasta entonces: la mentalidad de escasez. Unos estudios sobre esta cuestión mostraban que los participantes alcanzaban unas cifras muy inferiores en los test de inteligencia en momentos en que eran relativamente pobres (agricultores unas semanas antes de la cosecha, por ejemplo) en comparación con las épocas en las que tenían algo de dinero (cuando acababan de recoger su cosecha y venderla) y había unas diferencias sustanciales en lo referente a la capacidad mental (inteligencia fluida y control ejecutivo) cuando estaban estresados por el dinero. Mi crisis no era económica, pero los efectos de estar pensando constantemente en esas preocupaciones parecían similares. Consulté muchísimas investigaciones sobre la mentalidad de escasez —la idea de que la pobreza obstaculiza la capacidad cognitiva, al ocupar parte del *ancho de banda* limitado de que dispone el cerebro—, y empecé a entender este efecto en mayor profundidad y a sentir una mayor empatía hacia las personas descritas en aquellos estudios. El agobio de las preocupaciones día y noche es una carga muy pesada. Cierto grado de inquietud resulta útil, porque provoca que prestemos más atención y tomemos mejores decisiones. Sin embargo, una preocupación constante, que consuma tanta de nuestra atención y capacidad cerebral, esa no puede ser útil.

El hecho de reconocer la reducción de mi ancho de banda y su similitud con la mentalidad de escasez fue un pequeño descubrimiento, pero establecer esa relación tan simple entre el yo y la ciencia modificó mi estado emocional. Esa oscura sensación de impotencia remitió un poco y, como si fuera un destello de luz, su lugar lo ocupó una vieja amiga: la curiosidad. Al fin y al cabo, soy un científico social. He dedicado mi vida a dilucidar la conducta humana, con toda su maravillosa irracionalidad, y mi experiencia personal suele ser el punto de partida de mis aventuras intelectuales. Tal vez fuera imposible razonar con estas personas, y no digamos ya silenciarlas, pero podía esforzarme por entenderlas y por comprender el impulso que las había llevado a crear aquellas historias sobre mí. Al hacerlo, tal vez me convirtiese en un científico social mejor y, de paso, recuperase cierto control del relato. Decidí averiguar adónde me llevaba esta investigación.

Cuando mi madre tuvo noticia sobre mis intenciones, se preocupó por mi seguridad y me pidió que consultara antes a algún experto en redes sociales y en relaciones públicas. Lo hice y no fue ninguna sorpresa que todos ellos me aconsejaran lo mismo: «No hagas nada». Es el consejo habitual en estos tiempos que vivimos con tanta desinformación, una polarización cada vez mayor, una indignación de gatillo fácil y una accesibilidad generalizada a las redes: «Ni caso. No eches más leña al fuego» (es un consejo magnífico, por cierto, y habría hecho caso de haber tenido un carácter psicológico distinto). Uno de los expertos llegó a decirme, incluso, que el hecho de que los negacionistas del covid me metiesen en el mismo saco que a Bill Gates y a los Illuminati podría elevar mi reputación ante el resto de la gente.

Intenté distanciarme de mis detractores. Durante el día, estaba muy ocupado con mi investigación y metido en diversos programas para gestionar las implicaciones sociales de la pandemia, así que me resultaba sencillo mantenerme al margen de las redes sociales y centrarme en mi trabajo. La cuestión era bien distinta por la noche, pues las pesadillas no cesaban; eran terroríficas: me acosaban y me perseguían. Tenía también un sueño recurrente en el que iba viajando por el mundo, de ciudad en ciudad, buscando un lugar con menos odio y menos ira donde quedarme a vivir. Después de pasar varias semanas así, me di cuenta de que no podía continuar por ese camino. Entre el dolor y la confusión, mi curiosidad fue aumentando. Mi mecanismo preferido para sobrellevarlo consistía en tratar de comprender el fenómeno y utilizar todo cuanto sabía gracias a las ciencias sociales para hallarle el sentido a lo que me estaba sucediendo. Jamás me había imaginado convertido en un villano por decenas de miles de personas, pero, cuando ocurrió, fue como si mi cordura dependiese de averiguar cómo y por qué había sido. De ahí este libro.

Cómo me planteé este libro

El punto de partida del libro fue mi propia experiencia, pero no tardó en derivar hacia un fenómeno que nos afecta a todos. Me llevó a aventurarme en áreas de investigación nuevas para mí, como la personalidad, la psicología clínica y la antropología. La difusión de las teorías conspirativas y el azote de la desinformación son problemas que trascienden el ámbito de las ciencias sociales y sobrepasan el alcance de mis conocimientos y la capacidad de un solo libro, cualquiera que sea. La tecnología, la política, la economía y tantas otras cosas más desempeñan su papel en la promoción de estos problemas y su aceleración. Con la llegada de las herramientas avanzadas de IA, como ChatGPT y sus hermanas, y la constante polarización de todo, desde una perspectiva social y estructural, es complicado ver la manera de solucionarlos en un futuro cercano. Lo que me fascina —y donde veo una posibilidad de cambiar a mejor— es comprender por qué la gente es tan susceptible. ¿Por qué no solo nos creemos la desinformación, sino que la buscamos y la difundimos de forma activa? ¿Cuál es el proceso por medio del cual una persona en apariencia racional comienza a plantearse unas convicciones tan irracionales, las adopta y, después, las defiende? Plantearnos estas preguntas con empatía en lugar de hacerlo con enjuiciamientos o ridiculizaciones es algo esclarecedor y, a la vez, desconcertante.

En este libro, utilizaré el término *convicción infundada* para describir el fenómeno que estamos explorando. Estas creencias son una lente distorsionada a través de la cual la gente comienza a ver el mundo, a razonar sobre él y, acto seguido, a describírselo a los demás. También constituyen un proceso, una especie de embudo que atrae a la gente y tira de ella cada vez más hondo. Mi objetivo en este libro es destacar que cualquiera —dadas las condiciones apropiadas— puede verse atraído al interior del embudo de la convicción infundada. Por supuesto, lo más fácil es ver este libro y pensar que solo habla de otras personas, pero también es sobre todos y cada uno de nosotros. Trata sobre el modo en que damos forma a las convicciones y las reforzamos, las defendemos y las difundimos. Lo que espero es que, en lugar de limitarnos a mirar a nuestro alrededor y decirnos «¿Cómo es que esa gente está tan loca?», empecemos a comprender las necesidades emocionales y las fuerzas psicológicas y sociales que nos llevan a todos nosotros a creer lo que nos acabamos creyendo —e incluso a empatizar con ellas.

Las ciencias sociales nos proporcionan un conjunto muy valioso de herramientas para entender los diversos elementos de este proceso y para interrumpirlo o mitigarlo. Gran parte de la investigación que traigo a estas páginas no es nueva. Me he sorprendido al ver que retornaba a algunas de las piedras angulares de mi campo en mi lucha por arrojar luz sobre los elementos emocionales, cognitivos, personales y sociales que hacen caer a la gente en la convicción infundada. Tampoco es ninguna sorpresa: en última instancia, la propensión a las convicciones infundadas forma parte de la naturaleza humana.

En muchos sentidos, este libro parte del conjunto de mi obra anterior, en especial del estudio de la irracionalidad humana. Al fin y al cabo, ¿qué puede haber más irracional y más humano que adoptar una serie de convicciones respaldadas por pocas pruebas o ninguna, o que insistir en la veracidad de esas convicciones a pesar de que nos distancian de nuestros familiares y amigos y nos hacen vivir en un doloroso estado de suspicacia y desconfianza?

En otros sentidos, sin embargo, este libro es muy distinto de cualquier otro que haya escrito antes. Primero, es más personal que los demás. Las experiencias que dieron lugar a él fueron una dura prueba, unas vivencias complicadas en el plano emocional, y el hecho de llevar a cabo este estudio suponía detenerme en ellas más de lo normal y durante un largo periodo de tiempo, lo cual aumentaba mi malestar. Segundo, este libro examina un fenómeno mucho más complejo y polifacético que cualquier otra cosa que haya estudiado anteriormente. En el pasado, las investigaciones que realizaba y describía después en mis libros trataban de temas específicos, como la procrastinación, la motivación en el entorno laboral, las citas por internet o nuestros errores al pensar en el dinero, entre otros. Mis hipótesis eran precisas (o eso quiero pensar yo, al menos) y las investigaciones respondían una serie de preguntas que eran —espero— tan prácticas como interesantes desde el punto de vista teórico. El problema que intento entender aquí, en cambio, se alimenta de múltiples fuentes e incluye numerosos elementos interrelacionados. Desde el principio, supe que no iba a obtener una respuesta simple, y aun así espero ser capaz de proporcionar un marco útil por medio del cual comprender el proceso general que sufre la gente en su trayecto desde las convicciones a secas hasta las convicciones infundadas.

Mi planteamiento, por necesidad, ha sido una combinación de reflexiones personales, conversaciones, investigaciones antropológicas y una revisión del amplio rango de publicaciones en el campo de las ciencias sociales que pueden ser de ayuda para arrojar luz sobre diferentes aspectos de este tema. A la hora de escribir los pasajes narrativos del libro, me he basado en mis recuerdos de las situaciones descritas, ampliados con investigaciones y con la corroboración de terceros allá donde ha sido posible. Alentado por mi propia experiencia, pasé infinidad de horas examinando diferentes fuentes de información y de desinformación, escuchando conversaciones por internet y a veces participando en ellas, leyendo las publicaciones académicas y realizando mi propia investigación (y por «investigación» no me refiero a ver vídeos de YouTube).

En lo que supone una desviación de mi planteamiento hasta este punto, también he participado en conversaciones con estos convencidos e incluso he tenido trato con ellos, los mismos individuos que estaban propagando el odio contra mí por internet. Verás a muchos de ellos en las páginas de este libro. Comenzaron siendo mis adversarios, pero se convirtieron en sujetos antropológicos, esenciales para lograr los objetivos de una investigación más amplia. Intenté conocerlos, empatizar con ellos y entender qué los había hecho adentrarse en el embudo de la convicción infundada para, acto seguido, utilizar la lente de las ciencias sociales y generalizar lo que había averiguado. He cambiado los nombres de algunos de estos individuos y he modificado los detalles que sirvan para identificarlos —como las descripciones físicas, las nacionalidades y sus profesiones— con el fin de respetar su intimidad sin dañar la integridad de la historia. Asimismo, he reproducido las conversaciones hasta donde he sido buenamente capaz y he recurrido a textos, correos electrónicos y publicaciones en redes sociales (a veces resumidas y a veces traducidas). Estas conversaciones no están redactadas para documentar nada palabra por palabra, sino que las he ido contando de manera que evoquen la sensación y el sentido de cuanto se decía sin apartarse de la esencia y el espíritu de las interacciones.

Lo que espero es que, por medio de estas historias y reflexiones, comprendamos un poco mejor lo que está sucediendo en este mundo que todos compartimos y que debatamos acerca de cómo podríamos remediarlo nosotros como individuos, familias y sociedades. Ante un problema cada vez más apabullante, centrarnos en el elemento humano —en entender nuestras propias convicciones infundadas y las de los demás, y combatirlas— podría ser la opción inmediata más esperanzadora de cara a un cambio. Eso no significa que sea sencillo, pero hay muchas pequeñas cosas que podemos hacer para protegernos de caer en esas creencias sin ninguna base, para convencer a los que nos rodean de que no hagan caso de discursos engañosos y para ralentizar el proceso, o revertirlo, por medio del cual un conocido o uno de nuestros seres queridos sucumbe a las convicciones infundadas. A lo largo del libro, bajo el epígrafe «Ojalá sea útil...», he ido destacando mis ideas al respecto de cómo lograr esto. Incluye diversas herramientas y reflexiones extraídas de las ciencias sociales que resultarán útiles mientras navegamos por estas aguas embravecidas. Tengo la sincera esperanza de que todas estas sugerencias sean de ayuda y reconozco que todos tenemos mucho que aprender al respecto de cómo desenmarañar la red de falsas creencias y desinformaciones que se ha apoderado de nuestro debate público y particular.

Es posible que lo más útil —y prometedor— para cualquiera de nosotros sea partir de la comprensión y la empatía. Sí, el contenido de la desinformación con la que nos topamos puede ir de lo risible a lo extraño, lo absurdo, lo ofensivo e incluso lo peligroso. Buena parte de todo esto se ha ganado a pulso la etiqueta peyorativa de «teoría conspirativa», pero lo que mueve a la gente a participar de estos contenidos podría ser algo mucho más generalizado de lo que nos gustaría reconocer. He intentado aproximarme con genuina curiosidad a esas personas que sostienen creencias injustificadas y he de decir que no obtengo ningún beneficio de desdeñar, ridiculizar o ignorar a aquellos cuyas convicciones parecen irreconciliables con mi realidad. Este es uno de los motivos por los que he elegido el término *convencidos sin fundamento* —o *convencidos*, para abreviar— en lugar del sentencioso *conspiranoicos*. Espero que este punto de vista nos ayude a todos a entender mejor a esa gente que forma parte de nuestra vida y que ve el mundo de una forma que tal vez nos parezca incomprensible. Y, de paso, quizá también consigamos cuestionarnos algunas de nuestras propias convicciones y el modo en que llegamos a adoptarlas. Al fin y al cabo, cada uno a su manera, todos tenemos nuestras convicciones infundadas.

Primera parte

EL EMBUDO DE LA CONVICCIÓN INFUNDADA

1

¿Cómo es posible que esa persona se crea eso?

> Sé que la mayoría de los seres humanos —no solo aquellos a los que tenemos por inteligentes, sino incluso los muy inteligentes y capacitados para comprender los problemas científicos, matemáticos o filosóficos más complejos— rara vez son capaces de discernir ni la más simple y más obvia de las verdades si con ello se ven en la obligación de reconocer la falsedad de las conclusiones a las que habían llegado previamente, quizá con grandes dificultades; unas conclusiones de las que están orgullosos, con las que han aleccionado a los demás y sobre las cuales han erigido su vida.
>
> LEV TOLSTÓI, *¿Qué es el arte?* (1897)

«Hablamos del tiempo», me dijo una amiga con una sonrisa triste al referirse a sus suegros. La mayor parte de los demás temas de conversación —trabajo, salud, incluso los niños— se han convertido en un terreno peligroso que, probablemente, pondrá de manifiesto la profunda división ideológica respecto de aquellas personas que antaño la recibieron con los brazos abiertos en su familia, como a una hija.

En estos tiempos, es como si todos nos hubiésemos acostumbrado a tener a alguien así en nuestra vida: amigos, familiares o compañeros de trabajo ante quienes nos contenemos al hablar. Tal vez se trate tan solo de alguien a quien conocemos de manera superficial en las redes sociales, pero también podría ser algún amigo íntimo. Me apostaría algo a que prácticamente todo el que lea esto conoce a alguien que haya sufrido un cambio drástico en sus creencias sobre la salud, los medios, el Gobierno, la industria farmacéutica, etcétera, en el transcurso de los últimos años. Tal vez no se haya convencido de buenas a primeras de que la Tierra es plana (aunque sí haya una asombrosa cantidad de gente que así lo cree), pero podría negar perfectamente la existencia del covid o pensar que es un arma biológica. Quizá se niegue a aceptar la legitimidad de las elecciones presidenciales estadounidenses de 2020 o piense que el movimiento Antifa simuló el asalto al Capitolio. Tal vez insista en contarte la *verdadera* historia que se esconde tras el asesinato de John F. Kennedy, el cambio climático, los atentados del 11 de septiembre o la muerte de Lady Di. Es posible que alguno afirme cargado de confianza que las vacunas son el mal, mientras que otros piensan que los antivacunas son, en realidad, una civilización de reptilianos que ha ideado una ingeniosa trama para acabar con la humanidad (vale, esto último se lo inventó la gente de la campaña ScienceSaves ['La ciencia salva'] para promocionar las vacunas, pero tú ya me entiendes).

En ocasiones, parece que la creciente avalancha de desinformación y creencias falsas no ha dejado indemne un solo entorno ni familia y —bromas de reptilianos aparte— ya no es algo que nos haga mucha gracia. Cuando oyes el término *teoría conspirativa*, probablemente lo que te viene a la cabeza no sea un gorrito de papel de aluminio ni unos hombrecillos verdes; es algo mucho más serio y personal. Veo caras compungidas cada vez que menciono este tema, personas que niegan con la cabeza y me hablan sobre un amigo suyo, su primo, sus padres, su familia política o sus hijos: la gente a la que temen invitar a sus cenas o eventos familiares, esa gente con la que ya no pueden hablar de nada. Son incapaces de asimilar que esa persona haya acabado creyéndose ciertas cosas.

Conozco ese sentimiento a la perfección. Para mí, uno de los instantes más perturbadores de mi viaje al universo paralelo fue una conversación con una mujer a la que conocía desde que ella tenía ocho años y a la que consideraba prácticamente de la familia. No solo había aceptado esa historia de que el covid era una conspiración global para promover las malvadas vacunas y matar a la gente, sino que estaba convencida de que yo era uno de los autores de todo aquello. Ni siquiera mi relación de décadas con ella sirvió para disuadirla, y no pude decirle nada para hacerla cambiar de opinión.

Resulta desconcertante, frustrante, doloroso e incluso atemorizador cuando, de repente, percibes que las convicciones infundadas se convierten en un abismo que te separa de alguien a quien quieres, alguien que pensabas que era..., bueno, igual que tú. Y entonces te preguntas cómo habéis acabado viviendo en universos diferentes. ¿Cómo diantre es posible que esta persona de apariencia tan racional, una persona normal, comience a aceptar unas ideas tan irracionales y falsas acerca de la realidad? ¿Y por qué ahora?

Con frecuencia me pregunto si el problema de las convicciones irracionales estará yendo a peor. Desde luego, así lo parece, al menos por lo que yo veo. Es como si las teorías conspirativas se estuviesen propagando de manera exponencial alimentadas por internet, la pandemia del covid, la polarización política y, de un modo más reciente, los avances en la tecnología de la inteligencia artificial. Ya no quedan relegadas a la marginalidad social, a las torpes exageraciones de unos vídeos caseros y los chats privados. Ahora, quienes las airean llenos de confianza son los políticos electos, los personajes famosos y los presentadores del telediario de las cadenas de televisión por cable, y se extienden peligrosamente entre nosotros, en nuestra vida real, dando lugar a sucesos como el asalto al Capitolio estadounidense el 6 de enero de 2021 y otros delitos de odio provocados por la desinformación. Solo el tiempo y la investigación revelarán hasta qué punto son más comunes hoy en día o tan solo más visibles.

Lo que sí sabemos es que el problema de las convicciones infundadas es anterior a nuestro tiempo y que es probable que persista en un futuro inmediato. Por dar un poco de perspectiva histórica de la tenacidad de estas creencias, he aquí algunos ejemplos de la Antigüedad: en el año 68 d. C., algunos ciudadanos de Roma estaban convencidos de que el famoso emperador Nerón había fingido su muerte y estaba tramando algo para recuperar el trono. En los años siguientes, Roma se vio inundada por un aluvión de impostores que afirmaban ser el emperador que había regresado. Hubo gente que creía que la reina Isabel I murió de niña y la habían sustituido en secreto por un chico (¿por qué, si no, nunca contrajo matrimonio y siempre lucía una peluca?). Hablando de sustituciones, Paul McCartney —que tiene ochenta y un años en el momento en que escribo estas líneas— tuvo graves dificultades en los años sesenta para convencer a algunos fans de que no había muerto ni lo habían intercambiado por alguien que se parecía a él. Seguramente, habrás oído hablar de la creencia de que la Tierra es plana, pero ¿sabías que hay gente que piensa que la Tierra está hueca? Y, luego, están todas esas teorías conspirativas que insisten en que ciertos sucesos históricos y actuales nunca se produjeron, desde el Holocausto hasta el asesinato de Martin Luther King, la llegada del hombre a la Luna, los atentados del 11 de septiembre o la matanza del colegio de primaria Sandy Hook. Hay, incluso, una teoría conspirativa sobre el origen del término *teoría conspirativa* (supuestamente, lo creó la CIA para desacreditar a los que cuestionaban la versión oficial sobre el asesinato de JFK).

También resulta difícil distinguir dónde termina una teoría conspirativa y dónde comienza la siguiente. Un elemento que forma parte de la naturaleza de estas teorías es que afirman que existen conexiones, redes ocultas de causa y efecto, relaciones secretas y alianzas dedicadas a objetivos oscuros y misteriosos, de manera que no es ninguna sorpresa que las propias teorías tiendan a solaparse y entrelazarse unas con otras (como ocurrió con esa creencia de que la vacuna del covid contenía un chip 5G: ¡dos teorías conspirativas por el precio de una!). La tanda de teorías que surgieron alrededor del covid se alimentaba de temas que ya existían mucho antes de que nadie hubiese oído hablar del virus y, aunque contaban con un nuevo reparto de villanos (el doctor Fauci, Bill Gates o yo mismo), también recuperaban a otros de toda la vida (los Illuminati, las cloacas del Estado y unas élites difusas e indefinidas). Los relatos nuevos y los de siempre se reforzaban mutuamente.

Un ejemplo ilustrativo: viajé a Toronto cuando estaba trabajando en este libro. Mis vuelos, tanto a la ida como a la vuelta, hacían escala en el Aeropuerto Internacional de Denver. Esto no suponía el menor problema para mí, es un buen aeropuerto siempre que programes tu llegada para evitar las tormentas vespertinas tan habituales en verano. Disfruté del paisaje montañoso en nuestro descenso y di con un sitio decente para comer. No obstante, si se hubiera enterado alguno de mis detractores internautas, les habría parecido sospechoso, si no directamente inculpatorio, el hecho de que mis viajes me llevaran a ese lugar concreto. ¿Una coincidencia? No lo creerían así. Resulta que hay una sorprendente cantidad de personas que creen que el Aeropuerto Internacional de Denver es, en realidad, el cuartel general secreto de los Illuminati. Se cuenta que la versión moderna de esta hermandad ancestral se reúne en unos túneles subterráneos bajo las terminales. Estoy seguro de que habría sido bien sencillo unir los puntos y llegar a la conclusión de que estaba allí para celebrar reuniones secretas con mis colegas los Illuminati sobre nuestra trama para reducir la población mundial por medio de las vacunas. Y así, con esta facilidad, toda una serie de teorías conspirativas que llevan dando vueltas desde mediados del siglo XX —cuando abrió el Aeropuerto Internacional de Denver— se pueden fusionar con las convicciones infundadas más recientes sobre el covid.

Hablando de este aeropuerto en particular, las teorías no se quedan simplemente en los Illuminati. Hay quien dice que esos túneles subterráneos son la guarida de una colonia de reptilianos (¿serán los mismos de la campaña antivacunas?), ¿o eran unos extraterrestres? Otros piensan que esos túneles son en realidad un búnker para proteger a las élites mundiales cuando todo se vaya al infierno, o que hay toda una ciudad subterránea construida por el Nuevo Orden Mundial. Por si todo esto te parece un tanto descabellado, te animan a buscar pistas ocultas en la colección de arte del aeropuerto, que cuenta con unas gárgolas feísimas y un caballo rampante bastante asombroso de color azul con los ojos de un rojo encendido, del que se dice que es una representación demoniaca del inminente apocalipsis. ¿Que no te lo crees? Entonces, ¿por qué si no murió el artista mientras tallaba el caballo? (esta parte sí que es cierta: el escultor, Luis Jiménez, falleció de forma prematura cuando se le cayó encima un fragmento del caballo y le seccionó una arteria. Sus hijos tuvieron que terminar aquel proyecto, cuyo plazo de entrega ya había vencido).

En fin, todo esto nos da a entender que nos vamos a encontrar con teorías conspirativas allá donde tengamos la fortuna de aterrizar, pero, aunque muchas de las historias personales que comparto en este libro están relacionadas con ideas erróneas sobre el covid —ya que tengo una mayor experiencia directa con ellas—, mi pretensión es más amplia: arrojar luz sobre los elementos psicológicos fundamentales de las convicciones infundadas en un sentido más genérico.

Otra de las razones de que el covid sea uno de los puntos en los que se centra este libro es que las condiciones extremas de la pandemia nos ayudan a entender el problema general de las convicciones que carecen de fundamento racional. ¿Cuándo, si no, hemos visto semejante combinación de estrés y miedo generalizados, aislamiento social y pérdida de los sistemas de apoyo, mensajes contradictorios, pérdida de confianza en las instituciones, polarización política, tiempo libre para navegar por internet, etcétera? Todo esto contribuyó a crear una situación en la que una gran cantidad de gente aceptó ciertos relatos novedosos y falsos acerca del mundo en un periodo de tiempo relativamente breve.

Estos cambios, tan drásticos y a tal escala, han sido algo bastante raro en la historia. Es más, si hay algo que tienen claro los científicos sociales es lo difícil que es modificar la opinión y las creencias de la gente. Si quieres verlo con tus propios ojos, la próxima vez que asistas a una cena aburrida, pide a quien esté contigo a la mesa que te cuente algo en lo que haya cambiado de opinión antes del covid. Me aventuro a decir que vas a oír el cricrí de los grillos. Es muy reveladora la cantidad de gente que no tiene nada que responder a esta pregunta, o al menos que no tiene nada interesante que decir. Con sinceridad, ¿qué responderías tú a esto? Piensa también en tu entorno: ¿a cuántas personas conoces que hayan cambiado de equipo de fútbol (o de cualquier otro deporte)? ¿A cuántas personas conoces que hayan cambiado de filiación política en la edad adulta? Los estudios muestran que los cambios en el liderazgo de los partidos y en sus programas políticos tienen unos efectos sorprendentemente reducidos en la gran mayoría de la gente.

Todo esto pone de manifiesto lo inusual que es que una gran cantidad de personas haya cambiado de manera significativa sus opiniones y creencias durante los primeros años de la década de 2020. ¿Cuántas? Es difícil de decir, pero los datos que conocemos indican que, si tomamos el rango de aquellos que sí han modificado sus opiniones —desde quienes confían ahora un poco menos en la Organización Mundial de la Salud hasta quienes piensan ahora que el Gran Reinicio* va a toda máquina—, resulta un porcentaje bastante elevado. Piensa en tu propio círculo. Creo que no nos equivocaremos al decir que todo el mundo conoce a alguien que caído en las convicciones infundadas durante esos pocos años.

Fueron muchas las fuerzas que coincidieron en esa época y crearon las condiciones necesarias para que tanta gente alterase sus opiniones. ¿Y esas condiciones se dieron únicamente en ese momento de la historia? No, pero ¿fueron inusuales en su simultaneidad y en su difusión generalizada? Sí, y esta es una de las razones por las que es tan importante entender ese periodo.

Desde luego, espero que las condiciones exactas de la pandemia del covid, igual que las del emperador Nerón, no reaparezcan pronto, pero, aun así, es importante comprender las causas subyacentes y los elementos psicológicos fundamenta-

* El «Gran Reinicio» (*Great Reset*) es una iniciativa del Foro Económico Mundial que busca reestructurar la economía global hacia un modelo más sostenible e inclusivo tras la pandemia de covid-19. (*N. del T.*)

les que facilitan estos cambios tan drásticos en las opiniones. Por supuesto, el cambio también puede ser para mejor, pero lo que hemos visto en este periodo es a un montón de gente que modificaba sus opiniones de un modo que reducía su confianza en los demás, en la sociedad, en la ciencia y en las instituciones.

La convicción infundada en mayor detalle

Una definición simple de las convicciones infundadas consistiría en equipararlas con aceptar una falsedad acerca de un hecho concreto, pero esta expresión no se utiliza de ese modo en estas páginas. Más bien, vamos a pensar en ellas como si fuesen una perspectiva o una mentalidad psicológica que actúa a modo de lente distorsionada a través de la cual alguien ve el mundo, razona sobre él y lo describe a los demás. Más aún si cabe, vamos a considerar las convicciones infundadas no solo como un estado, sino como un proceso.

Tal y como analizaremos en el capítulo 2, podemos imaginarnos el proceso de las convicciones infundadas como un embudo. En los primeros pasos hacia el interior de este embudo, quizá una persona tenga alguna duda persistente sobre ciertas verdades aceptadas o fuentes de información establecidas en el campo de la ciencia, la salud, la política, los medios, etcétera. En el otro extremo del embudo, esa persona descarta todas las fuentes convencionales de información y abraza verdades alternativas o teorías conspirativas sin pensárselo un solo instante. Por supuesto, hay muchos pasos por el camino.

Cuando hablamos de convicciones infundadas, no estamos hablando únicamente de *ellos*, de esos que se creen todo tipo de cosas raras. En alguna medida, todos poseemos las características de los convencidos sin fundamento. Somos muchos los que no nos creemos todo lo que proclaman las compañías farmacéuticas y buscamos una asistencia sanitaria fuera del marco de la medicina tradicional. Somos muchos los que nos hacemos preguntas sobre el modo en que los Gobiernos y los funcionarios públicos de sanidad afrontaron la pandemia de covid y estamos en desacuerdo con algunas de sus decisiones. La mayoría de nosotros sabemos que los medios de comunicación tienen sesgos e intereses de los que no nos hablan, aunque no sean necesariamente perversos. Sin embargo, por norma general, recibimos la información procedente del Gobierno, de una institución científica o de los medios de comunicación con la idea de que es muy posible que sea cierta. Eso no significa que no la comprobemos o la confirmemos. El escepticismo es sano, y es inteligente hacerse preguntas e incluso investigar por nuestra cuenta o verificar los datos, especialmente en una época en que la desinformación campa a sus anchas.

No obstante, conforme va avanzando por el embudo de la convicción infundada, la gente llega a un punto donde el escepticismo sano se convierte en una desconfianza instintiva de todo lo convencional y la mentalidad abierta más genuina va derivando en una duda disfuncional. Hay un punto de inflexión donde la gente ya no está cuestionando el relato establecido, sino aceptando un conjunto de creencias que se han ido encontrando por el camino. En esta etapa, cuando reciben la información procedente del Gobierno, de una institución científica o de los medios de comunicación, automáticamente, la observan a través de una lente de sospecha y desconfianza, buscando cualquier aspecto falso y engañoso. Quienes se encuentren ya firmemente asentados en la convicción infundada tendrán desde un principio la seguridad de que todo forma parte de un plan diabólico: una trama retorcida y vil por parte de las malvadas élites. En este sentido, la convicción infundada consiste tanto en la cantidad de creencias falsas como en una mentalidad de desconfianza y suspicacia en general.

Una analogía útil sería pensar en estas convicciones como si fuesen una enfermedad autoinmune. El sistema inmunitario está alerta ante infecciones o virus que supongan una amenaza para el cuerpo y actúa para protegernos de las enfermedades, pero hay ocasiones en que la respuesta es excesiva o está mal orientada y comienza a atacar ese mismo cuerpo que está programada para defender. Cuando una afección autoinmune se vuelve crónica, puede afectar a múltiples sistemas y perjudicar en gran medida nuestra capacidad para desenvolvernos con normalidad en la vida. La convicción infundada crónica es similar: nuestros instintos sanos hacia el escepticismo y el pensamiento crítico trabajan en exceso y se vuelven en nuestra contra de un modo autodestructivo y debilitante.

Las convicciones infundadas no son un problema de la derecha o de la izquierda

Es fácil señalar con el dedo y culpar del problema de la desinformación a quienes difieren de nuestras posturas políticas, mientras que, de manera simultánea, en quienes comparten nuestra ideología política vemos a unas personas que respetan los hechos de forma escrupulosa. No obstante, esto dista mucho de ser preciso. El problema de las convicciones infundadas no es patrimonio de la derecha ni de la izquierda: es humano.

Hay estudios que han mostrado que tanto los progresistas como los conservadores consumen desinformación y la difunden, aunque no siempre por igual, y que los sectores más extremistas de ambos partidos políticos son bastante susceptibles. Resulta interesante el hecho de que, si se siguen lo suficiente las teorías más extremas de los convencidos, a veces, estos terminan completando el círculo; es decir, dan la vuelta, se encuentran

(Pie figura 1). Cuando una convicción obtiene una nota positiva (a la derecha del gráfico), son los conservadores quienes la sostienen con más fuerza. Si una convicción tiene una nota negativa (a la izquierda del gráfico), son los liberales quienes la sostienen con más fuerza. Solemos pensar que solo son los del otro lado del centro político, no los nuestros, quienes es más probable que se convenzan de algo sin fundamento, pero, tal y como muestra este gráfico, parece que las convicciones infundadas se distribuyen de igual modo a lo largo y ancho del espectro político. Basado en el trabajo de Adam Enders y otros.

FIGURA 1. Una lista de convicciones infundadas y su correlación con la filiación política en Estados Unidos

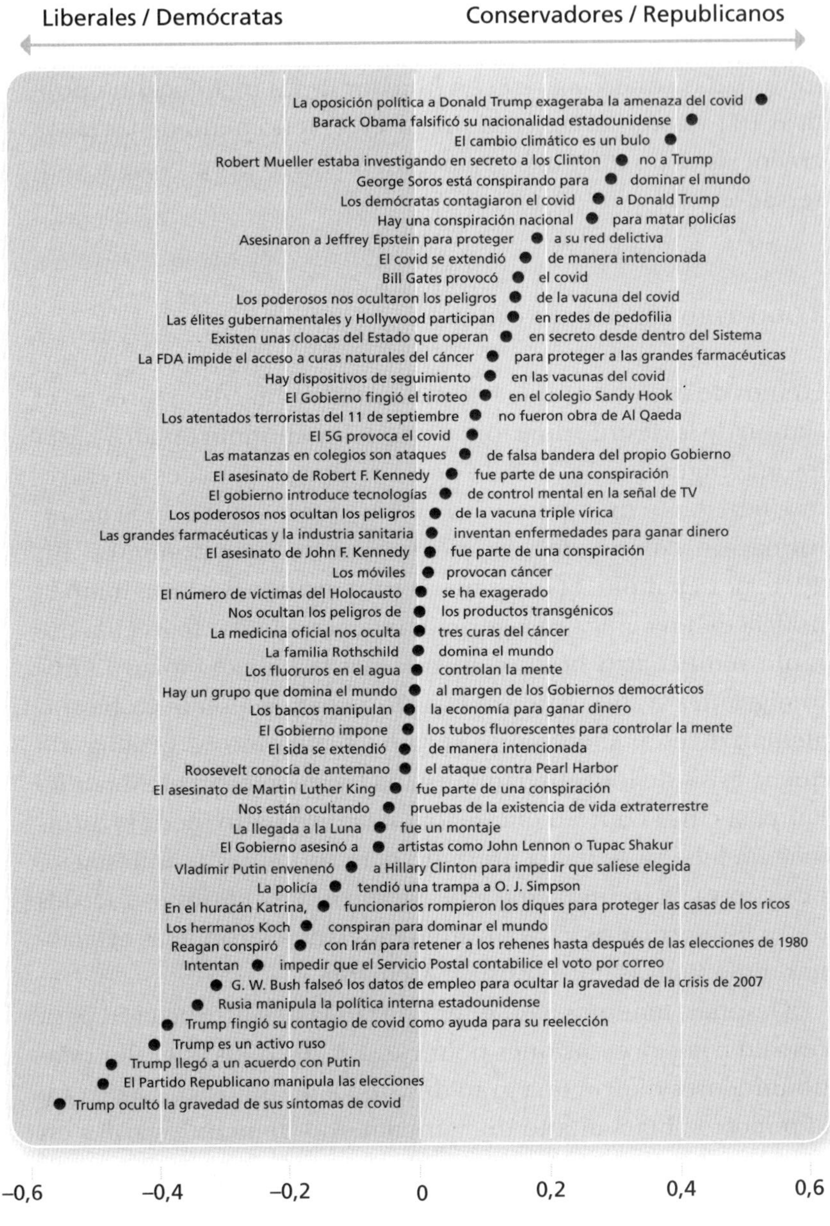

en el centro y crean unas extrañas alianzas, como el movimiento antivacunas actual o incluso QAnon: unos *hippies* ultraprogresistas que rechazan la medicina moderna que terminan en sintonía con unos ultraconservadores que desconfían de un Estado demasiado poderoso. Aunque el contenido de las convicciones infundadas concretas varía en función de las inclinaciones políticas (tal y como muestra la figura 1), el fenómeno de las falsas creencias es un dilema humano, no un rasgo progresista o conservador.

Todo tipo de convencidos

Hemos de reconocer que hay una amplia gama de actores en el campo de la desinformación, desde los malintencionados hasta los más ingenuos. En el lado de los malintencionados en extremo, tenemos a unas potencias extranjeras que utilizan la desinformación como arma estratégica contra sus oponentes. En 2016, por ejemplo, la maquinaria propagandística rusa tomó la noticia de una chica rusogermana que estuvo desaparecida durante veinticuatro horas y afirmó que la habían violado unos inmigrantes árabes, y utilizó la historia para acusar al Gobierno alemán de estar silenciando el caso y ocultando las pruebas de que la crisis de los refugiados estaba fuera de control. Más adelante, la chica confesó que se lo había inventado, pero la información falsa ya se había utilizado para promover manifestaciones contra la inmigración que elevaron las tensiones raciales entre los germanos y los musulmanes y afectaron a las relaciones diplomáticas entre Rusia y Alemania.

Después, tenemos a quienes utilizan la desinformación para respaldar sus pretensiones políticas. En 2017, los liberales estadounidenses dieron una gran difusión a un bulo acerca de que la policía había asaltado un campamento de manifestantes en Standing Rock y lo había quemado. Resultó que no había nada de cierto en aquella historia y la fotografía que la acompañaba ni siquiera tenía nada que ver con los sucesos que se narraban, pero esto sirvió para acentuar aún más los temores de la gente de izquierdas que estaba convencida de que el reciente triunfo de Donald Trump en las elecciones presidenciales marcaba el inicio de un descenso hacia el autoritarismo violento. Y, por supuesto, lo mismo sucede en el otro lado del espectro político. Uno de los numerosos ejemplos es el modo en que los republicanos difunden los bulos de fraude electoral para minar la confianza en el proceso cada vez que pierden sus candidatos. En ocasiones, se recurre a más desinformación para encubrir las consecuencias de haberse pasado de la raya precisamente con esta. En 2022, movido por ciertas teorías conspirativas populares derechistas, un individuo entró por la fuerza en la casa de Nancy Pelosi —presidenta de la Cámara de Representantes estadounidense— y atacó con un martillo a su marido, Paul Pelosi; en cuestión de horas, los representantes y autoridades de la derecha empezaron a difundir el rumor de que el atacante era, en realidad, un prostituto gay o un figurante.

Algo menos malintencionados serían quienes pueden obtener un beneficio económico gracias a la difusión de informaciones falsas, como un gurú de la salud que gane millones de dólares vendiendo suplementos a personas convencidas de que todo lo que haya pasado por las manos de las farmacéuticas está diseñado para matarlas.

No obstante, el tipo más común es el individuo ingenuo que carece de intereses o pretensiones más allá de la propia información. Este no quiere fomentar el odio y la confusión, no quiere el poder político ni dinero; lo único que quiere es entender el mundo que lo rodea. En este sentido, todos nosotros somos como este individuo. Sin embargo, por algún motivo, su intento por comprender hace a estas personas caer por el embudo de las convicciones infundadas y, en ese proceso, modifican de manera fundamental su visión del mundo. Una vez sucedido esto, se sienten obligadas a compartir sus descubrimientos y su manera de entender la realidad. A primera vista, no está claro qué es lo que las mueve o qué beneficio obtienen de su implicación con las desinformaciones.

Es sencillo ver a estas personas como *ellas*, pero lo cierto es que, fundamentalmente, son como todos nosotros. Todos consumimos información e intentamos utilizarla para entender el mundo que nos rodea. A veces, nos encontramos con algún cruce extraño en el camino, nos desviamos y nos perdemos. Si queremos evitar este destino tanto para nosotros como para nuestros seres queridos, es importante que reconozcamos que existe esta posibilidad y nos esforcemos por comprender con empatía el camino que conduce a ese desvío, la psicología que lo sustenta y las consecuencias del viaje.

2

Así funciona el embudo

Todos mis amigos hallan nuevas creencias.
Uno se convierte al catolicismo y otro a los árboles.
Para una judía culta y hasta ahora indiferente a la religión
Dios sigue funcionando como un generador genético.
Paleo, keto, zona, South Beach, Bourbon;
regímenes de ejercicio tan extremos que se fusiona con una máquina.
Un hombre se casa con una joven veinte años menor
y usa dos veces la palabra verdor en un solo brunch;
la pétrea beligerancia de otro se apaga en la demencia,
y uno, tras una década de fintas y amagos melindrosos
como una pájara lavandera a orillas del mar,
decide morir.
Sacerdocios y bestialidades, sombras y gozos,
abjuraciones de postín y querencias de mugre,
sobriedades, saciedades, peregrinajes a las entrañas del ser…
Todos mis amigos hallan nuevas creencias
y yo me pierdo, más y más cada vez,
con los nuevos dioses y las nuevas pasiones,
pierdo los antiguos dioses y las antiguas pasiones,
y los días tienen puñales, los espejos sus afanes
y el planeta gira cada vez más rápido en la oscuridad,
y mis noches, mis dudas y mis amigos,
mis maravillosos y convincentes amigos.

CHRISTIAN WIMAN,
Todos mis amigos hallan nuevas creencias

Cuando el segundo avión impactó contra las Torres Gemelas el 11 de septiembre de 2001, millones de personas contemplaban horrorizadas en directo por televisión cómo se producía la tragedia. Entre ellas, se encontraba Brad, un joven de veintipocos años que vivía en Nueva Zelanda. Incapaz de dormir, bajó al salón dando tumbos, puso las noticias y se quedó tan impresionado con lo que vio en la pantalla que se preguntó si no seguiría aún inmerso en alguna pesadilla. En los días y semanas siguientes, fue incapaz de dejar de pensar en lo que había visto: unas figuras minúsculas tirándose de los edificios en llamas, personas cubiertas de polvo y ceniza que corrían por las calles de Manhattan, familiares desesperados en busca de información sobre sus seres queridos desparecidos. Reproducía en su mente aquel momento del impacto de los aviones: el estallido de la bola de fuego contra el cielo despejado de la mañana y el escalofriante derrumbe de la torre a cámara lenta. Era un hombre sensible y reflexivo al que le costaba encontrar el sentido de aquel suceso que para él estaba siendo emocionalmente devastador.

Unos años después, la preocupación de Brad por el 11 de septiembre no había remitido cuando viajó a Estados Unidos por trabajo. Fueron muchos los meses que pasó en un país desconocido y sin su red habitual de apoyo de familiares y amigos, con tiempo de sobra para leer y pensar. En un momento dado, se topó con un par de documentales sobre la tragedia que cuestionaban la versión oficial y aportaban unas explicaciones alternativas de los sucesos, mostrándole un atisbo de otra posibilidad. Así, buscó más información y la compartió con todo aquel dispuesto a escucharlo. No solo encontró más teorías sobre los atentados de las Torres Gemelas, sino que su exploración lo llevó hasta el trabajo de David Icke, exfutbolista británico reconvertido en personaje de las redes sociales entre cuyas numerosas afirmaciones se encuentra la idea de que la Tierra ha sido tomada por una siniestra raza de reptilianos. Brad no tardó en abrazar aquella creencia, además de diversas teorías sobre los ovnis, los extraterrestres, etcétera. Hoy, muchos años después, su pensamiento se basa en que el mundo está gobernado por un conciliábulo diabólico de pedófilos y que los atentados del 11 de septiembre fueron obra del Gobierno estadounidense. Aparte de trabajar como agente inmobiliario y pasar el tiempo con su mujer y sus dos hijos, Brad dedica todas las demás horas del día a *investigar* y a ilustrar a los demás sobre lo que está sucediendo *realmente* en el mundo. En el transcurso de las dos últimas décadas, ha descendido un buen trecho hacia las profundidades del embudo de la convicción infundada. Ahora, tiene un grupo de amigos nuevos a los que ha conocido a través de sus exploraciones en internet y ha perdido el contacto con muchas de las personas a las que antes estaba muy unido.

El embudo de la convicción infundada es un fenómeno complejo y asombroso. Una persona parte con un conjunto de opiniones y creencias, entra en el embudo y sale con otro conjunto nuevo de opiniones y creencias. Sus familiares y amigos suelen contemplarlo con desconcierto, incapaces de imaginar cómo es posible que alguien a quien creían conocer tan bien haya sufrido semejante cambio.

Los fundamentos del embudo

En mi opinión, el embudo de la convicción infundada se divide en elementos emocionales, cognitivos, personales y sociales (véase la figura 2, pág. 54). En este libro, vamos a utilizar el término *elementos* porque implica una multiplicidad de componentes básicos, cada uno de los cuales influye en la estructura. Por supuesto, la distinción entre cada elemento es imperfecta y el proceso no es lineal; no es como si dijéramos A + B + C + D = un convencido. No se trata de cuatro etapas diferenciadas en un proceso, aunque algunos elementos desempeñan una función más prominente en el inicio del embudo y otros cobran importancia más tarde. Tampoco me estoy refiriendo a un proceso determinista: podríamos combinar todos los elementos que estoy a punto de describir sin que eso nos garantizara que alguien se vaya a convertir en uno de estos convencidos. No obstante, sí que lo hace más probable.

Nuestra exploración comienza con los elementos emocionales y nos centramos en el estrés porque se trata de la condición que sienta las bases. Terminará con los elementos sociales, pues en muchos sentidos son los que dictan sentencia. Al examinar cada elemento, observaremos su papel en las primeras etapas y en las posteriores del descenso por el embudo. Esto resulta relevante cuando pensamos en cómo llegar hasta alguien atrapado por estas creencias irracionales. Si, por ejemplo, vemos que los elementos emocionales, como el estrés y el miedo, predominan en la experiencia por la que está pasando, es probable que apenas acabe de comenzar su recorrido, por lo que habrá múltiples formas de llegar hasta esta persona y ralentizar su caída o incluso revertirla. No obstante, si lo que predomina son los elementos sociales, como el deseo de demostrar lo que vale o de lograr un estatus entre sus nuevos grupos sociales de convencidos, es probable que esta persona haya descendido mucho ya por el embudo. Liberar a alguien en esta etapa es mucho más difícil, aunque no imposible, porque se encuentra muy afianzado socialmente en círculos de convencidos y distanciado ya de gran parte de sus antiguos entornos de apoyo.

Dicho esto, es importante recordar que los elementos emocionales, cognitivos, personales y sociales actúan durante todo el proceso. Imagínate cuatro líquidos de colores diferentes que descienden por un embudo en un remolino y, de vez en cuando, se mezclan unos con otros: así te haces una idea de cómo interactúan esos elementos. Profundizaremos en cada uno de ellos a lo largo del libro: he hecho una división en cuatro partes para crear unos descansos, ya que cada una contiene mucha información. Te sugiero que hagas entonces una pausa y te tomes tu tiempo para reflexionar sobre cada parte y digerirla antes de pasar a la siguiente. Piensa en cómo alude a la gente a la que conoces y, tal vez, a ti también. Para empezar, aquí tienes una breve visión general.

Los elementos emocionales: el ser humano es una criatura emocional y, como han mostrado las ciencias sociales en repetidas ocasiones, las emociones tienden a preceder a las creencias y suelen ser el principal impulso de nuestros actos. Tal y como ha argumentado Jonathan Haidt de manera tan convincente, «primero, viene la intuición; después, el razonamiento estratégico». Dicho de otro modo, comenzamos con una respuesta emocional intensa y, luego, se nos ocurre su explicación cognitiva. En el embudo de la convicción infundada, los elementos emocionales se centran en el estrés y la necesidad de gestionarlo, estableciendo las condiciones necesarias para que los demás elementos entren en acción.

Los elementos cognitivos: la mente humana tiene una capacidad tremenda para el raciocinio, pero eso no significa que siempre sea racional. Cuando estamos motivados en un sentido u otro, se activa el sesgo de confirmación, que nos mueve en busca de información que sacie esa necesidad con independencia de su precisión. Entonces, la historia se vuelve más compleja: elaboramos relatos para llegar a las conclusiones a las que deseamos llegar, y no es solo nuestra manera de pensar la que nos adentra más en el embudo, sino que es nuestra forma de entender nuestro pensamiento la que nos causa problemas cuando nos separamos de la realidad.

Los elementos personales: no todos los seres humanos tienen la misma predisposición a las convicciones infundadas. Las diferencias individuales desempeñan un papel fundamental en el proceso por medio del cual ciertas personas descienden por el embudo, mientras que hay otras que no lo hacen. Resulta que hay ciertas personalidades más susceptibles que otras: quienes muestran ciertos rasgos tienen una mayor propensión a creer falsos relatos sobre el mundo y, aunque ninguna de estas características de la personalidad sea una garantía de que alguien se vaya a convertir en un convencido, cada uno de estos rasgos aumenta las probabilidades de que esto suceda.

Los elementos sociales: las convicciones infundadas no surgen de la nada ni tampoco se mantienen en ella. Hay unas fuerzas sociales muy potentes que atraen a la gente hacia un cambio de opinión, la llevan por determinadas sendas, la mantienen entre sus compañeros convencidos e incluso aceleran la radicalización de esas creencias. La sensación de pertenencia, de formar parte de una comunidad, es un atractivo poderoso y es particularmente importante en casos en que la gente se siente desconectada o excluida de la sociedad convencional en una suerte de ostracismo. Esto se da sobre todo cuando ese aislamiento procede de sus antiguos círculos de familiares y amigos, una situación demasiado común entre los convencidos. Las redes sociales promueven las burbujas informativas a la vez que los *likes* y las respuestas de los demás fomentan la sensación de ser un miembro activo de la comunidad. En el embudo de la convicción infundada, los elementos sociales son los componentes que dictan sentencia y hacen que sea dificilísimo escapar.

FIGURA 2. El embudo de la convicción infundada y sus elementos constituyentes (emocionales, cognitivos, personales y sociales)

El embudo en su máxima expresión: una espiral social de confianza menguante

Este libro aborda el proceso psicológico del descenso por el embudo de la convicción infundada principalmente como un trayecto personal que inicia el individuo, ya sea de forma voluntaria o involuntaria, empujado por unas fuerzas tanto internas como externas; ahora bien, si damos un paso atrás y examinamos este trayecto desde la perspectiva de la sociedad en general, veremos un cuadro distinto y más preocupante. El recorrido individual de ese descenso es el reflejo de un recorrido social hacia la desconfianza. Da igual dónde se sitúe uno en el espectro político y da igual en qué lugar del mundo se encuentre (con la excepción de Escandinavia, quizá): es difícil escapar del modo en que está menguando el nivel de confianza de nuestra sociedad, con unas consecuencias alarmantes.

Observar el proceso de la convicción infundada a través de la lente de la confianza arroja mucha luz sobre el hecho de que la gente caiga cada vez más en creencias irracionales nucleares (por ejemplo, que las elecciones presidenciales estadounidenses de 2020 estuvieron amañadas o que el asesinato de JFK fue un complot de la CIA). También nos ayuda a entender por qué las creencias irracionales atraen otras ideas falsas, incluso algunas que no parecen tener ninguna relación. ¿Por qué motivo es probable que quienes profesan una convicción infundada adopten otras? ¡Por desconfianza! La acumulación de creencias falsas cobra sentido cuando nos percatamos de que las convicciones infundadas se sustentan en la pérdida de confianza. Cuando empezamos a desconfiar de una institución, se vuelve más sencillo que desconfiemos de otra. Es más, podemos asumir rápidamente que es posible que todas las instituciones sean iguales: corruptas, codiciosas y malévolas. Si las compañías farmacéuticas tratan de hacernos enfermar más o incluso matarnos, ¿qué nos dice eso acerca de los Gobiernos que las regulan? Tal vez estén todos conchabados, se suele pensar. Y, si los Gobiernos miran hacia otro lado para no ver lo que están haciendo las farmacéuticas, quizá sean también capaces de cometer ellos sus propias maldades. ¿Tan descabellado es pensar que montarían un ataque contra sus propios ciudadanos con tal de justificar la guerra de Irak? ¿No es acaso concebible que un Gobierno belicista que deseara que el conflicto de Vietnam escalara fuese responsable del asesinato del presidente Kennedy? De este modo, A lleva a B, que lleva a C, y las teorías conspirativas del covid llevan a las teorías conspirativas del 11 de septiembre, que llevan a las teorías conspirativas sobre JFK. El hilo conductor es la desconfianza.

La desconfianza engendra desconfianza, y este es en parte el motivo de que la red de desinformación tenga tantos puntos de conexión sorprendentes. En el extremo final del embudo, nos encontramos el universo paralelo de QAnon, que teje múltiples hilos de convicciones infundadas en un solo tapiz. La gente llega a esta teoría desde ambos lados del espectro político y encuentra el punto en común de la desconfianza ante prácticamente todo: los Gobiernos, los profesionales de la medicina, las organizaciones sin ánimo de lucro, los medios de comunicación y las élites.

Aunque la historia de la desinformación y el embudo de la convicción infundada es solo una perspectiva acerca del modo en que la desconfianza está erosionando nuestra sociedad, es un tema central en esta historia tan trágica. Es un problema que tenemos que entender y tratar de resolver si queremos restaurar la confianza de la sociedad. Pues bien, empecemos nuestro viaje.

Segunda parte

LOS ELEMENTOS EMOCIONALES Y LA HISTORIA DEL ESTRÉS

3

Presión, estrés, doblarse y quebrarse

> Lo más importante que he aprendido sobre las teorías conspirativas es que los conspiranoicos en realidad creen en una conspiración porque eso es más reconfortante. La realidad del mundo es que es caótico. La verdad es que no lo controla un contubernio de bancos judíos ni unos extraterrestres grises ni unos reptilianos de cuatro metros de estatura procedentes de otra dimensión; la verdad es mucho más aterradora: no lo controla nadie. En este mundo no hay timón que valga.
>
> ALAN MOORE,
> *The Mindscape of Alan Moore* (2003)

Una convicción irracional muy consolidada es el resultado de la coincidencia de múltiples elementos, y todos y cada uno de ellos aportan su granito de arena al conjunto. Tal y como hemos dicho ya, estos elementos incluyen las emociones, los sesgos cognitivos, los rasgos de la personalidad y las fuerzas sociales, pero la premisa y el elemento más básico con el que todos nos podemos identificar es el estrés. Para comprender por qué el estrés es el factor que sienta las bases para lo que ha de venir después, vamos a hacer un breve viaje al pasado, a una época de una especial tensión en la historia reciente, y vamos a conocer a Jenny, trabajadora por cuenta propia, madre soltera y futura convencida.

¿Te acuerdas de mayo de 2020? Tras los primeros meses de confinamientos extremos por el covid, el tiempo más cálido traía consigo una mezcla de esperanzas y aprensiones. Quizá la pandemia se estuviera terminando o tal vez hubiese otra ola a la vuelta de la esquina. Las restricciones se estaban empezando a relajar, los negocios volvían a abrir con suma cautela, la gente, como saliendo de la hibernación, comenzaba a aventurarse fuera de la casa donde llevaba confinada los últimos meses y los niños regresaban a las aulas en algunos lugares. Los padres, como Jenny, sentían una mezcla de alivio y temor al ver a sus hijos dirigiéndose a clase con la mascarilla puesta.

Jenny se alegró de que el suyo, Mike, regresara a una vida más normal. Sin duda, le preocupaba el virus, pero a esas alturas ya le preocupaba más la salud emocional del crío. Los últimos meses habían sido muy duros para este niño un tanto tímido de diez años. Privado de cualquier relación social, se había vuelto retraído y huraño y se aburría con tantas horas de clase por Zoom. También había sido complicado para su madre, que se enfrentaba a las exigencias de mantener la educación de su hijo desde casa a la vez que intentaba ganarse la vida como diseñadora gráfica por cuenta propia para pequeños negocios. A sus clientes también les estaba costando Dios y ayuda mantenerse a flote y el gasto de sus servicios suponía un recorte fácil. Desde el comienzo de la pandemia del covid, su orgullo de ser una profesional independiente había dado paso a la envidia hacia esa gente que seguía ganando su salario sin moverse de casa. Jenny necesitaba tiempo y espacio para buscar nuevos clientes, pero le resultaba difícil con Mike compartiendo su despacho. Al envolverle el almuerzo y preparar a su hijo para volver al colegio aquella primera mañana, se sintió más animada de lo que había estado desde hacía meses.

Sin embargo, unas horas más tarde, Mike regresó a casa llorando. Cuando Jenny le preguntó a su hijo qué había pasado, el niño le contó que había ido al aseo en un descanso y había perdido la mascarilla por el camino. Había regresado sin hacer ruido hasta su pupitre en las últimas filas y tratado de ocultar su cara descubierta detrás de un libro, pero la profesora había reparado en él de inmediato.

—Mike, ¿dónde está tu mascarilla?

Farfullando, Mike había respondido que no la tenía. La profesora, mirando al resto de la clase, había preguntado si alguien tenía una de sobra, pero no era así. En aquellos días, no había muchas mascarillas disponibles. Para su enorme vergüenza, Mike había visto cómo le pedían que abandonara el aula. Al recoger sus cosas y salir arrastrando los pies, había sentido todas las miradas puestas en él.

Al escuchar el relato de su hijo y sentir su dolor, a Jenny se le partió el corazón. Telefoneó a la profesora en un arrebato de ira, furiosa por que hubieran señalado a un niño de diez años y lo hubieran humillado de ese modo delante de sus amigos. La profesora no tuvo paciencia para las quejas de Jenny, que apuntó que el covid no era tan peligroso para los niños. Algunos decían que para ellos suponía un riesgo menor que la gripe común, incluso, pero la profesora ni siquiera atendió a la lógica de tal argumento. Ella tenía unas instrucciones muy claras: sin mascarilla no se podía estar en el aula, así de simple. Todos los niños tenían que llevar puesta una mascarilla para protegerse ellos y proteger a los demás. La discusión fue subiendo de tono y, cuando colgó el teléfono, Jenny estaba más enfadada que antes de llamar. Era como si todo el mundo se hubiera vuelto loco, nada tenía ya ningún sentido. Si ya tenía las emociones a flor de piel, en ese momento estaba en un punto crítico.

Esa noche, después de haber tranquilizado a Mike y meterlo en la cama, se sentó delante del ordenador. Tenía infinidad de preguntas en la cabeza: ¿a qué viene tanto jaleo con este virus, eh? ¿Por qué son tan estrictos con los niños cuando está claro que afecta fundamentalmente a las personas mayores? A pesar de todas esas historias de las noticias, ella no conocía a nadie que hubiera muerto del virus y tampoco habían informado de que ninguna persona joven se hubiera puesto enferma. Se preguntó: ¿qué está pasando en realidad? ¿Y quién es responsable de todo esto? Se sentía superada por la necesidad de una explicación.

Más tarde, esa misma noche, con un solo clic de su ratón, Jenny inició su descenso hacia la convicción infundada, un trayecto que le cambiaría la vida y la llevaría a convertirse en una de las defensoras más activas de las teorías conspirativas sobre el covid y en líder del movimiento antivacunas. Comenzó buscando vídeos que desacreditaran el uso de las mascarillas, y encontró muchos. Dio incluso con lo que parecían ser unos estudios académicos que afirmaban que, debido al tamaño tan reducido del virus, las mascarillas no eran eficaces para proteger a la gente. Esos mismos estudios también aseguraban que llevar mascarilla privaba del oxígeno necesario y que esa privación era particularmente dañina para los niños durante sus años de desarrollo. No tardó en convencerse de que el *trapo* que obligaban a llevar a su hijo no solo no conseguía disminuir el riesgo ante el covid, sino que en realidad ponía en peligro su salud. También encontró afirmaciones de que la mascarilla se podía convertir en un foco de bacterias y agravar el acné de los adolescentes si se llevaba durante demasiado tiempo. Y, además, que esta dirigiría el aire exhalado hacia arriba por los lados de la nariz, lo que le secaría los ojos a su hijo.

Fue ahí donde entré yo en la historia. Al profundizar en los contenidos de internet sobre las mascarillas, ¡Jenny descubrió que todo era culpa de Dan Ariely! Llegó a esa conclusión a consecuencia de dos datos sobre mí. Ambos eran ciertos, pero, al relacionarlos, creaban una falsedad (algo muy común en las creencias irracionales). El primer dato era que yo había asesorado al Departamento de Educación. Esto era cierto. En efecto, los había asesorado en varias cuestiones, principalmente acerca de la ayuda que podían prestar las ciencias sociales a la hora de motivar a profesores y alumnos durante el complicado periodo de los cierres de los colegios. El segundo dato era que yo, como científico social, había llegado a la conclusión de que el mensaje sobre proteger a los demás era una motivación más potente que el mensaje de autoprotección cuando quieres convencer a la gente para que se ponga la mascarilla. Esto también era cierto: había expresado esa opinión en los medios y en reuniones con funcionarios del Gobierno. La falsedad se generaba al relacionar esos dos hechos y concluir que yo era el responsable de haber convencido al Departamento de Educación para que obligara a los niños a llevar mascarilla en el colegio, lo cual conducía a todos esos riesgos imaginarios para la salud que acarreaba dicha práctica. En realidad, yo jamás había hablado sobre las mascarillas con la gente del Departamento de Educación y, por mucho que me agrade pensar que hubiera podido dar algún consejo útil a los Gobiernos durante la pandemia del covid, lo cierto es que mi influencia fue pequeña en el mejor de los casos.

Para Jenny, sin embargo, aquellos dos hechos demostraban la teoría de un modo bien claro y sencillo. Reconoció mi nombre, vio que estaba relacionado con el Departamento de Educación y conectó eso con la idea de que yo había recomendado el uso de la presión social para motivar a la gente a utilizar la mascarilla. Y eso había tenido una repercusión negativa en su hijo. En su cabeza, el misterio había quedado resuelto: yo era el responsable de las mascarillas. Conforme leía más artículos y veía más vídeos, se iba percatando de que la situación era peor de lo que pensaba. Las consecuencias dañinas de las mascarillas no eran un efecto secundario involuntario, sino un complot deliberado. Estaban diseñadas para convertir a la gente en un rebaño de ovejas obedientes a base de limitar su inhalación de oxígeno y, con ello, su capacidad para pensar por sí misma.

Poco después, Jenny se convenció de que el covid era un bulo, lo cual conllevó toda una serie de teorías conspirativas relacionadas con las vacunas. Con el paso del tiempo, fue añadiendo otras conspiraciones al margen de las relacionadas con las vacunas y, mientras avanzaba en su viaje hacia la convicción infundada, mi papel fue cobrando cada vez más relevancia en su imaginación hasta convertirme en uno de los principales villanos de un complot diabólico para controlar a la población mundial.

¿Cómo es que alguien como Jenny —una madre entregada y capaz, una emprendedora de éxito, una persona inteligente que comprende las cuestiones de la ciencia— se convence de algo que carece de fundamento?, ¿y por qué? Su historia nos desvela varios factores clave para entender las condiciones emocionales que inician este proceso. Primero, se da un estrés general; en este caso, el nivel de estrés sin precedente que todos vivimos en diferentes grados durante la pandemia del covid. Segundo, este estrés genera la dificilísima sensación de no tener el control y estar a merced de unas fuerzas que no entendemos del todo. Tercero, se produce un punto de inflexión cuando la desesperada necesidad de obtener explicaciones, de algo que le dé sentido a todo, nos lleva por una senda peligrosa.

El estrés es una fuerza muy potente en toda nuestra vida, de modo que, en lo referente a la convicción infundada, es importante señalar que la influencia del estrés no es determinante. El simple hecho de sufrirlo no te convierte en uno de estos convencidos, pero sí es uno de los elementos emocionales más importantes que, junto con los demás, incrementa las probabilidades de que te transformes en uno.

¿Por qué es probable que el mensaje «protege a los demás» sea más eficaz que «protégete tú»?

Aunque no pienses que las normas de uso de las mascarillas formaran parte de un plan diabólico, quizá sí te preguntes por qué recomendaba yo que los Gobiernos hicieran hincapié en proteger a los demás en lugar de en que se protegiera cada uno en sus mensajes durante la pandemia del covid. Los estudios de las ciencias sociales revelan tres razones básicas por las que el mensaje «Ponte la mascarilla para proteger a los demás» es más eficaz que «Ponte la mascarilla para protegerte tú».

En primer lugar, los seres humanos tenemos la motivación intrínseca de lo que llamamos *utilidad social*, que es, básicamente, nuestra capacidad para preocuparnos por los demás. Las investigaciones muestran que, aunque el interés propio tenga cierta fuerza motivadora, la utilidad social es aún más potente en ciertas ocasiones. En cuanto a lo de ponerse la mascarilla, es probable que recordar a la gente la parte de utilidad social que tiene el acto en cuestión obtenga a la postre una motivación general más elevada.

Segundo, nos enfrentábamos al dilema de que los más jóvenes tenían menor riesgo de desarrollar la enfermedad, pero aun así podían contagiar el virus. Para su segmento demográfico en particular, el mensaje «Protege a los demás» era crítico, porque estos tenían menos motivos para protegerse ellos mismos. Cuando es natural que el interés propio sea bajo, la utilidad social se vuelve aún más importante.

Tercero, todos tendemos a extraer lecciones erróneas de los sucesos de baja probabilidad. ¿Qué significa esto? Tomemos el ejemplo de escribir mensajes con el móvil mientras conducimos. Imagínate que crees que tus probabilidades de sufrir un accidente mientras usas el móvil al volante es del 3 por ciento (me estoy inventando la cifra para el ejemplo; el riesgo exacto depende de numerosos factores). Un día, vas al volante por la carretera y te vibra el móvil. Te pica la curiosidad: ¿quién te habrá escrito? Hace una hora que le enviaste un mensaje importante a tu pareja y no te ha respondido: ¿será esta la respuesta? Así pues, miras el teléfono y, porque así lo quiere la fortuna, no sufres un accidente. Tampoco es ninguna sorpresa; al fin y al cabo, las probabilidades de tener un accidente por utilizar el móvil al volante son bajas. Sin embargo, hay algo que sí sucede en la otra cara de la moneda de esta experiencia: actualizas tu convicción y ahora piensas que es posible que la probabilidad sea menor del 3 por ciento; tal vez sea de un 2,8 por ciento. Así, la próxima vez, será más probable que utilices el móvil mientras conduces. Y más aún la vez siguiente. Cada vez que no sufres un accidente, sacas una lección equivocada y, sobre esa base, llegas a la conclusión errónea de que los riesgos de usar el móvil al volante son menores de lo que pensabas. Es un ciclo de aprendizaje erróneo que se produce cuando deducimos algo a partir de sucesos de baja probabilidad en nuestra experiencia cotidiana.

Este tipo de aprendizaje se da con todo tipo de eventos de baja probabilidad, incluido nuestro cálculo de las probabilidades que tenemos de contagiarnos de un virus como el que causa la enfermedad del covid. Si estamos expuestos solo durante unos minutos, el riesgo de contagiarnos es bastante bajo, así que, conforme vamos teniendo conductas ocasionales que no son seguras y seguimos sin contagiarnos, vamos actualizando nuestras convicciones y terminamos concluyendo que el riesgo es más bajo de lo que pensábamos. El ciclo de una probabilidad que percibimos menor continúa, por lo que la conducta cada vez más arriesgada se mantiene y se va reduciendo la motivación que tenemos para protegernos. Es aquí donde la utilidad social es distinta. En lo referente a cuidar de los demás, no seguimos el mismo ciclo incorrecto de aprendizaje a partir de los sucesos de baja probabilidad; en consecuencia, nuestra preocupación por los demás no disminuye con el paso del tiempo. Seguimos poniéndonos la mascarilla para actuar como es debido y no recalculamos los riesgos en función de nuestras experiencias previas de contagio del covid. Y, ahora, regresamos a la relación entre el estrés y las convicciones infundadas.

No todas las formas de estrés son iguales

Vamos a tomarnos un instante para aclarar el tipo de estrés del que vamos a hablar. Dado que utilizamos la misma palabra cuando nos referimos a un volumen de trabajo que nos da dolores de cabeza que cuando hablamos de un desastre mundial, conviene distinguir entre dos grandes categorías de estrés: el predecible y el impredecible. En el primero, incluimos situaciones como el pago de los impuestos, presentarse a un examen, cumplir los plazos en el trabajo, encargarnos de un niño pequeño con tendencia a las pataletas o irnos de vacaciones con los suegros. No son situaciones divertidas, pero sí forman parte de nuestra vida, por lo que las esperamos y la mayoría de nosotros gestionamos bastante bien este tipo de estrés. Sin duda, podemos preocuparnos cuando la campaña de la renta está a la vuelta de la esquina y tenemos una montaña de facturas de gastos por contabilizar y nos va a tocar pagar, tal vez perdamos unas horas de sueño rematando esos informes que hay que hacer todos los meses, es posible que alguna vez nos veamos soportando la pataleta diaria y nos preguntemos por qué quisimos ser padres y, quizá, también vayamos un poco a regañadientes a casa de nuestros suegros con la tarta de calabaza en las manos y el temor ante las inevitables discusiones y peroratas que nos esperan. Pero ninguna de estas formas de estrés nos lleva al límite (al menos, no hasta que tu suegro se sirve el tercer whisky y se pone a explicarte por qué todo ha ido a peor desde los años sesenta). En gran medida, incluso cuando este tipo de estrés está presente, continuamos tomando decisiones con claridad y empleando nuestras facultades cognitivas. Este no es el tipo de estrés que hace caer a la gente por el embudo de las convicciones infundadas.

El estrés impredecible, sin embargo, es harina de otro costal. Incluye situaciones como la muerte repentina de un ser querido, un diagnóstico médico impactante, un desastre natural, la pérdida abrupta del empleo o una crisis económica. Cuando nuestra querida hermana muere en un accidente, cuando nos enteramos de que tenemos cáncer, cuando un incendio o un huracán destruye nuestro barrio entero y nos deja sin un techo o cuando nos despiden sin previo aviso, sufrimos un estrés de otro orden, distinto del estrés predecible de la vida cotidiana, y la diferencia no es solo cuestión de intensidad. Estas situaciones estresantes son más difíciles porque son inesperadas. Por supuesto, sabemos que se pueden presentar en la vida, pero lo cierto es que no esperamos que nos sucedan a nosotros. Cuando lo hacen, sobre todo si es de forma repetitiva, generan una sensación de impotencia. En general, el ser humano no sobrelleva bien el estrés impredecible.

Esto lo descubrí por mí mismo durante uno de los periodos más estresantes y difíciles de mi vida: los tres años que pasé en el hospital después de mi accidente en la adolescencia, que me dejó quemaduras en el 70 por ciento del cuerpo. Tuve que someterme a diario a unos tratamientos extremadamente dolorosos. Durante mucho tiempo, pensé que mi único obstáculo era el dolor que sentía a causa de las lesiones y los tratamientos, pero, con el paso del tiempo, me percaté de otro elemento que había convertido aquella experiencia en algo muy difícil de gestionar: el hecho de no saber nunca qué iba a pasar. Había otras personas que tomaban decisiones por mí constantemente y de ellas dependía el espantoso procedimiento que iba a tener que soportar el siguiente minuto, hora, día y semana. Decidían, incluso, cuándo me despertaba, cuándo me cambiaban los vendajes y cómo se iba a realizar el baño (un proceso bastante angustioso, pero también necesario). Esa ausencia de control sobre mi tratamiento y mi destino convirtió aquellos años en algo de una increíble dificultad psicológica que se sumaba al dolor físico y las lesiones propiamente dichas. Este es uno de los motivos por los que los hospitales han tendido a ofrecer una administración de analgésicos controlada por el paciente; es decir, es el propio paciente quien decide sus dosis de analgésicos hasta cierto punto. Resulta que el simple hecho de tener un mínimo de control resulta muy útil, y no solo para la actividad específica (la reducción del dolor, en este caso), sino para el bienestar general del paciente.

Una pandemia mundial como la del covid encaja, sin la menor duda, en la categoría de estrés impredecible. Obviamente, quizá hubiésemos oído que tal cosa podía suceder, pero en realidad no nos esperábamos que nos sucediera a nosotros. La vida se nos puso patas arriba de la noche a la mañana. Cerraron los colegios y los centros de trabajo y, mientras nos las veíamos y nos las deseábamos por entender algo más sobre aquel virus, nos cambiaban las reglas y las restricciones de un día para otro, a menudo contradiciendo las anteriores. Las emisiones de noticias veinticuatro horas al día se convirtieron en un recordatorio de nuestra mortalidad e informaban del recuento de fallecidos a cada hora. Nos preocupábamos por si contraeríamos el virus nosotros y cómo cuidaríamos de nuestros seres queridos si enfermaban. Y, para muchos, ese estrés se vio agravado por la inestabilidad económica, la pérdida del empleo o la quiebra del negocio.

Para unos, el aislamiento social fue insoportable. A otros les pasó factura la proximidad forzosa con familiares o compañeros de piso. Hubo quien, como Jenny, se vio con el triple deber de proveer manutención, ejercer de padre o madre y educar en casa a sus hijos. Los cónyuges ponían a prueba los límites de su compatibilidad mientras estaban confinados en su casa, a veces sin poder escapar siquiera para dar un buen paseo al aire libre. Cientos de miles de personas sufrieron la desgarradora pérdida de un familiar o un amigo y tan solo pudieron compartir su duelo por Zoom. Y todo esto se produjo en un ambiente de ansiedad cada vez mayor, un nivel bajo de confianza y una polarización política en plena escalada. Estábamos cerrando la puerta de nuestra casa y distanciándonos de nuestra comunidad física al mismo tiempo que nos estábamos conectando más que nunca al ciclo de las noticias y al ruido de las redes sociales.

El estrés impredecible conduce a la indefensión aprendida

¿Cuáles son los efectos emocionales de estar a merced de un estrés impredecible que somos incapaces de controlar? Encontramos algunas ideas importantes sobre este tema en una serie de experimentos realizados por Martin Seligman y Steven Maier en las décadas de 1960 y 1970. Querían estudiar lo que sucede con nuestras capacidades para resolver problemas y tomar decisiones cuando sufrimos un estrés impredecible. Dado que es más difícil experimentar con humanos, recurrieron a sujetos de estudio de cuatro patas. Una advertencia: lo que viene a continuación puede afectar a los lectores amantes de los animales. Estos estudios se llevaron a cabo en una época menos ilustrada.

Seligman y Maier realizaron una serie de experimentos durante los cuales sometieron a unos perros a estrés en forma de descargas eléctricas. Para entender cómo funcionaban estas pruebas, vamos a imaginarnos a uno de esos desafortunados canes: llamémoslo *Charlie*, un chucho mestizo bastante pequeño. En la primera parte del experimento, le ponen un arnés que no le permite escapar. Hay unos paneles a cada lado de la cabeza del perro. De repente, *Charlie* siente una descarga eléctrica en las patas traseras. Dolorido y confuso, se mueve a un lado y a otro, intentando evitar la descarga. Después de varias descargas eléctricas e intentos de huida, presiona uno de los paneles con el hocico de manera accidental y la descarga se detiene de inmediato. La siguiente vez, hace lo mismo. *Charlie* (que es un perro bastante listo) aprende que puede controlar la desagradable experiencia de la descarga.

Vamos a imaginarnos ahora a un segundo perro, una perrita a la que llamaremos *Loren*, otro chucho pequeño y desventurado. A ella también le ponen el arnés y la someten a una descarga, pero, haga lo que haga, no puede detener la dolorosa experiencia hasta que concluya el tiempo estipulado. Después de varios ciclos iguales, *Loren* aprende que está a merced de la descarga y que no la puede controlar.

Veinticuatro horas más tarde, llevan a *Charlie* y a *Loren* a un nuevo aparato conocido como *shuttle box*, una caja dividida en dos compartimentos separados por una barrera de baja altura. Uno de ellos tiene el suelo electrificado y administra descargas, pero el otro no. Cuando el perro siente la descarga, puede saltar por encima de la barrera para escapar de ella y la descarga se detiene de inmediato. Cuando meten a *Charlie* en la caja y activan las descargas, el perro aprende enseguida la manera de huir y salta al otro lado de la caja. Sin embargo, cuando le toca a *Loren*, la perrita no se mueve al sentir la descarga, sino que termina tumbándose en la caja gimoteando. ¿Qué está pasando aquí? Según Seligman y Maier, la diferencia entre los dos perros se explica por medio de un fenómeno conocido como «indefensión aprendida». En el primer experimento con el arnés, *Charlie* (con C de *control*) aprendió que podía controlar la descarga, mientras que *Loren* (con L de *learned helplessness*, 'indefensión aprendida') aprendió que no podía hacer nada para detenerla. Así, al meter a *Charlie* en la caja de los compartimentos, el perro buscó una nueva forma de escapar. *Loren*, por el contrario, ni siquiera lo intentó. Podía haber saltado la barrera, pero dio por sentado que no había nada que hacer. Era como si hubiese perdido toda motivación para buscar una salida, por mucho que la tuviese justo delante.

En el experimento de Seligman y Maier, dos tercios de los perros que, como *Loren*, habían recibido descargas inevitables cuando tenían puesto el arnés, no consiguieron escapar en la caja de los dos compartimentos, mostrando una indefensión aprendida. Esto contrastaba con los perros como *Charlie* que habían recibido descargas evitables cuando tenían puesto el arnés y con otros perros que no habían recibido ninguna descarga previa: el 90 por ciento de ellos averiguó la manera de escapar dentro de la caja.

Los investigadores realizaron más tarde unos experimentos similares con ratas y obtuvieron unos resultados semejantes. También realizaron experimentos menos invasivos con participantes humanos, con sonidos desagradables e incluso puzles irresolubles en lugar de descargas eléctricas. Sobre la base de sus resultados, establecieron que la experiencia de ser incapaz de controlar una situación estresante produce tres déficits: motivacional, emocional y cognitivo. Dicho de otro modo, cuando sufrimos un estrés repetitivo que no podemos controlar, tenemos menos inclinación a actuar y menos capacidad para averiguar soluciones. Esto nos hace sentir peor. Por todos estos motivos, la indefensión aprendida se ha vinculado con un mayor riesgo de depresión.

En plena pandemia del covid, es posible que repararas en algunas de las características distintivas de la indefensión aprendida, ya fuera en tus propias vivencias o en la conducta de la gente a tu alrededor. En aquellos momentos, muchos decían sentirse cansados, derrotados, impotentes y desmotivados. Esto no debería ser ninguna sorpresa si tenemos en cuenta que todos vivimos con un estrés impredecible y la sensación de carecer de control durante muchos meses seguidos, e incluso varios años. Los déficits resultantes, motivacional, emocional y cognitivo, influyen a la hora de empujar a ciertas personas hacia el embudo de la convicción infundada.

Y, por si no bastara ya con los efectos dañinos del estrés impredecible, el estrés cuenta con más elementos problemáticos. Uno de ellos es que la tensión se va acumulando de manera transversal, procedente de aspectos de nuestra vida que no están relacionados. Vamos a echar un vistazo a un estudio fascinante que pone esto de relieve.

Las teorías conspirativas sobre el covid se iban extendiendo por el mundo, lo que despertó la curiosidad de un grupo de investigadores al respecto de qué impulsaba aquella avalancha y qué papel concreto desempeñaba el estrés. Dado que el estrés relacionado con la pandemia se estaba produciendo en todas partes, no es que arrojara mucha luz sobre los motivos por los que algunas personas creían relatos falsos e irracionales y otras no, así que los investigadores tenían que examinar otra clase de estrés que variara de intensidad de una población a otra durante la pandemia y comprobar si su magnitud estaba vinculada con una mayor probabilidad de creerse las teorías conspirativas sobre el covid.

Imagínate que vives en un país que sufre los efectos de la pandemia del covid, que podría ser prácticamente cualquier lugar del mundo a comienzos de la década de 2020. Te enfrentas a todas las situaciones de estrés descritas: preocupación por la salud o incluso la enfermedad, dificultades económicas e incertidumbre, aislamiento, restricción de la movilidad, etcétera. Voy a dar por sentado que te consideras una persona razonable e inteligente, así que permíteme que te haga esta pregunta: ¿qué probabilidades piensas que hay de que empieces a dar por buena una de las teorías conspirativas más corrientes, como que el virus es un bulo o que han metido dispositivos de localización en las vacunas? Imagino que te resultará difícil imaginar que te crees esas cosas.

Ahora, vamos a añadir algunos elementos a esta situación imaginaria. El país en el que vives no está soportando solo la pandemia, sino el azote de un conflicto violento: una larga guerra civil o una disputa fronteriza con un país vecino. Además del estrés del covid, te enfrentas a la amenaza de la violencia y la destrucción que pende sobre tu comunidad, oyes las sirenas noche tras noche, cuentas con un refugio improvisado en el sótano en caso de bombardeo, tienes una maleta lista junto a la puerta principal, has perdido a familiares y a amigos en el conflicto, incluso es posible que te hayan herido a ti, y algunos de tus seres queridos combaten en el frente, arriesgando su vida todos los días. Intenta simular la sensación que produce toda esta complejidad y plantéate si el estrés añadido haría más probable que te creyeses todas esas teorías conspirativas acerca del virus. De nuevo, me imagino que la respuesta sería que no. Al fin y al cabo, ¿qué incidencia va a tener el estrés de una guerra sobre el hecho de que un virus sea real o no? Son dos sucesos absolutamente independientes. Es cierto que ambos son estresantes y aterradores, pero no dejan de ser independientes. Pues bien, aun así resulta que están más relacionados de lo que cabría esperar.

Esto es lo que se propusieron estudiar Shira Hebel-Sela y sus colegas. Querían saber si verse inmerso en un conflicto agravaba la susceptibilidad a las convicciones infundadas relacionadas con el covid. Su investigación revela que la respuesta es que sí. Después de llevar a cabo un análisis en 76 países, demostraron que la gente que vivía en zonas con mayor intensidad de conflictos tenía más probabilidades de creerse las teorías conspirativas relativas al covid. ¿Por qué sucede esto? Porque el estrés, venga de donde venga, incluyendo la incertidumbre de vivir en un país en conflicto, aumenta la sensación de no tener ningún control. El estrés nos hace sentir que no estamos al mando y que no sabemos qué va a pasar. Estas sensaciones son extremadamente desagradables y acarrean la comprensible necesidad de mitigar un estado tan incómodo.

Estos resultados nos dan una importante pista al respecto de la relación entre el estrés y la convicción infundada. El estrés es acumulativo y la investigación de Hebel-Sela y sus compañeros dejaba bien claro que su origen no tiene por qué estar directamente relacionado con el contenido de la convicción infundada para que influya en el modo de pensar de una persona sobre dicho tema. Dicho de otro modo, el estrés no tenía por qué tener su origen en la pandemia para que alterase la forma de pensar que tenía una persona al respecto de la propia pandemia. También resulta interesante que el estudio demostrara, además, que la creencia en teorías conspirativas en Estados Unidos es relativamente superior de lo que cabría esperar conforme al nivel de conflicto del país. Yo intuyo que esto se debe a la intensidad del conflicto ideológico y a la polarización política que se vive dentro del país, que añade un nivel de inestabilidad, desde el punto de vista del estrés, similar al de los efectos de la violencia.

Atribuimos mal las emociones

Una de las razones de que el estrés se acumule es que no se nos da bien identificar de dónde procede. Es más, en sentido más amplio, se nos da mal reconocer el origen de las emociones. Esto se llama *atribución errónea de las emociones* y fue el objeto de uno de los mejores estudios de todos los tiempos en las ciencias sociales, un experimento realizado en 1974 por Donald Dutton y Arthur Aron. En él, una investigadora abordaba a participantes masculinos y les pedía que respondiesen a unas pocas preguntas y que escribieran una breve historia dramática basada en la fotografía de una mujer. Cuando terminaban la tarea, la investigadora arrancaba la esquina de una hoja de papel, anotaba su número de teléfono y decía a los participantes que la llamaran más adelante si estaban interesados en conocer los resultados del estudio. Por supuesto, nadie estaba interesado en el estudio (que se había diseñado para que no resultara relevante), así que el hecho de que llamaran indicaba en qué medida se habían sentido atraídos los participantes por la investigadora. Después, las historias que habían escrito se evaluaban en función del contenido sexual, lo cual proporcionaba otra medida de la atracción física. La clave del experimento consistía en que, en el grupo de control, la investigadora abordaba a los participantes que cruzaban un puente de una construcción muy sólida, mientras que en el otro grupo, el experimental, lo hacía en medio de un puente que daba cierto miedo, uno colgante ya antiguo de unos ciento treinta metros de longitud. Dutton y Aron se esperaban que los participantes del puente colgante estuviesen mucho más inquietos y querían explorar la posibilidad de que atribuyesen mal esa inquietud, se la adjudicasen a la excitación sexual y, en consecuencia, se inventaran unas historias con mayor contenido sexual y fuese más probable que llamasen a la investigadora después del estudio. Se confirmó su hipótesis: la probabilidad de que los participantes del puente colgante sintieran excitación sexual y consideraran atractiva a la investigadora resultó ser mucho mayor.

Este estudio confirmaba que, cuando sentimos algo, no tenemos por qué saber necesariamente de dónde procede ese sentimiento y que, bajo ciertas circunstancias, podemos atribuirlo a cosas distintas, a veces de manera incorrecta. En este ejemplo, el estudio demostraba que podemos tomar algo negativo (el miedo) y reinterpretarlo como algo positivo (atracción sexual).

Comprender la tendencia a atribuir las emociones de forma errónea tiene diversas ventajas. Primero, hay que ser conscientes de que, cuando sufrimos el estrés —en especial, una carga acumulada de estrés de múltiples procedencias—, se lo podemos atribuir a algo que no corresponde, y esto nos puede llevar por una senda equivocada en nuestro intento por aliviarlo. Así, es crítico que nos cuestionemos nuestras propias conclusiones y juicios. Segundo, podemos utilizar la atribución errónea de las emociones en nuestro beneficio. Por ejemplo, conviene tratar de reinterpretar el estrés impredecible negativo como algo que no es tan negativo ni tan impredecible. Volvamos con la historia de Jenny para ver cómo funciona esto. El estrés que ella sentía procedía de múltiples fuentes, entre ellas la pandemia, su trabajo, el colegio de su hijo, etcétera, pero centrarse en los factores más predecibles —como su trabajo— y atribuir su estado emocional a esas cuestiones le habría dado mayor sensación de control. En cambio, se centró en las restricciones de la pandemia y les echó la culpa de todo, llegando así a las convicciones infundadas.

Reinterpretar algo negativo como positivo es más complicado, pero también posible. Por ejemplo, digamos que sentimos una fuerte ansiedad por el futuro, que desconocemos. Podemos reformularlo como un mundo de posibilidades y atribuir la ansiedad al entusiasmo. Es importante recordar que la atribución errónea de las emociones se produce la primera vez que nos topamos con una situación. Una vez hecha la interpretación, es difícil cambiarla. Por ejemplo, si los participantes del experimento original de Dutton y Aron se volvieran a encontrar con la misma investigadora, lo más probable es que su primera interpretación se mantuviera y continuaran sintiendo un nivel similar de atracción hacia ella. Esto significa que esta estrategia de reinterpretación es de una especial importancia en los primeros días de la presencia de un nuevo factor estresante en nuestro entorno.

OJALÁ SEA ÚTIL...

Volver a atribuir el estrés

Volver a atribuir las emociones es algo que podemos probar nosotros mismos. También es algo que podemos intentar hacer en una conversación con alguien cercano que veamos interesado en las convicciones infundadas. Digamos que tu amigo Tim muestra señales de estrés y que lo atribuye a ciertos relatos catastróficos globales acerca del mundo y a ti te preocupa que esto lo lleve a aceptar una serie de falsedades destructivas. Les has echado un ojo a sus publicaciones en redes sociales, lo que no ha hecho sino aumentar tu preocupación. Además, sabes que Tim se ha divorciado hace poco, que sus hijos están fuera, en la universidad, y que le asusta el futuro. Al hablar con él, puedes ayudarlo a conectar sus sensaciones con estas facetas específicas de su vida en lugar de atribuírselas a fuerzas oscuras y tramas diabólicas. Quizá puedas, incluso, ayudarlo a reformular los cambios en su vida como una oportunidad para tener más libertad y posibilidades de redescubrirse en lugar de verlos como un trastorno inesperado.

¿Cómo afecta el estrés a la función cognitiva?

A los investigadores no les resulta sencillo diseñar experimentos que estudien algo como el estrés sin someter a algunas personas (o a unos pobres perros inocentes) a experiencias desagradables. Por este motivo, gran parte de las investigaciones de hoy en día siguen un planteamiento distinto y estudian poblaciones que ya están sometidas a unas condiciones de vida estresantes, como los conflictos violentos que hemos descrito al hablar de la investigación anterior. Otra forma de estrés que resulta fácil de examinar son las dificultades económicas. Recordemos las ideas que hemos mencionado en la introducción acerca de la mentalidad de escasez: el impacto negativo de la falta de recursos en la función cognitiva. Vamos a regresar a ese estudio y a explorar de manera más detallada qué es lo que empuja a la gente a adoptar convicciones irracionales o teorías conspirativas.

¿Por qué vinculo la mentalidad de escasez y las convicciones infundadas? Se podría pensar que estoy tratando de argumentar la existencia de una relación entre los problemas económicos y la tendencia a adoptar una visión desinformada del mundo, pero, aunque haya ciertas pruebas de la correlación entre la desigualdad económica y la creencia en teorías conspirativas, esta no es mi tesis principal. No todos los convencidos sin fundamento viven en la pobreza: muchos disfrutan de una posición acomodada. Ahora bien, tal y como hemos comprobado a partir de la investigación sobre las sociedades que sufren el covid y un conflicto violento, el estrés es acumulativo y generalizable, igual que lo es la mentalidad de escasez. Lo que hace que la escasez sea tan interesante —y relevante para entender las convicciones infundadas— es que se trata de otra forma de estrés que reduce nuestra capacidad para razonar, pensar, planificar y tomar buenas decisiones en general, además de poder estudiarse con relativa facilidad.

Aunque gran parte de los estudios sobre la escasez se centran en la variante económica, y desde luego aportan unos datos relevantes y contundentes para quienes trabajan con el objetivo de aliviar situaciones como la pobreza, los mismos efectos devastadores de la escasez pueden surgir a partir de dificultades con otros recursos —como el tiempo—, la realización de varias tareas a la vez, el dolor, los alimentos, los problemas médicos y otros. En esencia, la mentalidad de escasez es una reducción de los recursos mentales disponibles porque se están utilizando para otra tarea involuntaria. Por tanto, profundizar en la mentalidad de escasez nos servirá para comprender cómo pensamos y cómo tomamos decisiones bajo la presión continua que se produce con una carga elevada de estrés mental.

Veamos en mayor detalle algunas de las investigaciones sobre la mentalidad de escasez, comenzando por un estudio particularmente esclarecedor que llevaron a cabo Anandi Mani, Sendhil Mullainathan, Eldar Shafir y Jiaying Zhao.

El equipo de investigación inició su viaje a la mentalidad de escasez mediante una serie de experimentos a pequeña escala con voluntarios en un centro comercial que mostraban que la escasez reduce eso a lo que los científicos sociales se suelen referir como *ancho de banda cognitivo,* la capacidad mental general de una persona. Sin embargo, no se quedaron satisfechos con este planteamiento tan limitado. Querían poner a prueba sus teorías en el mundo real, con personas que estuvieran sufriendo una verdadera escasez en su vida cotidiana, y no de manera artificial simulándola durante un par de horas. Necesitaban una población que viviese en una escasez sustancial.

Sin embargo, necesitaban otra cosa más: un grupo de control, uno que pudieran medir y comparar con quienes padecían la escasez sustancial. Un planteamiento podría haber sido el de comparar a la gente pobre con la rica, pero esto tiene el problema de que entre estos dos grupos hay otros muchos factores diferenciales, los cuales podrían explicar las diferencias de mentalidad entre los ricos y los pobres. Dadas las numerosas diferencias, las conclusiones que se extraerían de tal investigación serían limitadas.

En estos casos, un buen planteamiento experimental consiste en observar los cambios circunstanciales en los mismos individuos a lo largo del tiempo. Por ejemplo, podríamos buscar una población que viviese en una escasez sustancial en ciertas ocasiones, pero no en otras. Esto permitiría que los investigadores estudiaran a los mismos individuos en diferentes condiciones y observaran cómo cambian de mentalidad en momentos de una escasez mayor en comparación con las épocas de abundancia relativa.

El equipo de investigación siguió ese planteamiento e identificó las condiciones que estaban buscando en los campos de caña de azúcar de la India. Los agricultores de la caña de azúcar, como la mayoría de los campesinos, experimentan unas condiciones económicas muy distintas en las diferentes etapas del ciclo del cultivo. Tienen unos meses en los que el dinero es abundante y otros meses en los que sus recursos se reducen al máximo, y esto los convertía en un grupo ideal para estudiar el modo en que los mismos individuos piensan, se comportan y toman decisiones cuando se sienten relativamente ricos y cuando se sienten relativamente pobres.

El equipo de investigación utilizó dos ejercicios sencillos para medir dos capacidades cognitivas fundamentales conocidas como «inteligencia fluida» y «control ejecutivo». Repitieron los ejercicios un tiempo antes de la cosecha y justo después o, lo que es lo mismo, cuando los agricultores se sentían más pobres y cuando se sentían más acomodados económicamente. Los resultados fueron muy llamativos. Antes de recoger la cosecha, los campesinos obtuvieron unas puntuaciones un 25 por ciento más bajas en el test de las matrices progresivas de Raven, una prueba no verbal que se utiliza para medir la inteligencia humana general y el razonamiento abstracto. Antes de la cosecha, también fueron un 10 por ciento más lentos en términos de control ejecutivo y cometieron un 15 por ciento más de errores. ¡Y eran las mismas personas! No había diferencias de personalidad ni de coeficiente intelectual entre el momento previo a la cosecha y el posterior.

Las misma dinámica se da en otras situaciones estresantes que no tienen nada que ver con la pobreza. ¿Te has preocupado alguna vez tanto por terminar un trabajo a tiempo que ya no te ves capaz de pensar con claridad? ¿O has tomado una mala decisión de compra porque te preocupaba algo realmente malo que pensabas que estaba a punto de pasar en tu trabajo? En estos y en otros innumerables escenarios, el estrés reduce la capacidad mental y promueve el pensamiento a corto plazo, lo cual nos hace buscar respuestas fáciles y rápidas que tal vez no sean adecuadas. En mi caso, la época en que me vilipendiaron por internet no solo fue desagradable y, a veces, atemorizadora, sino que también me hizo percatarme de que mis funciones cognitivas se veían afectadas bajo el estrés de los constantes ataques. Así, comencé a tomar decisiones desacertadas, sin visión de futuro. Mientras escribo estas líneas, más de dos años después del comienzo de esta aventura tan rara, me cuesta recrear la experiencia del estrés y mi mentalidad de escasez en ese momento, de un modo muy similar a lo mucho que me cuesta recordar plenamente el dolor que sentí en el hospital (y cuánto lo agradezco). El calado de la mentalidad de escasez no es algo con lo que nos vaya a resultar sencillo empatizar a menos que estemos sintiendo toda su intensidad en el momento. Igual que los agricultores después de recoger la cosecha, cuando nos liberamos de la carga emocional inmediata, recuperamos nuestra función cognitiva y olvidamos gran parte de lo que sentíamos unos meses atrás.

Hablando del dolor y la escasez, las investigaciones han descubierto que la inseguridad económica no solo genera estrés emocional, sino que incrementa la intensidad del dolor físico. En varios estudios, Eileen Chou, Bidhan Parmar y Adam Galinsky demostraron que, al aumentar la inseguridad económica (ya sea en la forma específica del desempleo o en una forma más genérica, como la preocupación por la salud económica de nuestro país), el dolor físico se eleva según dos medidas: tanto el que afirmamos percibir como el que denota el aumento del consumo de analgésicos sin receta médica. El estrés duele, literalmente, y, cuando algo nos duele, pensamos y actuamos de maneras aún menos beneficiosas.

Resiliencia: las fuerzas que ayudan a combatir la escasez

Eliminar o reducir la cantidad de estrés a la que está sometida una persona sería una solución obvia al problema de la *sobre-*

carga del ancho de banda provocada por la escasez (que así lo llaman los científicos). Es fácil decirlo, pero, en la mayoría de los casos, es imposible, y más cuando la causa del estrés son otras personas o algún suceso impredecible, como una pandemia mundial. Entonces, si no se puede eliminar el estrés, ¿qué podemos hacer al respecto? Una de las maneras de afrontarlo es volverse más resiliente ante el estrés y la mentalidad de escasez. Mientras trataba de comprender qué era lo que empujaba a ciertas personas hacia la convicción infundada, pero a otras no, la cuestión de la resiliencia se manifestó como un factor decisivo. Si todos sufrimos estrés, ¿por qué algunos lo gestionamos mejor que otros? ¿Qué es lo que hace que unas personas sean capaces de pensar con claridad, no perder de vista el largo plazo y tomar decisiones más razonables, mientras que otras se vuelven miopes y se aferran a las creencias falsas para afrontar el estrés y la mentalidad de escasez?

La resiliencia es un constructo muy complejo que depende de muchas variables. Por lo que sabemos sobre esta, parece que funciona a modo de póliza de seguro contra el estrés y nos ayuda a gestionar los momentos más difíciles de nuestra vida.

Una de las maneras fundamentales de entender la resiliencia se basa en el constructo psicológico conocido como «apego seguro». He aquí una historia que explica esta idea básica. Imagínate que tienes una hija de cuatro años a la que vamos a llamar Neta. Un día, te llevas a Neta a jugar al parque y te sientas en un banco, porque, claro, tú ya no tienes cuatro años. «Venga, vete a los columpios», le dices a Neta, que sale corriendo hacia los columpios, juega quince minutos y regresa contigo. Si esto sucede, has conseguido educar a una niña con apego seguro: enhorabuena. Vamos a comparar esto con otro niño, al que vamos a llamar Amit. Le dices: «Vete a los columpios» y el niño echa a caminar, pero, más o menos a cada minuto, se da la vuelta para ver si sigues ahí, esperándolo. Si la situación es esta, no has conseguido criar a un niño con apego seguro. Por supuesto, estos dos casos son ejemplos muy claros de dos extremos, y existen muchos grados de apego entre medias.

El apego seguro se forma en la infancia y, básicamente, nos permite ir por la vida sabiendo que, si sucede algo malo, habrá alguien ahí para sostenernos. No nos hace falta estar mirando constantemente a nuestro alrededor y preguntándonos si hay alguien ahí que se ocupe de nosotros. Cuando tenemos un nivel muy alto de apego seguro, es una especie de póliza de seguro ideal, pues tenemos la certeza de que nos cubrirá todo. Es una sensación increíble y mágica moverse por el mundo de esta manera. Nos da confianza para hacer cosas que no haríamos sin ese nivel de apego seguro. Por ejemplo, si sabemos que hay alguien que no nos dejará caer si las cosas no salen bien, estaríamos dispuestos a abrir un nuevo negocio; a jugárnosla y empezar una aventura romántica con alguien a quien consideramos absolutamente fuera de nuestro alcance; a estudiar una carrera con la que no sabemos si tendremos éxito; a mudarnos a vivir a otra ciudad o a probar con un empleo nuevo, y la lista sigue. En resumen, el apego seguro es esa sensación que hace que la gente se fije más en el lado bueno de las cosas y se preocupe menos por el lado malo.

OJALÁ SEA ÚTIL...

Mejorar el apego seguro

Es bastante raro y difícil generar un nivel elevado de apego seguro, pero cualquier mejora que se obtenga en este sentido será de ayuda para evitar la caída en convicciones infundadas. El apego seguro es un continuo y el más mínimo incremento tiene sus beneficios en el modo en que vemos las ventajas y las desventajas, los riesgos, el potencial y las cosas que estamos dispuestos a hacer. Cuanto mayor sea nuestro apego seguro, más resilientes somos y menor será nuestra necesidad de recurrir a teorías alternativas para explicar el mundo que nos rodea.

El apego seguro comienza en la infancia, así que, si tienes hijos y no te gustaría criar a un convencido de falsas creencias, esto es algo en lo que puedes trabajar con ellos: asegurarte de que perciben que ahí estás tú, pendiente de ellos, que confías en ellos y que no tienen motivos para temer que los abandonen. En la madurez, podemos aumentar el apego seguro a base de relaciones profundas, de confianza, que nos protejan en momentos de estrés. También podemos ser nosotros esa protección que está disponible para las personas que hay en nuestra vida y, de paso, protegerlas también de que caigan en convicciones infundadas.

Aumentar la resiliencia

Uno de los proyectos de investigación más interesantes e importantes sobre la resiliencia abordó el reto de mejorar la mentalidad de escasez. Jon Jachimowicz y sus colegas se propusieron descubrir si el hecho de añadir factores que incrementan la resiliencia remediaría en parte los problemas de sobrecarga de la capacidad cognitiva, aumentando la claridad de ideas y mejorando la toma de decisiones aun cuando se mantuviesen las condiciones de escasez. Vamos a verlo.

Imagínate que formas parte de ese 10 por ciento de la población mundial que vive con menos de dos dólares al día. La escasez es tu vida cotidiana, apenas eres capaz de dar de comer a tu familia y cualquier lujo, incluso el más pequeño, queda fuera de tu alcance. Ahora, imagínate que un día llega a tu aldea una persona generosa y te da a elegir: entregarte hoy seis dólares o dieciocho dentro de tres meses. ¿Qué elegirías tú? Cualquiera que sea capaz de hacer cuentas verá que recibir el triple de dinero esperando tres meses es la mejor opción. Aun así, en condiciones de pobreza extrema, la gente suele decantarse por la opción más inmediata, la peor, lo cual es comprensible, mostrando así otro aspecto más en el que la escasez afecta a nuestra capacidad crítica para aplazar la gratificación a cambio de una recompensa mayor. Los préstamos abusivos, como los de adelanto de nómina a un interés muy elevado, son un ejemplo de los devastadores efectos que esto tiene en la situación económica de los pobres. El estrés de la pobreza empuja a la gente a solicitar préstamos con unas tasas de interés altísimas que proporcionan cierto alivio a corto plazo, pero castigan al prestatario y lo hunden cada vez más en la deuda.

Ahora, pregúntate qué te serviría de ayuda para tomar una decisión más sabia en el escenario descrito. ¿Y si añadiésemos a la historia varios elementos relacionados con la resiliencia? ¿Y si tuvieras un vecino dispuesto a compartir su comida durante un par de días? ¿Y si hubiera alguien en tu comunidad a quien recurrir para pedirle consejo? Sabiendo esto, quizá valorases tus opciones de otro modo y descartarías la gratificación inmediata para recibir una recompensa mayor más tarde, ¿no? Esta es la cuestión que Jachimowicz y sus colegas se propusieron estudiar. Su hipótesis era simple: las personas que sintieran un mayor grado de confianza y de apoyo procedente de su comunidad (una suerte de apego seguro proporcionado por esta) tendrían menos probabilidades de padecer la mentalidad de escasez, aun en las mismas circunstancias económicas complejas. En consecuencia, no tendrían que tomar tantas decisiones a la desesperada. Dicho de otro modo, la comunidad proporcionaría resiliencia, la cual, a su vez, protegería contra los efectos dañinos del estrés.

Para poner a prueba su hipótesis, acometieron un estudio de dos años con personas que vivían por debajo del umbral de la pobreza en Bangladés. Ofrecieron a la mitad de la población el acceso a unos expertos voluntarios que intermediaran ante los Gobiernos locales y ayuntamientos en momentos de necesidad para acceder a los servicios públicos, mientras que la otra mitad de la población no disponía de ayuda en caso de necesidad. Dos años después, los investigadores compararon la toma de decisiones de la gente que contaba con alguien a quien recurrir con la de la gente que no. Con la misma oferta de antes (seis dólares ahora o dieciocho dentro de tres meses), descubrieron que quienes habían recibido asistencia en lo referente a la resiliencia y, por tanto, disponían de unos niveles más elevados de confianza en la comunidad tenían más probabilidades de descartar la oferta a corto plazo y elegir una recompensa mayor a largo plazo. En otra investigación en la misma línea en Estados Unidos, descubrieron que las personas con mayor confianza en su comunidad tenían menos probabilidades de pedir préstamos de adelanto de nómina.

OJALÁ SEA ÚTIL...

Apoyar al convencido

Es difícil eliminar el estrés, pero es importante reducirlo, en particular en las primeras etapas del embudo, antes de que la gente se entregue por completo a ideas alternativas. Dar tranquilidad a quien se encuentra en circunstancias estresantes supone una gran diferencia. Aunque seamos incapaces de mitigar las causas del estrés, conseguir que el otro se sienta atendido y apoyado servirá de mucho a la hora de frenar la espiral de la búsqueda desesperada de respuestas y control. Un planteamiento específico para reducir el estrés que probamos en mi laboratorio de la Universidad de Duke consiste en hacer que el otro se sienta como una persona inteligente y con éxito. Descubrimos que, después de reconfortar a alguien de ese modo, era menos probable que cayese por el embudo de la convicción infundada. Este tipo de actitud tranquilizadora tiene un efecto calmante, al hacer saber al otro que está emocionalmente a salvo, que no está siendo objeto de ningún ataque ni tampoco está decepcionando a nadie, lo que puede truncar la búsqueda de un villano al que culpar o una teoría que lo explique. Nuestros experimentos se centraron en las relaciones en persona, pero incluso en aquellas a través de internet la actitud confortadora resulta más beneficiosa de lo que nos imaginamos. En general, el ser humano tiende a subestimar la eficacia del apoyo emocional y no valora lo mucho que importa hasta el más mínimo detalle tranquilizador.

Ofrecer apoyo y tranquilidad al otro parece un acto bastante simple, pero no lo es cuando tenemos delante a un convencido, alguien que expresa unas ideas alarmantes y nos dice cosas que nos parecen descabelladas. Cuando somos nosotros quienes sufrimos el estrés, resulta más sencillo atender primero nuestras necesidades, algo en la línea del consejo de «antes de ayudar a los demás, póngase usted su máscara de oxígeno», pero, en este caso, eso es un error. Las primeras etapas del estrés son el momento en que podemos influir más en una persona que va camino de las convicciones irracionales. Por ese motivo, hemos de tomarnos más en serio tanto el estrés que padecemos nosotros como el que sufren nuestros seres queridos, pues es mucho más difícil llegar a alguien que ha avanzado más en su descenso por el embudo, cuando sus procesos cognitivos y sus vínculos sociales refuerzan su convicción infundada.

Los efectos destructivos de la desigualdad económica

Si la cohesión de la comunidad es tan importante para la resiliencia, ¿qué factores fortalecerían esta cohesión o la minarían y cuáles fomentarían la resiliencia o la destruirían? Jon Jachimowicz y sus colegas, incluidos varios de los investigadores del estudio de Bangladés, decidieron analizar una fuerza importante que, según sospechaban, «debilitaba la protección de la comunidad», como dicen ellos: la disparidad en los ingresos. ¿Por qué tiene ese efecto la desigualdad económica? Tal vez porque, al aumentar la desigualdad, la gente se siente cada vez menos conectada con su comunidad y más sola en su lucha por conseguir estabilidad económica. La hipótesis de los investigadores era que la desigualdad debilitaba la protección de la comunidad tanto en las sociedades ricas como en las pobres siempre que fuese elevada. Así, estudiaron comunidades en Estados Unidos, Australia y zonas rurales de Uganda, y se encontraron con que, en efecto, los niveles elevados de desigualdad económica reducían la confianza en el apoyo de la comunidad y generaban mayor presión económica.

¿Qué hay de los diferentes niveles de riqueza? Los investigadores descubrieron que, con independencia de su nivel de riqueza, todas las sociedades sufren en términos sociales conforme aumentan las desigualdades en ingresos, pero, tal y como cabría esperar, ese sufrimiento variaba de unos niveles de riqueza a otros. Los efectos negativos de la desigualdad sobre quienes vivían en barrios acomodados (en verdad, puede haber altos niveles de desigualdad económica incluso en las zonas más caras) no eran tan malos, porque esas personas disponían de seguridad económica y tenían los recursos suficientes para gestionar por sí mismas los altibajos, mientras que, para las que vivían en barrios pobres con niveles elevados de desigualdad económica, el resultado de no contar con una comunidad a la que recurrir era devastador.

Lo que demuestra esta investigación es bastante evidente. Primero, debería estar claro que las comunidades son un recurso importante a la hora de generar resiliencia. Segundo: se ha dicho mucho sobre los males de la desigualdad económica y la injusticia de la distribución de la riqueza, pero, además de lo relacionado con la justicia, la desigualdad económica tiene la repercusión negativa directa de reducir la sensación de pertenencia social a una comunidad y debilitar la resiliencia de la gente. Por último, las personas que cuentan con un estatus socioeconómico inferior y, por tanto, tienen más probabilidades de necesitar ayuda son también las que más sufren los daños que causa una comunidad con un nivel elevado de desigualdad económica.

¿Qué podemos aprender de la investigación sobre la escasez para mitigar las convicciones infundadas?

Puede parecernos que los agricultores de caña de azúcar de la India, con sus problemas de liquidez, y los aldeanos de bajos ingresos de Bangladés y la Uganda rural están a un mundo de distancia de nuestra vida cotidiana y de nuestros convencidos más cercanos, pero de estos estudios podemos extraer información fundamental para entender el modo en que el estrés influye en general en la función cognitiva y la toma de decisiones del ser humano y cómo afecta a los convencidos. De manera resumida: las condiciones estresantes pasan factura a nuestra capacidad cognitiva, impidiendo que pensemos con claridad y ejerzamos el control ejecutivo como es debido. El estrés también daña nuestra habilidad para tomar decisiones racionales a largo plazo que requieren aplazar la gratificación. El hecho de vivir en una comunidad que nos proporciona una sensación de confianza y apoyo actúa a modo de protección contra el impacto perjudicial de la escasez. No obstante, un nivel más elevado de desigualdad en los ingresos dentro de nuestra comunidad debilita nuestra sensación de confianza social.

Pensemos en cómo se aplican estas reflexiones a las circunstancias estresantes que soportamos durante la pandemia del covid, un periodo muy interesante para estudiar el papel que desempeña el estrés en nuestra vida, porque, al contrario que en el caso de un desastre natural o una tragedia en una familia o comunidad concreta, por ejemplo, el estrés nos afectó a todos. La amenaza del propio virus era el hilo invisible que conectaba a los trabajadores de una fábrica china con la reina de Inglaterra, a las megaestrellas de Hollywood con los maestros de escuela de un pueblecito. Nadie era inmune a la incertidumbre, la confusión y el temor que acompañaban a aquella crisis. Da igual en qué parte del mundo viviéramos, cuáles fuesen nuestras circunstancias socioeconómicas, aquella fue una época de un estrés inusual, aunque no fuese igual para todos, por supuesto.

Para mucha gente, la pandemia puso también el foco sobre la cuestión de la confianza en la comunidad. Algunos se vieron protegidos por el respaldo de sus familiares, amigos, vecinos, empresarios e incluso el Gobierno, mientras que otros sintieron una profunda soledad, sin nadie a quien recurrir en busca de ayuda. La desigualdad en los ingresos también dominaba el pensamiento de muchos. Tal y como he oído decir tantas veces en los últimos tiempos, no vamos todos en el mismo barco, aunque sí navegamos por las mismas aguas turbulentas.

El efecto agravante de la sensación de injusticia

No resulta sorprendente que unos sintieran con más intensidad que otros los efectos del estrés por la pandemia si, al mirar alrededor, veían que los demás iban en barcos mejores que el suyo. De nuevo, esto no va solo de dinero. En algunos casos, el barco del vecino quizá fuera más grande y lujoso, pero también pareciese que estaba atendido por una tripulación más numerosa, fuera más estable o se hallara mejor equipado para afrontar las condiciones del momento. Forma parte de la naturaleza humana comparar la suerte propia con la de los demás o, por así decirlo, desear el barco del vecino. Sin embargo, para ciertas personas, esta comparación se convierte fácilmente en una emoción más nociva: la sensación de estar sufriendo una injusticia. No solo se sienten en desventaja, sino que, además, les parece que les ha tocado una vida más difícil, al estar sometidas a privaciones adicionales o injustas, o a alguna clase de persecución.

Esta sensación de soportar un trato injusto es frecuente entre los convencidos a los que he conocido y creo que explica en gran medida que en tantas teorías conspirativas comunes encontremos el tema de las élites. Si tienes claro que te encuentras en desventaja, habrá otra persona que esté disfrutando de una ventaja (injusta). Si tú estás pasando por unas dificultades inusuales, habrá otra persona a la que le vaya bien sin mover un dedo. Si tú no tienes el control, tiene que haber alguien que esté controlando las cosas. Esas turbias y difusas élites son un recurso muy oportuno al que atribuir todo ese resentimiento. ¿Por qué es una idea tan atractiva? Bueno, si hay alguien con el poder para amargarnos la vida lo más probable es que sean ellas (¿quién iba a ser si no?). Viven al margen del resto de nosotros y son un tanto desconocidas (¿a cuánta gente conocemos de verdad que pertenezca a esas élites? ¿Qué cena esa gente por la noche? ¿Cómo gestiona sus relaciones?). Al mismo tiempo, nos resultan familiares y tenemos una idea general sobre ellas (sabemos su nombre o hemos visto su foto y nos hemos enterado de algunos detalles sobre su vida y trabajo). La unión de todos estos factores hace que las élites sean un objetivo bastante satisfactorio para las teorías conspirativas.

Por supuesto, si alguna vez has pasado un rato con esas supuestas élites, quizá hayas descubierto enseguida cuál es el mayor fallo que tiene esa idea de que son quienes controlan el mundo: por lo general, no se les da muy bien organizar nada. He tenido el dudoso honor de asistir al Foro Económico Mundial de Davos en múltiples ocasiones. Es un bastión de las élites y el objetivo de numerosas teorías conspirativas, y estoy seguro de que, para muchos, eso ha dado lustre a mis credenciales de villano. Lo que he aprendido en esos encuentros es que esta gente no es capaz ni de montar una conferencia sobre un tema interesante, y mucho menos orquestar una inmensa y compleja conspiración para engañar y manipular a miles de millones de personas. Un punto en el que coincido plenamente con los convencidos es que cualquiera tendrá esa sensación de injusticia solo con observar desde fuera las extravagantes fiestas que celebran.

Cuando pienso en esa sensación de injusticia, me viene a la cabeza una maravillosa historia de Douglas Adams en su saga de la *Guía del autoestopista galáctico*. El protagonista de esta breve historia es Rob McKenna, un camionero que parece incapaz de escapar de la lluvia. Allá donde va, llueve, todos y cada uno de los días. Lleva un diario de sus desventuras en un cuaderno de bitácora, donde expresa lo amargado y entristecido que lo tiene la incesante lluvia que lo sigue por doquier. Se siente objeto de una injusticia suprema, perseguido por unas nubes. En realidad, Rob no se da cuenta de que es un Dios de la Lluvia. Las nubes lo aman y solo quieren estar cerca de él, ducharlo constantemente. Lo están siguiendo, desde luego, pero por amor, no por malicia. Al final, se percata de que es él quien controla las precipitaciones y convierte su condición de Dios de la Lluvia en un negocio lucrativo: cobra por atraer las nubes y llevárselas de los lugares de vacaciones y los eventos importantes.

Pero me estoy apartando del tema... Regresemos por un instante a nuestra madre soltera convencida, Jenny, que sin duda se sentía como si las nubes del infortunio fuesen tras ella, agraviada a causa del singular estrés económico que padecía como profesional por cuenta propia y de la injusticia y humillación social que percibía en el trato que habían dado a su hijo. Unidos, aquellos factores generaron una fuerte necesidad de tener una válvula de escape de aquella ambigüedad e incertidumbre que sentía.

Imagínate que vives con un estrés impredecible e incontrolable. Te agota y sientes impotencia, como esos pobres perros metidos en la caja de los dos compartimentos, y estás perdiendo las energías y la motivación para tratar de mejorar tus circunstancias. Es una sensación terrible..., ¡pero, espera, que hay más! Ahora imagínate que, en medio de esa experiencia, empiezas a pensar que te están dando un trato muy duro. ¡A todas las demás personas les han ofrecido una vía de escape menos a ti! Así es como se siente alguien como Jenny cuando está a punto de caer por el precipicio.

Comienza con el estrés general de la pandemia agravado por las dificultades económicas y la constante complicación de mantener su negocio en marcha con su hijo en casa. Acto seguido, el estrés se ve agravado por el trato injusto y la humillación que sufre su hijo, Mike, por parte de su profesora. Todo esto empuja a Jenny a un punto de inflexión y comienza su búsqueda de respuestas. Su convicción va aumentando al ver un vídeo detrás de otro en internet donde le explican que el estrés que siente es el resultado de un complot diabólico. Ese virus no es real, todo es un bulo orquestado para someter a la población y controlarla. Las mascarillas están diseñadas para obstaculizar el flujo de oxígeno que llega al cerebro y convertir a la gente en borrega. Por eso se siente ella tan confusa y espesa. ¡Ay, esos pobres borregos (o «aborregados», como suelen decir los convencidos), que no ven lo que está pasando a su alrededor! La vacuna no tardará en estar disponible y van a coger a toda la gente que tiene un empleo seguro, una casa grande y una buena red de apoyo, y la van a llevar como a un rebaño hasta las clínicas de vacunación para implantarles un microchip que va a rastrear todos sus movimientos. Cuanto más lee y más vídeos ve Jenny, más traicionada se siente: por el sistema, por el Gobierno, por el colegio de su hijo y, en última instancia, por mí, alguien cuyas ideas respetaba tiempo atrás.

OJALÁ SEA ÚTIL...

No debatir

Escucha y apoya, no discutas. Cuando alguien acude a nosotros con una riada de agravios e historias sobre quién tiene la culpa, puede darnos la sensación de que nos invita al debate y de que quiere que analicemos las ideas que está expresando. Da la impresión de que busca la verdad, por lo que, si no coincidimos con sus opiniones, podríamos tener el impulso de refutarlas, pero, en realidad, la gente necesita sentirse escuchada, atendida, validada y comprendida: solo así se dan las condiciones necesarias para tener una conversación fructífera. Lo primero que hay que tener claro es que la verdadera cuestión aquí no son los hechos, las alegaciones ni las historias que se cuentan; el verdadero problema es emocional. Podemos empatizar con alguien aun cuando no estemos de acuerdo con la interpretación del motivo de su sufrimiento. El simple hecho de ponernos en su lugar y reconocer de dónde viene su dolor sin tratar de corregirlo ya sirve de mucho, y, si pasamos después al debate, partiremos de una base mucho mejor.

Joshua Kalla y David Broockman pusieron a prueba estos principios en un planteamiento conocido como *deep canvassing*, una suerte de análisis en profundidad que comienza haciendo una serie de preguntas sensibles y escuchando las respuestas con verdadero interés y continúa con otras preguntas complementarias con el fin de iniciar una conversación. ¿Por qué es más probable que sea eficaz este planteamiento? Porque en una discusión habitual solemos comenzar por contraargumentar (al menos mentalmente, pero a veces también en voz alta) antes de que el otro haya terminado siquiera de exponer sus ideas. Como es obvio, esta no es manera de mantener una conversación productiva acerca de nada.

El quid de la cuestión cuando el otro «no tiene predisposición a que lo persuadan» es esa necesidad nuestra, casi universal, de tener razón, así como la de vernos asociados a grupos que hacen lo correcto. Cuando alguien cuestiona nuestra sensación de estar en lo cierto, amenaza nuestra identidad, de manera que nos dejamos la piel con tal de defendernos y de proteger eso que es tan importante para nosotros: la idea de que tenemos razón.

El análisis en profundidad sirve para combatir esta dinámica, porque comienza con un verdadero interés por comprender y una actitud de apertura mental. Cuando se inicia una conversación con este planteamiento, algunos de los mecanismos de defensa se reducen y ambas partes pueden abrir un poco más su mente (solo un poco; recordemos que esto no es algo mágico).

Una cita para comer con una convencida

En el verano de 2020, no mucho después de haberme enterado de las historias y las acusaciones de Jenny, me encontré con Eve, otra convencida cuyo ejemplo resulta más esclarecedor si cabe respecto a lo que sucede cuando alguien que ya padece un estrés intenso e impredecible comienza a considerase víctima de una injusticia. Había conocido a Eve dos años antes, cuando era voluntaria en una organización sin ánimo de lucro que daba sus primeros pasos. Se había puesto en contacto conmigo en busca de consejo sobre la manera más eficaz de promover su causa. Quedé con ella en una cafetería, intenté ser todo lo útil que pude y nos despedimos de manera amistosa. Cuando comenzó a difundirse la desinformación sobre mí, Eve me llamó y, después de recordarme quién era, fue directa al grano y me recitó la ya conocida letanía de acusaciones falsas: estaba claro que se las creía, todas ellas. No estaba escuchando realmente mi versión de la historia, así que la conversación no llegó muy lejos. Al final, muy frustrada, afirmó: «Quiero llegar al fondo de esto. Tenemos que quedar».

Aquello fue a comienzos de la pandemia, cuando verse en persona se consideraba una conducta de alto riesgo, pero accedí a quedar con ella siempre que nos sentáramos al aire libre, e incluso pedí el almuerzo para los dos. Eve llegó tarde y me lanzó la misma cadena de acusaciones. Una vez más, le dije que eran falsas.

—Mis amigos ya me han advertido de que no viniera a hablar contigo —me dijo.

—¿Por qué? —quise saber.

—Porque dicen que me vas a engatusar.

Ya veía yo la lógica que había detrás. Si Eve se marchaba de allí convencida de que yo era un villano, eso estaba bien: ¡habría conseguido esquivar mis poderes diabólicos! Pero, si cuando la conversación terminase, pensaba cualquier otra cosa, sería porque yo la había engatusado. Yo era el malo fuera como fuese nuestra conversación.

Unos instantes después, renuncié a intentar aclarar en qué estaba participando y en qué no. En un esfuerzo por sacar algo en claro de aquel rato juntos, cambié el rumbo de nuestra conversación y comencé a hacerle preguntas, pues sentía verdadera curiosidad. Apenas dos años antes, Eve era una activista que se mostraba segura de sí misma y capaz en la argumentación, comprometida con una causa que merecía la pena, mientras que, en esos momentos, parecía temerosa, paranoica y hundida por el peso de la vida. ¿Qué le había sucedido en el breve espacio de tiempo transcurrido desde nuestro primer encuentro en aquella cafetería? La transformación que yo tenía delante no se debía tan solo a la fatiga y el estrés generados por la pandemia que solía ver en la cara de la gente.

Muy despacio, Eve comenzó a contarme su historia. Era profesora de Arte, pero, al contrario que la mayoría de los profesores, no formaba parte de ningún sindicato. Llevaba más de una década dando clase en el mismo colegio y estaba entregada a sus alumnos, aunque su situación dentro de la comunidad educativa no era tan segura como la de sus colegas sindicados. Eso no había sido nunca un problema, hasta que llegó la pandemia. Al contrario que muchos de los demás profesores de Arte, Eve se quedó sin empleo y, a partir de ahí, todo fue a peor. Sin su nómina mensual, no pudo seguir pagando el alquiler y perdió su apartamento. «¡Estoy viviendo en mi coche! —me dijo—. ¡Estoy viviendo en mi coche!» No dejaba de repetir la frase, como si no se lo pudiera creer. Yo tampoco me lo podía creer. Tenía una fuerte sensación de ser víctima de una persecución injusta, dado que soportaba dificultades y humillaciones.

Cuando Eve se levantó para marcharse una hora más tarde, le pregunté:

—¿Has cambiado tu concepto de mí en algún aspecto?

—No estoy segura —respondió, y se metió en su coche y se marchó.

Curiosamente, aquella historia no había terminado. Unos meses después, me escribió de buenas a primeras y me pidió que contribuyera a una campaña de recaudación de fondos que había puesto en marcha para pagar unos gastos médicos. Le contesté con la debida cortesía y le expliqué que ya había sobrepasado mi presupuesto anual para donaciones. Eve se indignó y me respondió de un modo insultante, segura de haber recibido un trato injusto. Me dijo que ya estaba convencida de que yo era una mala persona y de que, sin duda, todo lo que decía la gente sobre mí era cierto.

La necesidad de una válvula de escape

Eve, igual que Jenny, se vio empujada por múltiples factores emocionales: un estrés general, un estrés impredecible, el debilitamiento de la comunidad, la sensación de sufrir un trato injusto. Ninguno de estos factores es exclusivo de estas dos mujeres, ni siquiera de nuestro tiempo concreto ni de nuestras circunstancias específicas, pero resulta sencillo ver el modo en que todos estos elementos se intensificaron durante la pandemia del covid y afectaron más a ciertas personas que a otras.

Cuando no podemos controlar las fuentes de estrés de nuestro entorno ni influir en ellas, cuando nos sentimos impotentes ante otras personas o sucesos, nos vemos empujados a buscar una válvula de escape. ¿Cuál es la manera más fácil de reducir la incómoda sensación de carecer de control? Es simple: buscar explicaciones de lo que está sucediendo y encontrar a alguien a quien echarle la culpa. Da igual que esas explicaciones no tengan sentido, y tampoco importa que sean ciertas, tan solo necesitamos que nos proporcionen cierto consuelo. En el siguiente capítulo, veremos en mayor detalle lo que sucede cuando alguien comienza a buscar una válvula de escape.

4

Elegir un villano para recuperar el control

> El odio tiene sus placeres. Suele ser, por tanto, la compensación con la que un ser humano atemorizado se resarce por las miserias del miedo. A mayor temor, más odiará.
>
> C. S. Lewis,
> *Cartas del diablo a su sobrino*

Al ser humano siempre le han encantado los villanos. Sin ellos, todo nuestro canon literario sería de lo más aburrido, sin duda, desde las sagas heroicas de la Antigüedad hasta las grandes producciones actuales de películas de acción. Un buen villano nos ayuda a extraer moralejas en forma de frases brillantes, a crear dramatismo y tensión y a encontrar una resolución satisfactoria cuando se derrota al mal. Sin embargo, nuestros villanos no siempre son ficticios. La historia nos ha proporcionado todo tipo de encarnaciones reales del mal que hacen palidecer a sus homólogos fantásticos. En estos días, sin embargo, vemos una tendencia preocupante. Los términos que antaño se reservaban para los personajes verdaderamente repulsivos —Adolf Hitler, por ejemplo— se dirigen ahora a cualquiera con quien estemos en desacuerdo. Basta dedicar unas horas a leer sobre los temas conflictivos del día en las redes sociales para encontrar decenas de personas a las que tachan de nazis, fascistas, genocidas, autoritarias, etcétera. Ya no basta con decir que alguien tiene una opinión distinta, ahora hay que convertirlo en un villano. Hillary Clinton no puede ser tan solo una política progresista, feminista y una espabilada con la que muchos están en desacuerdo, tiene que ser una mente diabólica que se dedica a matar niños. Donald Trump no puede ser solo un líder populista, ambicioso y sin pelos en la lengua con el que otros discrepan, tiene que ser un fascista y un agente secreto ruso empeñado en destruir la democracia e instaurar la ley marcial. Y no son únicamente los candidatos presidenciales estadounidenses a los que se considera villanos, también la gente común con la que nos cruzamos en persona o en internet.

Esto también lo viví de un modo demasiado personal durante mi inesperada demonización. En una mañana inolvidable, me desperté con decenas de notificaciones de mis redes sociales. En aquel momento, yo trataba de evitar todas estas cosas, pero resultaba imposible hacer caso omiso de semejante avalancha. Estaba pasando algo en lo que figuraba mi nombre y, por mucho que supiera que probablemente me iba a sentir peor, me vi obligado a mirarlo. El mensaje de internet donde se me etiquetaba comenzaba con el siguiente párrafo tan gráfico y truculento:

> Si un toro al que llevan al matadero ve cómo masacran a sus hermanos ante sus ojos, si huele su sangre y percibe la muerte en el ambiente, tiene un arrebato de furia y lucha por su vida hasta el último aliento. Ahora bien, la industria ganadera cuenta con expertos en psicología animal que saben cómo conseguir que ese toro vaya directo a la muerte de forma pacífica y sin drama ninguno. En una situación ideal, el toro jamás sabrá que están a punto de descuartizarlo, salvo en los últimos segundos de vida, en que estará completamente inmovilizado, colgado de las patas con el brillo de la cuchilla del matarife delante de él. La ingeniería de la conciencia humana no difiere de esto en lo fundamental. Su propósito es el de llevar a la gente hacia el destino final sin que tenga consciencia del objetivo último, en apariencia por su propio pie, pasito a pasito.

El autor de la publicación se llamaba Jon. Después de describir al desafortunado toro, pasaba a explicar con cierto detalle que los nazis habían utilizado el mismo tipo de trucos de «ingeniería de la conciencia» para enviar a la muerte a millones de judíos, gitanos, *queer* y personas con discapacidades durante el Holocausto. Acto seguido, me tocaba a mí (porque, como es natural, uno relaciona el matadero con las cámaras de gas y de ahí se llega al profesor Ariely).

Igual que los asesinos en serie de animales y seres humanos —contaba Jon—, yo estaba al frente de la «trama de ingeniería de la conciencia» para acabar con la población desprevenida. Me acusaba a mí en concreto de obligar a la gente a llevar la mascarilla para convencerla de la «falsa» epidemia, de impedir que visitaran a sus abuelos con el fin de aislarlos y obligarlos a vacunarse y de catalogar de conspiranoicos a quienes se oponían a las vacunas con el objetivo de desacreditar su lucha contra el «sistema depredador». También afirmaba que yo utilizaba mi media barba para manipular a la gente de modo que me viesen como a una víctima y distraerla así de mis malvadas intenciones. Para finalizar, pedía que me juzgaran para decidir «la verdadera cuestión», es decir, «si una cadena perpetua con trabajos forzados sería adecuada para [mis] delitos» o si había que «ir a por la pena de muerte».

Esta publicación reunía más de un millar de comentarios y *likes*. Algunos lectores afirmaban que ni siquiera la pena de muerte sería un castigo lo bastante duro para los delincuentes como yo. Éramos peores que los nazis, decían. Había que cogernos a mis colegas los Illuminati y a mí, meternos en un zoológico y someternos a una humillación pública. Me describían como «monstruoso» y me comparaban con un demonio, un diablo y el villano bíblico Amán.

Si comparto la historia de esta publicación en internet no es para destacar la hostilidad contra mí. Lo que quiero decir es que este tipo de cosas se han convertido en algo común y proporcionan un ejemplo clarísimo del nivel de animadversión que se ha vuelto la norma en tales discursos dirigidos a quien se haya señalado como el villano de la historia.

Me encontraba con estos sentimientos casi a diario y me preguntaba por qué. ¿Por qué llega la gente a tales extremos?

¿Qué es lo que mueve a estos convencidos a creer que el mundo lo dirigen unos personajes tan malvados? Tal y como hemos visto en el capítulo anterior, empezaba a comprender el modo en que el estrés impredecible y agravado lleva a ciertas personas a tales extremos. Vi que sentirse víctima de un trato injusto, creer que alguien está cometiendo una injusticia con nosotros, acentúa la desconfianza y debilita los vínculos sociales. Reconocí esa necesidad desesperada de conseguir respuestas y las ganas de tener el control que impulsan a algunas de estas personas a dar sus primeros pasos hacia el interior del embudo. Sin embargo, todavía no comprendía qué era exactamente lo que se encontraban allí. También reconocí las dificultades y necesidades emocionales que conducían a la convicción infundada, pero ¿cuál era su recompensa emocional? ¿Qué válvula de escape emocional hallaban en estos relatos tan negativos, cargados de malas intenciones y complots encubiertos? ¿Por qué continuaban buscando sin cesar? ¿Y por qué se dejaban llevar por unas emociones tan tóxicas como el odio y la agresividad hacia unas personas a las que no conocían de nada? A continuación, nos centraremos en todas estas preguntas.

Tengo la impresión de que el ser humano no está programado para ver el mundo como algo gobernado por las fuerzas del mal. De hecho, la mayoría de la gente cree en la existencia de una fuerza positiva en él: algunos piensan en un Dios benévolo, otros creen en el karma o en un universo afectuoso, y aun cuando hay algún demonio de por medio la fuerza dominante sigue siendo la del bien. En términos psicológicos, está claro que tiene sentido creer que el mundo está gobernado por fuerzas positivas. La idea de que el mundo lo dominan unas fuerzas que actúan por nuestro bien es una convicción muy reconfortante y útil al levantarse cada mañana. Cuando algo se tuerce, los que creen en Dios, el karma o un universo afectuoso tienen menos motivos para estresarse, porque, al fin y al cabo, hay una fuerza positiva que se encarga de gestionar las cosas a gran escala. Es más, hay muchos estudios que vinculan la religiosidad elevada con un mayor grado de bienestar.

La gente con la que me topaba en internet, sin embargo, parecía no ver nada más que el mal en el mundo allá donde mirase, y lo creían con un fervor religioso. Los complots ideados para perpetrar ese mal nunca son sencillos. Suelen implicar a alguien que desea controlar algo o destruirlo por medio de una tecnología que en apariencia es benévola, pero en realidad es lo contrario, y todo ello de un modo intrincado. Curiosamente, uno no se encuentra a mucha gente en las plataformas encriptadas de las redes sociales hablando sobre un plan secreto para mejorar el mundo, combatir la pobreza y la enfermedad y salvar millones de vidas. No, la gente siempre se centra en tramas que contienen elementos como la reducción de los derechos humanos, los abusos a menores, la corrupción, el control de nuestros actos y pensamientos y el enriquecimiento de ciertos villanos.

He pensado mucho sobre estas cuestiones y he llegado a la conclusión de que el hecho de encontrar a un villano o varios no es el objetivo real de la gente, ni tampoco buscar complots malvados. Más bien, yo creo que la persecución del villano es un efecto secundario y lamentable del modo en que nuestro sistema psicológico gestiona el temor y el estrés. Lo que he comprendido acerca de las complejas necesidades emocionales y psicológicas que empujan a la gente a las convicciones infundadas es que estas se ven satisfechas en un principio, de forma parcial y temporal, gracias a que se fijan en ciertas personas malvadas que actúan en un universo moral de blancos y negros. En su estado de privación, buscan una válvula de escape y la encuentran en un villano al que culpar de todo. Y, aunque la historia del villano sea compleja, hace que el mundo se presente claramente definido en las categorías simples del bien y el mal. Dar con ese villano es como rascarse una picadura de mosquito: tan solo te alivia de manera temporal y a la larga solo sirve para empeorar las cosas, empeorarlas mucho.

Para explicar lo que pienso de todo esto, vamos a utilizar como metáfora otro mecanismo psicológico de afrontamiento: el trastorno obsesivo compulsivo (TOC).

El trastorno obsesivo compulsivo como metáfora del embudo de la convicción infundada

Imaginémonos a una joven que sufrió acoso de pequeña por tener sobrepeso: la llamaremos Amy. A causa de esto, desarrolló una preocupación por su apariencia que no la ha abandonado al hacerse mayor, ir a la universidad y convertirse en una profesional que trabaja para una empresa local proveedora de alimentos. Con el paso del tiempo, los pensamientos negativos se volvieron más frecuentes y repetitivos hasta que terminaron por convertirse en obsesivos. No puede dejar de pensar en el aspecto que tiene, en especial cuando queda con alguien. En su intento por gestionar estos pensamientos obsesivos, ha adquirido el hábito de mirarse en el espejo antes de salir de casa, retocarse el pelo y lavarse las manos para asegurarse de que está lista. Estas conductas no solucionan su preocupación por su aspecto, pero sí le dan una sensación de control y la tranquilizan hasta cierto punto. Con el paso del tiempo, estas conductas se han vuelto más rutinarias y compulsivas, y Amy ahora depende de ellas para seguir adelante. Esto es una representación genérica y simplificada del TOC.*

Tomemos ahora la estructura genérica del TOC —los pensamientos obsesivos y las conductas compulsivas que ayudan a hacerlos más soportables— y pensemos en cómo nos servirían a modo de metáfora para proporcionar el consuelo que buscan los convencidos. Lo que tengo aquí en mente es que, así como Amy encuentra cierto consuelo en el acto de lavarse las manos, los convencidos lo hallan en su preocupación por encontrar a alguien a quien culpar de las cosas malas que suceden en su mundo. Sentirse capaces de hallarle el sentido a cada suceso les proporciona cierta sensación de control, al menos durante un tiempo.

* En nuestra sociedad competitiva, hay gente que afirma tener un «TOC leve» y hay ocasiones en que parecen lucir su autodiagnóstico como quien luce una medalla, pero lo cierto es que el TOC no es ningún don, sino un trastorno muy serio y potencialmente devastador.

Por supuesto, no se trata de una metáfora perfecta, pues existen algunas diferencias importantes entre lavarse las manos y encontrar a otra persona a la que culpar de lo que está mal en el mundo, pero incluso las diferencias nos sirven para entender mejor las profundas necesidades que los convencidos tratan de satisfacer buscando un villano y por qué este esfuerzo los lleva a caer por el embudo de la convicción infundada.

El acto de lavarse las manos es igual siempre, pero la búsqueda de un villano en internet es algo que cambia y se expande cada día. Cada vez que entramos, hay más vídeos, información, conexiones y descubrimientos, lo cual crea la trampa de que la intensidad es creciente.

Vamos a comparar a Amy con un joven llamado Tom que no está estresado ni preocupado por su peso, sino por lo que sucede en el mundo a su alrededor, especialmente por el cambio climático. Conoce a gente que ha perdido su casa en incendios y huracanes; estas historias lo tienen horrorizado, pero no se aclara con las cuestiones científicas y sus pensamientos se vuelven obsesivos. Siente la desesperada necesidad de hallar respuestas acerca de por qué continúa sucediendo todo esto. Por supuesto, recurre a internet. Es importante señalar aquí que una conducta como lavarse las manos no le iba a servir a Tom: busca explicaciones y, como busca explicaciones de cosas muy malas, una en la que participe un Dios benévolo no va a estar a la altura. Tom busca un mecanismo malo, algo diabólico que dé sentido a lo que está pasando e, idealmente, que asuma la culpa de ello.

Tom da con un vídeo que explica que el cambio climático no tiene nada que ver con la quema de combustibles fósiles, sino que es el resultado de una serie de experimentos secretos de geoingeniería del Gobierno. Esto supone un gran impacto para él, pero también está más calmado porque ahora tiene la sensación de que conoce mejor el problema. El mundo tiene un poco más de sentido, y eso lo reconforta (como le sucede a Amy la primera vez que se lava las manos antes de marcharse). No obstante, esta calma no soluciona el estrés y la preocupación de Tom (similar a lo que pasa con Amy) y no tarda en necesitar otra dosis del mismo remedio (de nuevo, igual que en el caso de Amy). Regresa a internet, pero, esta vez, su búsqueda lo lleva en una dirección ligeramente distinta y termina leyendo sobre algo llamado «Programa de Investigación de Auroras Activas de Alta Frecuencia» (HAARP, por sus siglas en inglés), un programa real. En Google Earth, encuentra imágenes de unas instalaciones militares antiguas en Alaska y se entera de que el HAARP es capaz de desencadenar huracanes, terremotos e inundaciones haciendo vibrar partículas metálicas en la atmósfera, y descubre que esa historia que nos cuentan sobre el cambio climático es en realidad un bulo ideado para encubrir el mortífero impacto del HAARP. ¡Todo empieza a encajar! Acto seguido, lee algo sobre unos aviones que pulverizan unas sustancias químicas y metálicas dañinas en la atmósfera que, a continuación, el HAARP hace vibrar con ondas de radio para alterar las condiciones meteorológicas. Encuentra una publicación de alguien que tiene un hermano en las fuerzas aéreas confirmando lo que ha leído. Camina de vuelta a casa y, de repente, se percata de la cantidad de aviones que lo sobrevuelan dejando un rastro blanco a su paso. Esa noche, continúa con sus investigaciones y averigua que todo aquello tiene un motivo: un complot para alterar los recursos de la tierra de manera que los Gobiernos puedan utilizar las condiciones meteorológicas como un arma de destrucción masiva en una suerte de nueva guerra fría, además de aumentar el control sobre la población de sus países.

En esta secuencia, vemos que el mecanismo de afrontamiento de Tom —buscar compulsivamente información en internet— es muy distinto del de Amy: al contrario que el acto de lavarse las manos, la búsqueda de información en internet es distinta cada vez y va hundiendo a Tom cada vez más en el complejo mundo de los complots y los villanos diabólicos, haciéndolo imaginar una realidad alternativa. Cuanto más se hunde Tom, más cambia su perspectiva sobre todas las cosas: está cayendo por el embudo de la convicción infundada.

Otra diferencia importante entre el TOC y la convicción infundada consiste en que, a pesar de que la compulsión pueda volverse dañina y debilitante, el acto de lavarse las manos es algo neutro que no provoca ningún daño a largo plazo ni cambia a la persona. La convicción infundada sí puede cambiar a una persona de manera negativa en lo más fundamental, en especial cuando las creencias giran en torno a unos personajes despreciables que se quieren apoderar del mundo, destruir a los demás y controlar todos y cada uno de los aspectos de nuestra vida.

Estos dos elementos —la constante expansión del material disponible por su propia naturaleza (en particular en internet) y el inevitable recurso a una explicación diabólica— son dos características importantes que diferencian el embudo de la convicción infundada del TOC. Además, el primero de ellos es psicológicamente dañino y resulta muy difícil escapar de él.

Como es obvio, el hecho de encontrar una explicación que culpe a un villano imaginario no es una verdadera solución de nada. No ayuda a entender un clima cambiante, la pérdida de un empleo, la confusión, el temor, la ansiedad, el abandono social, etcétera. Sin embargo, sí proporciona un alivio a corto plazo, pues genera una sensación de conocimiento y de control. Si hubiéramos pedido a Tom que pusiera nota a su bienestar general cuando estaba sumido en la confusión y las preocupaciones, quizá le hubiera dado un cinco sobre diez. Después de ver la primera tanda de vídeos, tal vez le hubiese dado un seis: ¡una mejora! De primeras, dar con un villano al que culpar a Tom le resulta psicológicamente reconfortante. Qué alivio es tener la sensación de que entiende lo que está pasando y, más importante aún, que no es culpa suya. Todo esto es obra de las maldades de otra persona. Ahora bien, al darle vueltas y vueltas a esas ideas que acaba de descubrir y según se va ensombreciendo su manera de ver el mundo, su nivel de bienestar cae por debajo del punto inicial, digamos hasta un cuatro sobre diez, y Tom se pregunta: ¿qué podría hacerme sentir mejor? Entonces, recuerda qué ha sido lo que lo ha hecho sentir mejor la última vez. Así, se mete de nuevo en internet y encuentra más vídeos. Durante un tiempo, vuelve a sentirse bien, pero a largo plazo se siente cada vez peor. Conforme va cayendo por la espiral de odio y pensamiento obsesivo, la actividad que le proporciona un alivio a corto plazo va modificando su sistema de creencias y, poco a poco, se va sintiendo más preocupado e incluso obsesionado con esos temores e inquietudes para los que, precisamente, buscaba alivio en un principio (como se muestra en la figura 3). Este patrón de alivio a corto plazo y deterioro a largo plazo forma parte de lo que hace que el embudo de la convicción infundada sea tan seductor y tan destructivo.

FIGURA 3. Las consecuencias involuntarias de hallar un villano

Cada vez que alguien que sufre estrés ve un vídeo de un villano al que puede culpar, esa persona siente un alivio a corto plazo que se convierte en un deterioro a largo plazo. El proceso se repite con el paso del tiempo y genera una reducción del bienestar a largo plazo.

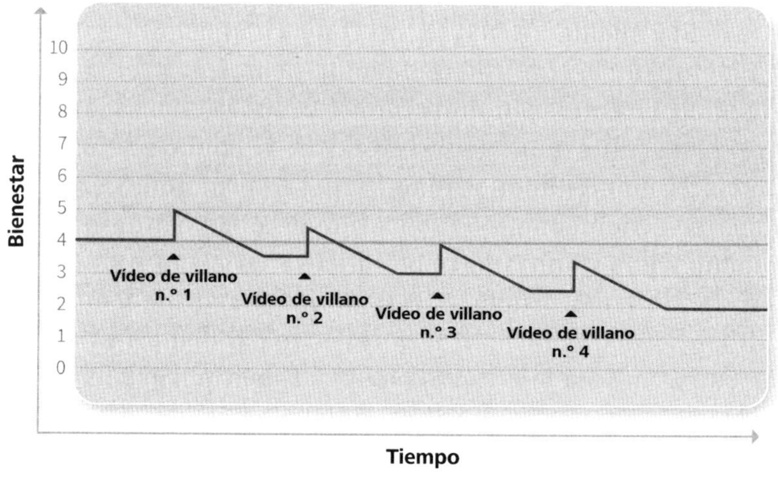

OJALÁ SEA ÚTIL...

Aprender a disfrutar de la ambigüedad

La ambigüedad es una sensación desagradable para la mayoría de la gente y, como tal, tendemos a atribuirla de forma errónea y llegar a la conclusión de que algo va mal. En realidad, sin embargo, la ambigüedad es un estado productivo e incluso positivo. Cuando realizamos una investigación, intentamos animar a nuestros alumnos y a nuestros colegas, así como a nosotros mismos, a disfrutar de la ambigüedad. La lógica que hay detrás es que el verdadero conocimiento puede surgir justo cuando no conocemos una respuesta, así que lo mejor es ir despacio, pensar con detenimiento y disfrutar del proceso de descubrimiento de lo que está pasando. Por desgracia, este gusto por la ambigüedad es una disposición mental poco común. Por lo general, queremos obtener respuestas rápidas y claras, en especial cuando estamos estresados. En el caso de ciertas personas, esta antipatía por la ambigüedad contribuye a que caigan en la convicción infundada. Para que esto no suceda, resulta decisivo ser capaz de no sacar conclusiones precipitadas, de mantener varias hipótesis en la cabeza y de seguir abierto a nuevas informaciones y posibilidades. Tendemos a admirar la convicción y la confianza, y a aspirar a ellas, pero saldríamos mejor parados si aprendiésemos a admirar la ambigüedad y a disfrutar de ella.

A simple vista, la idea de que podemos aprender a disfrutar de la ambigüedad tal vez parezca contraria a la propia naturaleza humana. Al fin y al cabo, ¿no es la certeza lo que deseamos? ¿No significan las vacilaciones que hay algo que no encaja? Aunque el gusto por la ambigüedad no sea algo natural, lo podemos desarrollar igual que sucede con tantas otras cosas buenas de la vida. Piensa por un instante en algo que detestabas en un principio, pero has terminado prefiriendo sobre otras cosas con el paso del tiempo; quizá sea el café, la cerveza, el *jazz* experimental o los alimentos amargos. Si podemos desarrollar el gusto por estas cosas, ¿por qué no podemos hacer lo mismo con la ambigüedad y aprender a adoptarla y disfrutar de ella? Me da la sensación de que esto no solo es posible, sino que conseguirlo es más fácil que lograr que te guste la salsa picante (que, por cierto, estimula de forma directa nuestros receptores del dolor y, aun así, podemos aprender a disfrutarla). Una vez adquirido el gusto por la ambigüedad, quizá descubramos que hace que la vida sea más interesante.

El daño intencionado nos duele más

Veamos en mayor detalle lo que sucede cuando alguien como Tom descubre un villano al que culpar y por qué esto desencadena un ciclo destructivo. Tal y como hemos descrito antes, Tom siente alivio inicialmente porque consigue una sensación de control: sabe por qué está tan estresado e inquieto. No es un caos aleatorio, se debe a una mala persona. Hay alguien responsable de esa sensación tan dañina de estar sufriendo una injusticia que hemos visto en las historias de Jenny y de Eve. Dicho de otra manera, alguien lo está haciendo. Hay una intención en el estrés que sufre Tom, y esta hace que el alivio que él siente al dar con un villano dure aún menos y termina por intensificar su estrés. Kurt Gray y Daniel Wegner idearon un maravilloso estudio sobre la importancia de la intención y su relación con el estrés. La pregunta que se hacían era si una experiencia desagradable nos hace más daño cuando pensamos que se nos ha infligido de manera intencionada.

Así funcionaba el experimento: imagínate que estudias en la universidad y te has apuntado para participar en este estudio. Cuando llegas, te presentan a otra participante —vamos a llamarla Laura— y os piden a los dos que os sentéis en habitaciones contiguas. En tu habitación, tú ves una pantalla de ordenador que describe dos tareas posibles. Una de ellas implica lo que los investigadores denominan «evaluación del malestar», que supone recibir unas descargas eléctricas y calificar lo dolorosas que son. La otra tarea no supone dolor alguno, sino escuchar dos sonidos e identificar cuál es más agudo. Te dicen que vas a completar una de las dos tareas de la pantalla, pero no podrás elegirla. Esa elección la va a hacer Laura, que está sentada en la habitación de al lado y ve las mismas dos tareas en la pantalla de su ordenador.

Unos instantes después, ves la elección de Laura marcada en la pantalla. Ha decidido que vas a recibir las descargas eléctricas. Eso te molesta un poco y comienzas a temer el dolor que se avecina. ¿Acaso no podía haber escogido la otra tarea? ¿Qué tiene esa chica contra ti? Si ni siquiera la conoces. Con cierta contrariedad, comienzas a recibir las descargas y a evaluar tu nivel de malestar.

Ahora, imagínate el mismo escenario, pero con una diferencia: cuando los investigadores te explican cómo funciona el experimento, también te dicen que, sin que Laura lo sepa, se ha modificado la conexión de los botones con las tareas para invertirlos o, dicho de otro modo, vas a recibir la tarea opuesta a la que Laura seleccione para ti. Cuando hace su elección, se activa la tarea de las descargas eléctricas. Esto también te molesta, pero te das cuenta de que esa no era la intención de Laura. Es más, ella creía que estaba eligiendo la opción inocua. Cuando comienzan las descargas eléctricas, te duele. Esta vez también evalúas tu nivel de malestar, pero he aquí la cuestión: ¿sientes niveles diferentes de intensidad de las descargas en cada una de las dos situaciones? En otras palabras, ¿te dolería menos la misma descarga si supieses que no era intencionada?

Resulta que la respuesta es un sí. La intención importa y percibimos las descargas de un modo distinto. Aunque la intensidad física del dolor sea la misma en los dos escenarios, los participantes que pensaban que su compañero los había sometido a las descargas de manera deliberada indicaron unos niveles de malestar más elevados que quienes pensaban que les habían infligido el dolor sin malas intenciones. El dolor intencionado hace más daño que el involuntario. Así, el sufrimiento es una combinación de las condiciones externas y la interpretación.

Además, el estudio descubrió que quienes recibían las descargas involuntarias decían que estas se volvían menos dolorosas en cada repetición. Dicho de otro modo, se acostumbraban al dolor, igual que solemos hacer con todo tipo de experiencias recurrentes. ¿Y el dolor intencionado? Su intensidad se mantenía sin alteraciones durante todo el experimento. Esta adaptación selectiva (adaptarnos al dolor involuntario, pero no al intencionado) indica que, aunque nos acostumbremos a muchas cosas en la vida, no somos capaces de dejar a un lado las malas intenciones que subyacen al dolor voluntario y dedicarles menos atención, sino que este continúa escociéndonos con la misma intensidad.

Esperemos que no venga nadie a sentarse en la habitación contigua para someternos a una serie de descargas eléctricas, pero tampoco es difícil hallar ejemplos en nuestra propia vida donde la intención añade más escozor a nuestra experiencia dolorosa. Creo que eso le pasó a mucha gente durante la pandemia del covid. Igual que Tom, esas personas se sentían inquietas y estresadas, por lo que se metían en internet en busca de respuestas y sus descubrimientos los convencían de que había gente malvada responsable del virus y de las normativas que conllevó. Sintieron un alivio temporal, pero, cuando este perdió su efecto, se sintieron peor. Ya es lo bastante malo soportar un estrés impredecible continuo, pero es mucho peor que se deba a las malas intenciones de otra persona. Al contrario que los participantes en el estudio sobre el dolor intencionado, que solo tuvieron que padecer las descargas durante un lapso muy breve, los que sufrimos el estrés de los sucesos relacionados con el covid (es decir, todos nosotros en mayor o menor grado) hemos soportado un estrés crónico durante cerca de tres años, así que, cuando ciertas personas llegaron a la conclusión de que su sufrimiento era intencionado y, en consecuencia, comenzaron a sentirlo con mayor intensidad si cabe, ¿qué fue lo que hicieron? Lo mismo que antes les había hecho sentir mejor: buscaron respuestas, villanos y complots diabólicos, y cada vez que los encontraban se adentraban un poco más en el embudo.

Una vez has señalado a un villano, resulta sencillo volver a por él una y otra vez para culparlo de cualquier nueva fuente de dolor. Cuando estamos convencidos de que alguien tiene malas intenciones, ni siquiera consideramos necesario dudar cada vez que le adjudicamos un delito. Muy al contrario, señalamos con el dedo con absoluta ceguera. Cuando Tom lee algo sobre algún suceso meteorológico adverso nuevo que lo atemoriza o cuando ve alguna estadística sobre el aumento de las temperaturas, le resulta sencillo culpar al HAARP o a ese Gobierno tan sediento de poder. Y, si creemos que nosotros somos distintos, pensemos un instante en un político que nos desagrade mucho. Yo voy a utilizar a Donald Trump en este ejemplo, ya que hay una notable cantidad de la población estadounidense que, probablemente, lo elegiría a él, pero lo podemos cambiar por cualquier otro que encaje mejor con nuestra tendencia política. Hagámonos esta pregunta: si oigo una historia o leo un titular que dice que Trump tiene una aventura con una prostituta rusa o que está haciendo tratos con Putin en secreto, ¿cuál sería mi primera respuesta? Hay muchas personas que —si son sinceras— reconocerán que se creen esas historias sin haberlas verificado. ¿Por qué? Porque hay mucha gente que ha decidido ya que Trump es un villano, y a todos nosotros —con independencia del lado del espectro político donde nos situemos— nos encanta tener villanos a los que echar la culpa de las cosas.

OJALÁ SEA ÚTIL...

No dar la maldad por sentada

Cuando nos pasa algo malo y pensamos que ha sido intencionado, sufrimos todavía más. Yo intento aferrarme a una versión ligeramente modificada del principio conocido como «la navaja de Hanlon». La formulación original dice así: «No atribuyas nunca a la maldad lo que se puede explicar por medio de la estupidez». Esa estupidez, sin embargo, es un término algo exagerado; yo creo que la intención original del dicho no se refería tanto a la estupidez como a la irracionalidad y falibilidad del ser humano. He aquí mi versión: «No atribuyas nunca a la maldad lo que se puede explicar por medio de la falibilidad humana». Esto indica que, cuando nos sucede algo malo a nosotros y a nuestros seres queridos, deberíamos estudiar más y mejor las razones subyacentes a lo sucedido y buscar explicaciones que no impliquen intención o maldad, sino más bien un error, falta de consideración, impulsividad, emociones o alguna de las peculiaridades del amplio abanico del ser humano.

Al creer en esta versión ligeramente modificada del principio de la navaja de Hanlon, no solo eliminamos parte del escozor de la intención, sino que también incrementamos las posibilidades de entender las verdaderas razones de lo que salió mal y allanamos el camino hacia la superación.

¿Por qué los convencidos se sienten atraídos por unas historias tan rebuscadas?

Los relatos que difunden los convencidos no son únicamente sombríos y negativos, también son de una complejidad sorprendente. Por supuesto, en el pensamiento de estas personas, no son tal cosa, ni mucho menos. Por ejemplo, no basta con afirmar que las compañías farmacéuticas desean incrementar sus beneficios y, por eso, tomaron ciertos atajos a la hora de desarrollar la vacuna del covid y ensayarla, o que están ocultando información a la Administración de Alimentos y Medicamentos (FDA, por sus siglas en inglés) y al público en general (solo por aclarar las cosas, no hay ninguna prueba de nada de eso). En cambio, la historia que cuentan es que Bill Gates y los Illuminati están conspirando para reducir la población de la Tierra y crear una sociedad tecnocrática. Para conseguir este objetivo, crearon, primero, el bulo del covid y, después, el de una vacuna que matará a la gente con sus efectos secundarios y dañará la fertilidad de hombres y mujeres durante las próximas generaciones. Y la historia no termina ahí: el temor generado por el virus y las muertes permitirá que los Gobiernos confinen a sus ciudadanos y los obliguen a llevar un pasaporte donde figure su estado de vacunación, primeros e importantes pasos hacia una obediencia ciega y la pérdida de derechos individuales. Por supuesto, esta trama cubre lo más superficial, porque se vuelve mucho más enrevesada conforme vamos analizando los detalles, como las afirmaciones sobre el funcionamiento de la vacuna de ARN o las aseveraciones de que Bill Gates es el propietario de Pfizer y controla la Organización Mundial de la Salud, además de otras teorías diversas acerca del papel de los bancos centrales y las monedas digitales en el control de los ciudadanos de todos los países. Es una verdadera historia interminable y, si no hubiera tenido unos efectos tan devastadores, habría sido uno de los mejores culebrones del mundo.

La primera vez que me topé con estas ideas, su complejidad me causó desconcierto. En general, lo que me dicen mis observaciones es que el ser humano prefiere la simplicidad en los relatos usados para explicar el mundo que nos rodea. Basta pensar en la cantidad de historias románticas que siguen la simple estructura de un cuento de hadas con un final feliz o cuántas aventuras de superhéroes tienen el mismo ritmo predecible.

Esta predilección por la simplicidad es también una directriz importante en la ciencia, a menudo resumida en el principio conocido como «navaja de Ockham», cuya idea básica consiste en que, mientras no se demuestre inadecuada, deberíamos elegir la explicación más simple y con el menor número de piezas componentes. Aclaremos que la navaja de Ockham no dice que la explicación más simple es siempre la correcta, tan solo que, cuando no disponemos de ningún dato para escoger una explicación en lugar de otra, deberíamos decantarnos por la más simple.

La preferencia por la simplicidad me ha guiado en gran parte de mis investigaciones. En mi opinión, uno de los objetivos de las ciencias sociales es hallar unos pocos principios fundamentales que expliquen tanto como sea posible el mundo que nos rodea. Por ejemplo, el *dolor de pagar*—que postula que nos duele separarnos del dinero en efectivo, pero nos duele menos cuando no lo vemos o no le prestamos atención— nos ayuda a entender por qué gastamos más cuando utilizamos la tarjeta de crédito, por qué nos sentimos peor al final de una comida si pagamos en metálico en comparación con la tarjeta de crédito, por qué a veces preferimos contratar las vacaciones con todo incluido aunque nos salga más caro, por qué en ocasiones sobrepasamos nuestro presupuesto en la reforma de la casa y muchas otras cosas más.

Con todo cuanto tiene a su favor la simplicidad, ¿cómo es que las historias de los convencidos sin fundamento son tan enrevesadas? No solo no siguen la idea de la navaja de Ockham, sino que se dedican a complicar sus teorías de forma activa con un mayor número de componentes y más fuerzas indirectas en juego.

Tomemos, por ejemplo, una de las teorías conspirativas más fascinantes: la creencia de que la Tierra es plana. ¿Por qué me parece tan interesante? Porque para que la Tierra fuese plana, la magnitud de la conspiración tendría que ser enorme. Todos los Gobiernos conocerían la verdad y la habrían ocultado. Todos los pilotos que hayan volado jamás tendrían que saber la verdad sobre la Tierra, allá abajo, y también la habrían ocultado. El programa espacial, por supuesto, no podría haber sido real, y todo el mundo implicado en esa operación habría conocido la verdad, pero la habría escondido. Y, claro, tendría que haber un gran número de personas trabajando en la cúpula que rodea nuestra Tierra plana: moviendo el sol y las nubes, generando los vientos, etcétera.

Y eso no es todo. Un subconjunto de entre las personas que creen que la Tierra es plana han dado otro giro más complejo a la historia: están convencidas de que Australia no existe. Así es, todo un país entero con sus 26 millones de personas que lo habitan en realidad forman parte de un enrevesado bulo. Los australianos que vemos en los medios son, en realidad, actores pagados por la NASA o están generados por ordenador. Y, si estás pensando «Un momento, eso es ridículo, yo he estado en Australia», te dirán que en realidad te llevaron a una zona remota de Sudamérica poblada por dichos actores. Pero ¿por qué?, ¿por qué va alguien a dedicar semejantes esfuerzos para crear un país imaginario? Bueno, pues los convencidos también tienen una respuesta preparada para eso. Al parecer, todo se remonta a los británicos, que querían librarse de sus criminales. Es probable que estudiaras en el colegio que enviaron a todos aquellos delincuentes británicos a Australia, pero, según los escépticos, en realidad los arrojaron en medio del océano para que se ahogaran. La idea de aquella isla en la otra punta del mundo habitada por canguros saltarines, koalas que parecen de peluche y unos criminales empedernidos se la inventaron para encubrir aquel asesinato en masa. Cuando leí sobre esta teoría, escribí un correo electrónico a mis amigos australianos que decía lo siguiente: «Lo siento mucho, nuestra amistad fue muy bonita mientras todavía pensaba que existíais». Curiosamente, los actores que interpretaban a mis amigos australianos me respondieron insistiendo en que eran reales. Es que hay gente que se niega a reconocer la verdad incluso cuando la descubre.

La inmensa cantidad de gente, Gobiernos e instituciones que habrían participado en esta conspiración de los terraplanistas hace que resulte fascinante. Tú solo piensa en lo que pasaría si le cuentas un secreto tan solo a cinco personas. Las posibilidades de que se filtre son muy elevadas o, como dijo Benjamin Franklin en su famosa frase, «tres podrán guardar un secreto si dos de ellos están muertos». Aun así, para que esta teoría conspirativa fuese cierta, haría falta que cientos de miles de personas, o tal vez millones, guardasen un secreto.

Cuando consideramos el motivo del rebuscamiento de las teorías conspirativas, se podría argumentar que es algo accidental, que estas tienen una complejidad innecesaria debido al modo en que están elaborados los relatos y a la cantidad de gente que participa en su creación. Ahora bien, un planteamiento más psicológico intentaría comprender los beneficios psicológicos que conlleva esa complejidad.

Primero, está claro que un relato más complejo cuenta con más detalles y matices, que se traduce en que hay más cosas que contar. En consecuencia, con el paso del tiempo se puede ir revelando más información. Así, la gente que se beneficia al narrarlo continúa haciéndolo durante un periodo más largo. Desde este punto de vista, si quisiéramos crear un imperio mediático alrededor de una convicción infundada (como hizo el popular locutor de radio estadounidense de extrema derecha Alex Jones, por ejemplo), querríamos que esta fuese lo bastante compleja para que evolucionara con el tiempo. Imaginémonos una página web que estuviese en desacuerdo con las políticas económicas del Gobierno o con sus posturas sobre educación. ¿Con qué frecuencia la visitaría la gente? En el mejor de los casos, podrían echarle un vistazo, formarse una opinión y pasar a otra cosa. Ahora bien, imaginémonos una web que pone al descubierto un conciliábulo de pedófilos en el que participa una lista de nombres en constante cambio y que incluye a gente poderosa de Hollywood y a otros miembros de las élites mundiales. Ahí sí tenemos una historia que se puede ampliar y actualizar. Podemos ir añadiendo nuevas revelaciones sobre los miembros del conciliábulo y sus actos, las redes clandestinas que utilizan para traficar con sus víctimas, las exóticas fincas privadas donde cometen sus delitos y las elaboradas tapaderas de las que se valen para protegerse los unos a los otros. También podemos ofrecer detalles sobre la batalla entre los que saben del tema y el resto del mundo. La gente no va a parar de entrar ahí a hacer clic una y otra vez y a compartirlo una y otra vez.

La segunda razón psicológica que favorece la complejidad es un sesgo cognitivo llamado «sesgo de proporcionalidad», la idea de que, cuando nos enfrentamos a un suceso de gran magnitud, damos por sentado de forma implícita que lo habrán provocado unas causas de una magnitud proporcional. Sin embargo, la realidad de la vida cotidiana es que hay cosas que pasan, a menudo sin mayor razón ni motivo. El azar y la suerte (incluida la mala) son unas fuerzas importantes del universo, igual que lo es la estupidez humana, pero esto constituye una manera antinatural de pensar en nosotros, que buscamos razones y causas; y, cuando tenemos algo de gran tamaño, buscamos causas de gran tamaño. Vamos a imaginarnos, por ejemplo, que mañana todos nos enteramos de que los fluoruros añadidos al agua nos han hecho desear con menos frecuencia ver a otras personas, aislarnos y pasar más tiempo delante del ordenador. ¿Qué sería lo primero que te vendría a la cabeza? ¿Te parecería que esto es un error humano comprensible o, más bien, comenzarías a repasar la lista de personas que podrían haberse beneficiado de tal efecto y las maneras en que podrían haber ejercido alguna influencia sobre el mundo? Yo diría que, al menos, te plantearías la posibilidad de que hubiera cierta intención aviesa subyacente a algo de tal envergadura. Plantéate los siguientes ejemplos (al contrario que el del fluoruro, que me lo he inventado, esta lista incluye cuestiones que mucha gente atribuye a una causa perversa de gran magnitud).

De cada par de frases, marca el cuadro junto a la opción que consideras más probable.

- ☐ La causa del VIH o sida fue una mutación aleatoria.
- ☐ En un principio, el VIH o sida se diseñó como un arma biológica en un laboratorio en el que, no sabemos cómo, hubo alguna fuga.

- ☐ El huracán Katrina fue un fenómeno extraordinario de la naturaleza.
- ☐ El huracán Katrina fue el resultado de una tecnología de manipulación del agua con la que experimentaba el Gobierno.

- ☐ La frecuencia de los tiroteos de masas en Estados Unidos se ha incrementado de repente.
- ☐ El Gobierno estadounidense ha escenificado los tiroteos de masas en su país para respaldar su programa de control de las armas de fuego.

- ☐ La princesa Diana de Gales murió en un desafortunado accidente de tráfico.
- ☐ La princesa Diana de Gales fue asesinada por orden de ciertos individuos con intereses infames.

- ☐ El vuelo 800 de TWA se accidentó por un simple fallo de funcionamiento de un conducto de combustible.
- ☐ El accidente del vuelo 800 de TWA es algo mucho más complejo que implica al Ejército estadounidense.

- ☐ Los catastróficos incendios de 2018 en California se iniciaron por unas condiciones extremas para el fuego, unas líneas de alta tensión defectuosas o un rayo.
- ☐ Los catastróficos incendios de 2018 en California fueron provocados con un láser espacial por obra de la compañía PG&E (Compañía de Gas y Electricidad del Pacífico) en conjunción con un conciliábulo internacional de banqueros judíos dirigidos por la familia Rothschild con el fin de deforestar el terreno para un proyecto de ferrocarril de alta velocidad.

En el caso de que te hayas visto siquiera planteándote la segunda opción en cualquiera de estos casos, o inclinándote hacia ella, has dado muestras de un sesgo de proporcionalidad. Aquí tenemos otro ejemplo que vamos a valorar: ¿qué me dices de un virus originado en Wuhan, China, que ha provocado una pandemia mundial, haciendo que prácticamente todos los Gobiernos decreten confinamientos y cuarentenas, cierren los colegios y anulen los transportes y que ha generado una tremenda crisis emocional, mental y financiera? Si te enterases de algo parecido a esto, ¿empezarías a preguntarte por los Gobiernos o las multinacionales que se beneficiarían de tales sucesos o se lo adjudicarías sin más a la mala suerte?

Curiosamente, el sesgo de proporcionalidad no parece aplicarse a los sucesos positivos. Cuando alguien descubre o inventa algo asombroso, como la penicilina, los pósits, los rayos X, el teflón, la viagra y tantas otras cosas, nos sentimos muy cómodos atribuyéndolos al azar. Dicho de otro modo, cuando se trata de cosas buenas importantes, en comparación con las cosas malas importantes, es más probable que creamos que son cosas que pasan.

La tercera razón psicológica que favorece la complejidad es el deseo de poseer un conocimiento exclusivo. Tal y como vimos en el capítulo anterior, la sensación de perder el control bajo unas condiciones de estrés es un elemento básico en el embudo de la convicción infundada. Los individuos que tienen un bajo nivel de control sobre numerosas consecuencias importantes en su vida cotidiana sienten una profunda necesidad de recuperar cierta sensación de control. Es importante que una de las maneras de conseguirlo sea tener la sensación de que se posee un conocimiento poco común que los distingue de los demás. Este proceso psicológico actúa de dos formas ligeramente distintas. Primero, creerse en posesión de un conocimiento exclusivo alivia en parte la sensación de impotencia, de sentirse a merced de unas fuerzas ocultas. Segundo, es habitual que los convencidos sin fundamento no se hallen completamente integrados en la sociedad, que se sientan en cierto ostracismo, como si la sociedad, incluidas las personas más cercanas, los mirase por encima del hombro con desprecio y falta de respeto. En estos casos, la convicción de poseer un conocimiento reservado proporciona una sensación de control y superioridad. De este modo, ese conocimiento exclusivo le da la vuelta a la tortilla y los convencidos se consideran los iluminados con el discernimiento de lo que sucede en realidad, mientras que otros, los aborregados, son inferiores. Tal vez los aborregados vean la luz algún día y consigan acceder también a ese saber tan importante.

En mis numerosas conversaciones con convencidos, discusiones que a veces duraban horas y se extendieron a lo largo de varios años, con frecuencia me daba la impresión de que pasaban tanto tiempo conmigo porque esperaban poder convertirme y convencerme de su forma de ver el mundo. Creían que, una vez que viera el mundo tal y como ellos lo veían, quedaría certificada su superioridad y su estatus tan especial.

Unidas, todas estas fuerzas apartan a los convencidos de la navaja de Ockham y los aproximan a la navaja de Macco (justo lo contrario), que afirma que «la solución más compleja que implique las intenciones más aviesas y los elementos más ocultos es casi siempre la verdad».

OJALÁ SEA ÚTIL...

Usar las tres navajas

Para contrarrestar la atracción hacia unos relatos complejos protagonizados por villanos, es útil tener siempre a mano las tres navajas en nuestro neceser cognitivo. El término *navaja* se utiliza para referirse a cierta heurística —o principio cognitivo— que nos servirá para afeitar enseguida cualquier complejidad e información innecesaria y llegar más rápido a la verdad. Ya hemos comentado dos de ellas: la navaja de Hanlon ligeramente modificada, «no atribuyas nunca a la maldad lo que se puede explicar por medio de la falibilidad humana», y la navaja de Ockham, «la explicación más simple es la que deberíamos preferir, siempre que no se demuestre inadecuada». A estas dos, podemos añadir la navaja de Hitchens, en honor del difunto Christopher Hitchens, crítico literario, periodista, acérrimo ateo y siempre a contracorriente: «Lo que se puede afirmar sin pruebas también se puede descartar sin pruebas». Juntas, estas tres herramientas impedirán que caigamos en una espiral de convicciones infundadas. Nos invitan a hacernos preguntas como: ¿es razonable asumir que algo es por maldad en lugar de por estupidez, falibilidad humana o azar? ¿Es sensato proponer la existencia de una red compleja de malas intenciones? ¿Dispongo de las pruebas necesarias que respalden una afirmación tan extraordinaria? Si las cuestiones que intentamos explicar no pasan la prueba de estas tres navajas, es señal de que deberíamos retroceder y sospechar que estamos trabajando con la explicación incorrecta. También podemos utilizar estas tres navajas en las conversaciones con los demás para cuestionar sus sesgos al respecto de la intención, la complejidad y la falta de pruebas.

La psicología del odio

Cuando comencé a entender las fuerzas emocionales y psicológicas que nos hacen buscar un villano y nos atraen hacia esos relatos tan complejos y perversos, también pensé mucho en otro elemento emocional muy potente de las convicciones infundadas: el odio. Hay muchos convencidos a los que, cuando llegan a determinado punto del embudo, ya no les vale con creer sin más en la existencia de un villano o complot malvado, sino que se sienten empujados a expresar de forma activa su odio por los supuestos criminales y a promover ese mismo sentimiento en los demás. El odio no es simplemente una versión más intensa de un desagrado, sino que se caracteriza por una serie de creencias morales y está asociado a emociones morales, como el desprecio, el asco y la ira. He visto eso en mensajes publicados en internet como el que abría el presente capítulo, donde Jon utilizaba unas imágenes muy gráficas e impactantes para presentarme como un asesino de masas y se veía recompensado por infinidad de comentarios de gente que deseaba verme juzgado, torturado o ahorcado en plaza pública. También lo vi dirigido a otras personas. Tal y como ha señalado el cómico Bill Maher:

> El acto de odiar a la gente con la que no estás absolutamente de acuerdo se ha convertido en algo tan arraigado, tan rutina-

rio..., tan normalizado que ya ni siquiera nos damos cuenta de la frecuencia con la que alguien le desea a otra persona en internet que se muera. Todo aquel con el que estemos en desacuerdo sobre cualquier cosa es el diablo en persona, y todas las discusiones van desde cero hasta el homicidio.

Lo que Maher describe, y lo que todos vemos a nuestro alrededor, no es simple odio, sino un odio de categoría superior, uno para iniciados que también recibe el nombre de «indignación moral» y es distinto del odio normal y corriente en varios sentidos. Primero, cuando alguien expresa indignación moral, eleva su propia condición y pasa de ser un *hater*, un odiador, a convertirse en un cruzado que lucha por la justicia y la rectitud. Segundo, al expresar la indignación moral, esa persona podría estar participando también en un *postureo ético*, por medio del cual se proyecta ante todo aquel que lo rodea como un individuo con una moralidad tan alta que se indigna cuando los demás no cumplen con sus expectativas éticas. Tercero, cuando alguien expresa indignación moral, elimina cualquier esperanza de perdón. Si una persona es moralmente censurable, no hay redención posible. Si bien un delincuente convicto podrá cumplir su sentencia en la cárcel y después pasar página, es poco probable que quien haya cometido un delito moral reciba jamás el perdón ni se le permita empezar de cero. Así, la indignación moral no solo va dirigida contra el acto particular en cuestión, sino que pone en tela de juicio a la persona entera, ahora y por siempre. Cuarto, el hecho de formular algo como indignación moral es un llamamiento a los demás a sumarse a esta bandera e incrementa la energía del grupo para librar su batalla moral.

Comprender este odio para iniciados también nos ayuda a responder una pregunta que antes me tenía perplejo: ¿por qué los relatos de los convencidos suelen contar con unos protagonistas que no se limitan a ser egoístas o codiciosos, sino que cometen unos delitos moralmente censurables, como la pedofilia o sacrificios infantiles en rituales satánicos? Cierto, con frecuencia me he preguntado cómo es que esta gente está tan obsesionada con la idea de que esas élites abusan sexualmente de los niños, beben la sangre de bebés, etcétera. También me he preguntado por qué a los convencidos les gusta tanto llamar «nazi» a todos los villanos, pero, cuando pienso en la naturaleza de la indignación moral, veo en estas acusaciones la voluntad de alimentar las fuertes emociones del asco y la repulsión en un torbellino de esta categoría superior de odio que profundiza el abismo de separación entre los convencidos y aquellos que no ven el mundo del mismo modo que ellos. Cuando alguien se expresa con indignación moral, es una señal de que ha caído ya bastante profundo por el embudo. Su mundo se ha dividido en un nosotros contra ellos: nosotros defendemos la superioridad moral con rectitud frente a esos inmorales, despreciables e irredimibles que son ellos.

En un momento dado, en los primeros pasos de mi esfuerzo por tratar de comprender esta parte de la historia, tuve una videollamada por Zoom con alguien que no solo afirmaba quererme muerto, sino que le gustaría ser él personalmente quien me ejecutara. Se llamaba Richard, tenía alrededor de cuarenta años y aspecto corriente, y me había puesto en contacto con él otra convencida a la que había conocido por internet. Esta mujer me había dicho que Richard tenía un pódcast y deseaba mantener una «conversación sincera» conmigo. Me aseguró que este hombre me iba a hacer preguntas difíciles y que sería justo y honesto. Pensé que tal vez sería una forma de dar voz a mi versión de la historia, así que accedí, y así fue como me vi envuelto en uno de los encuentros más desagradables que he tenido jamás. Richard no me hizo ninguna pregunta, se limitó a gritarme su versión de la realidad. Cuando intenté corregirlo con calma, me gritó con más fuerza aún que mi tranquilidad era más prueba si cabía de mi participación en las conspiraciones. No quería dejarme hablar y, cuando yo lo intentaba, él se enfadaba más. Me puse nervioso y me preocupó parecer a la defensiva. Intenté conservar la calma, pero me pudieron mis emociones. En un instante concreto, se le iluminaron los ojos al percatarse de alguna pequeña discrepancia entre algo que había dicho yo y algo que había escrito sobre mí de forma errónea algún periodista. «¡Estás mintiendo! —exclamó—. ¡He guardado esto antes para pillarte en directo!» En ese momento, me di cuenta de que Richard no tenía el menor interés en nada de lo que yo dijera, lo único que quería era expresar su odio hacia mí, hacerse el duro delante de sus numerosos seguidores y, quizá, conseguir de paso más seguidores y apoyos.

Aquella conversación me afectó profundamente y me dejó alterado, y, aun así, me quedé con la pasión de aquel hombre, por muy errado que estuviese, y en su aparente inteligencia. Era justo el tipo de persona que yo quería comprender: alguien que, partiendo de una visión del mundo relativamente razonable y basada en la verdad, había caído por el embudo de la convicción infundada hasta tal punto que se pasaba la vida escarbando entre historias de lo más turbias y oscuras, compartiéndolas con otros e insultando a gritos a personas como yo. Cuando tomé la decisión de profundizar más en el mundo de Richard, me puse en contacto con él y le solicité otra conversación en la que sería yo quien lo entrevistara a él, y accedió. Hemos seguido en contacto hasta ahora, principalmente a través de Telegram. En muchas de nuestras discusiones, dejó de gritar y se mostró bastante comunicativo. Con el paso del tiempo, he llegado a considerar a Richard mi guía espiritual del inframundo de las teorías conspirativas y los convencidos. Mi relación con él me ofrece una ventana muy útil a la psicología del odio y la perspectiva de los convencidos sin fundamento.

OJALÁ SEA ÚTIL...

No formar parte de la mayoría silenciosa

«Si no tienes nada bueno que decir, mejor no digas nada»: este consejo es de esos que solían darnos las abuelas. Por desgracia, cualquiera diría que internet funciona justo a base del principio contrario: la gente que suele callarse es la que tiene algo bueno que decir, mientras que los más motivados para expresarse son quienes están enfadados, llenos de odio y de sentimientos negativos. Cuando sufría los ataques de aquellas personas convencidas sin fundamento, todos los días veía cosas terribles escritas en mi muro de Facebook.

Sé que había muchísima gente que las veía y sabía que no eran ciertas. Algunas de esas personas se pusieron en contacto conmigo en privado, pero era muy rara la vez que alguien decía algo públicamente, que subía un comentario o una respuesta que contraatacase aquel odio. Por supuesto, esto es comprensible a cierto nivel, porque en el momento en que alzamos la voz nos arriesgamos a convertirnos en diana del odio nosotros mismos, pero el silencio en conjunto tiene unas consecuencias negativas a largo plazo y logra que internet parezca un lugar mucho más odioso de lo que en realidad es. Lo cierto es que los *haters* no son más que un pequeño porcentaje de una población cualquiera, pero ocupan mucho espacio. Por eso, la lección que obtengo yo de todo esto es que, cuando tenemos algo agradable que decir, deberíamos decirlo.

¿Entretenimiento? Sí, entretenimiento

Es difícil describir lo dolorosos que fueron para mí los ataques iniciales. Hasta entonces, jamás había sido el destinatario del odio de nadie. Ahora, más de dos años después del comienzo de los ataques, me he acostumbrado hasta cierto punto (sí, uno puede llegar a acostumbrarse incluso a las amenazas de muerte), he aprendido a vivir con ellos en cierta medida (no vayas a ver qué han dicho los convencidos nada más levantarte, ni antes de irte a la cama) e incluso he dedicado mis energías a estudiarlos y comprenderlos (muy probablemente a modo de mecanismo disfuncional de afrontamiento).

En todo este tiempo, he pasado muchas horas al día viendo sus publicaciones en diversas fuentes y formatos: sitios web, vídeos, estudios, entradas de blog, reacciones a otras entradas, tuits, publicaciones de vídeo en Facebook, Rumble (una aplicación para aquellos a los que han expulsado de YouTube), piezas informativas que parecen proceder de organizaciones legítimas, piezas informativas que parecen auténticos telediarios, piezas informativas que parecen documentos académicos, piezas informativas que parecen documentales, etcétera. Ya de paso, me he acostumbrado a dedicarle tiempo a estas publicaciones e incluso me he familiarizado con las voces de algunos de los individuos que difunden gran cantidad de la desinformación. ¿Y por qué te estoy contando esto? Porque no hace mucho que me he dado cuenta de lo atractivo que me parece todo ese material.

¿Cómo he llegado a semejante conclusión? Decidí tomarme unas semanas para irme solo a la sierra a trabajar en este libro. Alquilé una cabaña pequeña con un escritorio y todos los días no hacía sino leer estudios académicos relacionados con este tema, grabar las ideas que iba dictando (por lo general, mientras paseaba) y meterme de lleno en más desinformación aún de lo normal. Con todo mi tiempo ocupado en este tema, lo único que podía hacer era leer estudios académicos, escribir y dedicarme al material de esta gente. Nada más: sin plazos de entrega, sin correos electrónicos, sin llamadas telefónicas ni de vídeo, ¿y sabes qué? Que, muy al estilo de un adicto, me sentí cada vez más atraído por la desinformación. Esto no equivale a decir que me creyera mucho de aquello (aunque de vez en cuando sí que se dice algo que es verdad, incluso verdades importantes). Mi argumento, más bien, es que la forma de presentar las ideas, así como la propia naturaleza de estas, resulta tan cautivadora que cuesta mucho dejar de consumir ese material.

Con aquello bien presente, volví a pensar en el vídeo que empezaba conmigo en el hospital, donde se contaba que mis lesiones me habían hecho odiar a la gente sana y, por eso, deseaba reducir la población mundial. Ya entendía lo atractivo que debía de haber sido eso para otras personas. Es más, me daba cuenta de que yo mismo había disfrutado con todo tipo de materiales que debían de ser igual de insultantes y ofensivos para la gente a la que allí se describía.

Hay tres cosas que quiero destacar de todo esto. Primero, que la gente malvada, las malas intenciones y los complots fascinantes proporcionan un maravilloso punto de partida para un relato interesante. Los datos rara vez son tan entretenidos como una novela. Basta ver la película de Oliver Stone *JFK*, un drama fascinante que nos provoca el deseo de creer en las teorías que presenta, a pesar de que las pruebas históricas que respaldan la mayoría de ellas son bastante cuestionables. Segundo, la gente que genera información para el colectivo de los convencidos sabe lo que hace en términos narrativos y el hecho de no tener que mantenerse fiel a la verdad le da ventaja en lo que respecta a los resultados de la trama: puede dar exclusivas todos los días, no tiene que esperar a que suceda algo realmente. ¿Cómo puede la ciencia —que es lenta y metódica y solo proporciona algún descubrimiento ocasional— competir con una mente creativa libre de las trabas de los hechos? Y, tercero, la competición entre la información verídica y precisa, por un lado, y la información falsa y sensacionalista, por otro, para hacerse con la atención humana no es un combate justo. Tal y como hemos visto en este capítulo, el sesgo de proporcionalidad nos empuja hacia los relatos más elaborados. El estrés que sufrimos nos pide a gritos un villano al que culpar y unas directrices morales claras en lugar de la gama de grises que suele representar la realidad. Con el tiempo libre suficiente, ¿quién no acabaría viendo quizá demasiados vídeos que hablan de «uno con la cara quemada que odia al mundo y quiere destruirlo»?, incluso en una maravillosa y tranquila cabañita en las montañas.

Hablando de entretenimiento, una parte de la dificultad que presenta la desinformación es que no se trata tanto de un libro o de una película que consumimos de forma pasiva como de un juego en el que participamos. Sin duda, esta es una de sus cualidades más seductoras y que menos se tienen en cuenta: la convicción infundada es sumamente atractiva e incluso divertida para quienes participan a fondo de estos mundos alternativos construidos con tanto ingenio. La gente que trabaja en la industria del videojuego ha trazado unos paralelismos asombrosos entre la estructura de una teoría conspirativa como QAnon y la de los juegos populares de realidad alternativa para varios jugadores. QAnon «tiene un grado participativo que genera adicción», escribió Clive Thompson en *Wired*. Con sus pistas soslayadas, sus mensajes ocultos y sus plataformas secretas, «pertenecer al grupo de QAnon es formar parte de un gigantesco proyecto colaborativo que cree estar resolviendo un misterio». Es algo emocionante, estimulante y creativo. No es que la gente absorba la información, es que la va aportando y genera su propio contenido. Se siente importante porque puede desempeñar un papel —por medio de su propia dedicación e inteligencia—, siendo más lista que las malvadas élites que controlan el mundo. El diseñador de videojuegos Reed Berkowitz ha calificado QAnon como «la ludificación de la propaganda». Según dijo por escrito, es «un videojuego que juega con la gente».

No obstante, y por desgracia, en lo que se refiere a la convicción infundada, la línea que separa lo real de lo virtual está peligrosamente borrosa. Si los convencidos se limitaran a divertirse en chats privados, tal vez su actividad no fuese más dañina que la de esa gente que juega a *Dragones y mazmorras* o al *Grand Theft Auto,* pero aquí es donde se viene abajo el paralelismo. Todo es diversión hasta que alguien empieza a disparar a gente afroamericana para impedir que supere a la población blanca en una suerte de gran *reemplazo,* hasta que alguien acosa a los afligidos padres de las víctimas de un tiroteo en un colegio porque piensan que esos atentados son un bulo para retirar las armas de fuego, o hasta que la gente asalta el Capitolio intentando revertir el resultado de unas elecciones que creían manipuladas. Incluso quienes no participan en actos públicos de violencia es posible que estén haciendo cosas a menor escala en el mundo real y con personas reales y con unas consecuencias que son de todo menos entretenidas.

OJALÁ SEA ÚTIL...

Ser suspicaces

Una de las trampas de las noticias falsas o la desinformación consiste en que, con frecuencia, se idean de manera específica para que se alimenten de la debilidad humana y para que nos emocione el relato que nos presentan. Esto tiene algunas implicaciones relevantes. Primero, cuando consumimos información, tenemos que ponernos las gafas bien gruesas de la suspicacia. Ya sé que esta no es una manera divertida de vivir, pero es muy importante, igual que lo es que seamos cautelosos antes de compartir información y difundir noticias falsas sin que sea nuestra intención. Segundo, antes de compartir nada, tenemos que entender que no solo pasamos la información a otras manos, sino que vinculamos nuestra reputación a ella, imprimiéndole nuestro sello de credibilidad, como si la hubiésemos comprobado y la recomendáramos. ¿Aconsejarías a un amigo con todo tu entusiasmo que comprara algo que tú no has probado nunca? Probablemente no, pero quizá lo estés haciendo con la información, de manera involuntaria, todos los días. Insisto en que la suspicacia y la precaución no son las lentes más agradables a través de las cuales contemplar el mundo, pero a todos nos vendría bien ponérnoslas con más frecuencia en el universo de la información.

En resumen...

En esta parte, hemos examinado el componente emocional de la convicción infundada: un punto de partida apropiado, ya que las emociones suelen ser el motor subyacente de nuestras creencias. Tal y como hemos visto, las repercusiones del estrés son profundas y de gran alcance, pero hay que tener presente que estos elementos no son etapas secuenciales. Las emociones desempeñan un papel en todos y cada uno de los pasos que da una persona al descender por el embudo. A continuación, nos centraremos en algunos de los elementos cognitivos y examinaremos los modos en que podemos utilizar nuestra capacidad racional de manera irracional para formar nuestras convicciones y confirmarlas. Después, echaremos un vistazo a los rasgos subyacentes de la personalidad que pueden hacer que algunos de nosotros seamos más propensos que otros a convertirnos en uno de estos convencidos. Por último, valoraremos los factores sociales que atraen a la gente hacia comunidades de convencidos y la retienen ahí, reforzando sus convicciones e incluso acentuándolas.

FIGURA 4. Los elementos emocionales del embudo de la convicción infundada

Todos estamos sometidos a un estrés generalizado: predecible o impredecible.

- Al estar sometidos a un estrés impredecible, se puede sentir falta de control, lo que puede conducir al trastorno de la indefensión aprendida.

El estrés tiene un impacto negativo en la función cognitiva y en la toma de decisiones.

- El respaldo de la comunidad aumenta la resiliencia, mientras que la desigualdad económica la debilita.

Sometidos a un estrés agravado, podemos empezar a percibir que nos tratan de modo injusto.

- Esto nos empuja a buscar respuestas y maneras de recuperar cierta sensación de control.
- Obtenemos una sensación temporal de alivio y control cuando damos con un villano al que culpar, algo similar al alivio que siente quien sufre de un TOC por medio de sus conductas compulsivas, como lavarse las manos.
- No obstante, el alivio es pasajero, así que regresamos en busca de un poco más. A la larga, esto nos hace sentir peor, pero continuamos buscando el alivio a corto plazo en el mismo sitio.

El hecho de pensar que hay una intención detrás de la causa del dolor que sufrimos aumenta nuestro malestar.

Los relatos que se creen los convencidos son de una extrema complejidad por varios motivos:

- Para los creadores de contenidos, la complejidad de la historia significa que podrán crear más contenido.
- Los relatos complejos satisfacen el sesgo de proporcionalidad, que nos dice que un problema grande o intenso ha de tener una causa igual de grande.
- Los relatos complejos satisfacen el deseo de poseer un conocimiento exclusivo, y esto hace que el convencido se sienta con más poder y control.

Los relatos suelen tener un tema moralmente repulsivo, ideado para alimentar el odio.

Tercera parte

LOS ELEMENTOS COGNITIVOS Y LA HISTORIA DE NUESTRO MECANISMO DISFUNCIONAL DE PROCESAMIENTO DE LA INFORMACIÓN

5

La búsqueda de la verdad que nos queremos creer

> Lo que te causa un problema no es lo que no sabes. Es lo que sabes con seguridad que no es así.
>
> MARK TWAIN*

¿Cómo surgen las convicciones infundadas? ¿Cómo nos convencemos de que determinada información presenta hechos ciertos? ¿Cómo nos la tomamos y le damos forma de relato cohesionado? ¿Y cómo llegamos a sentirnos tan seguros de nuestros relatos elegidos que permitimos que influyan en importantes decisiones sobre asuntos como nuestra salud o nuestras ideas políticas? ¿Cómo se vuelven tan trascendentales para nosotros que, a veces, estamos dispuestos a pelearnos con nuestros familiares y a perder amistades por las convicciones de cada uno? Jamás pondríamos fin a una relación con otra persona solo porque prefiere el color verde al color naranja (sí, hay gente para todo, ¿verdad?), pero lo que uno cree acerca de la manipulación de unas elecciones o sobre la curvatura de la Tierra sí puede romper un vínculo. Y ¿cómo es que cuan-

* O tal vez no sea de Twain. No te puedes fiar de todo lo que te encuentras en internet. Aunque esta cita se atribuye al escritor estadounidense en muchas ocasiones, no podemos confirmar que sea suya. La cuestión más interesante es si, dentro de un mes, recordarás esta cita como si fuera de Twain.

do asumimos esos relatos nos sentimos tan virtuosos que nos vemos empujados a compartir nuestras creencias y difundirlas?

En los primeros capítulos, hemos examinado las experiencias emocionales que nos predisponen a algunos a las convicciones infundadas. Hemos visto que el estrés nos hace sentir que no tenemos el control y que estamos recibiendo un trato injusto, así como los motivos por los que algunas personas buscan un villano al que culpar de su sufrimiento. Hemos visto, además, que esta estrategia de afrontamiento proporciona un alivio a corto plazo, pero, a largo, acaba atrayendo a la gente hacia el embudo de la convicción infundada. Es en este punto donde salen a escena los elementos cognitivos. Cuando el estrés empuja a alguien a buscar una válvula de escape en forma de respuestas, una serie de procesos cognitivos orienta esa búsqueda y configura el modo de procesar la información (o la desinformación). Una advertencia antes de meternos de lleno en el tema: si queremos entender cómo piensa uno de estos convencidos, tenemos que estar preparados para enfrentarnos a ciertas verdades incómodas sobre la objetividad del modo de pensar y de procesar la información que tenemos todos. En este capítulo, vamos a examinar varias facetas comunes de la cognición humana que influyen en la manera en que conformamos nuestras creencias y las mantenemos. Pero antes vamos a echar un vistazo al problema genérico de la desinformación y cómo interactúa con la mente del convencido.

Cuando la convicción infundada se cruza con la desinformación

En estos tiempos que corren, es imposible hablar de convicciones infundadas sin hablar también de la desinformación y los canales que la distribuyen, en particular de las redes sociales. Mucho se ha dicho y escrito sobre el diseño de los algoritmos de las redes sociales para aprovechar las peculiares debilidades de la mente humana, como si se tratara de un matrimonio infeliz, pero con una profunda codependencia. Asimismo, detrás de cada mensaje que se publica en internet para difundir desinformación, hay diversos intereses, como hemos visto en el capítulo 1, y cada uno de ellos, ya sea de manera intencionada o involuntaria, contribuye a propagar convicciones infundadas. Si a esto le añadimos las herramientas avanzadas de inteligencia artificial capaces de generar una desinformación cada vez más convincente y en mayor cantidad, nos dará la impresión de que nunca vamos a atajar el problema. Sin embargo, es importante recordar que la desinformación no sería ni de lejos tan eficaz si la mente humana no fuese tan vulnerable a estas fuerzas. Es más, las redes sociales jamás se habrían popularizado tanto si no se hubieran concebido para aprovechar los circuitos defectuosos que influyen en nuestro modo de reaccionar ante la información.

Mi primer objetivo en este libro es centrarme en el lado humano de la historia, en entender qué es lo que nos hace susceptibles a este tipo de información. No me voy a dedicar a analizar las bien documentadas maneras en que está diseñada la tecnología de las redes sociales para aprovecharse de nosotros, pero las redes sociales y la circuitería defectuosa de la mente humana van de la mano y no es ninguna coincidencia que las convicciones infundadas hayan proliferado en los tiempos de las redes sociales.

Pensemos en la siguiente analogía: el ser humano ha evolucionado para ansiar el azúcar, la sal y las grasas. Esto no suponía ningún problema cuando las fuentes disponibles para satisfacerlo se encontraban en la naturaleza: las grasas de los frutos secos, semillas y, de vez en cuando, la carne y el pescado; la sal en ciertas plantas o algas; el azúcar en la fruta. Nuestras ansias tenían una utilidad para nosotros: que ingiriésemos la gama de nutrientes que necesitábamos para vivir. Pero entonces llegaron los tiempos de los alimentos procesados modernos y el sistema de producción comenzó a crear productos que se ajustaban a nuestras preferencias evolutivas: ¡dónuts!, ¡patatas fritas!, ¡hamburguesas! El éxito de la industria de la comida rápida se ha basado en apoderarse de nuestras ansias innatas para convencernos de que consumamos sustancias que no son nutritivas, sanas ni satisfactorias a la larga, pero a corto plazo maximizan los beneficios de las compañías que los venden. Si tienes inclinación a creer en las teorías conspirativas, quizá comiences a especular con que, en realidad, son las compañías farmacéuticas que producen los medicamentos para la diabetes y las estatinas las que están orquestando nuestros regímenes alimentarios. O, si has estado leyendo con atención, tal vez sospeches que ha sido a Bill Gates, a los Illuminati y a mí a quienes se nos ha ocurrido este desastre dietético como parte de nuestro esfuerzo por reducir la población mundial.

Lo que es obvio en la historia de la alimentación moderna es que, si queremos mantenernos sanos, evitar las enfermedades crónicas y vivir mucho tiempo, tenemos que aprender a gestionar las relaciones entre nuestros apetitos y la plétora de opciones disponibles. Lo mismo sucede con nuestra relación con la información. La mente humana ha evolucionado para conducirse veloz por la complejidad de nuestro mundo, para crear vínculos tribales y mantenerlos, establecer creencias y tomar decisiones rápidas, así como para hacer todo lo anterior de un modo imperfecto que conlleva todo un abanico de sesgos, atajos, puntos ciegos y otras anomalías. Todo eso estuvo más o menos bien durante un tiempo, pero entonces aparecieron internet y las redes sociales, el equivalente en términos de información de la comida rápida ultraprocesada, y se han valido de esas anomalías cognitivas para atraernos hacia unas creencias y conductas que tal vez sean para nuestra mente menos sanas aún que los dónuts para nuestro cuerpo.

Cualquiera que maneje las redes sociales cae presa de esto en alguna medida, igual que prácticamente todos picamos alguna patata frita cuando nos las traen a la mesa (vale, a lo mejor tú no lo haces, pero yo sí, te lo aseguro). ¿Y no podemos hacer algo más para protegernos de la tentación?

Andy Norman ha establecido una analogía entre la desinformación y un virus y ha analizado la importancia de la inoculación como medio para defendernos del contagio de la desinformación. La analogía no es perfecta, por supuesto, pero es importante valorar de qué manera nos podemos proteger nosotros de la infección y proteger también a nuestros hijos. Para ello, tal y como sugiere Norman, resultará de ayuda mejorar el dominio del uso de los medios y contar con un conocimiento más profundo de los mecanismos que utilizan los generadores de desinformación (activar las emociones, utilizar la terminología de la indignación y valerse de anécdotas). Aprender a reconocer cuándo una historia es anecdótica o cuándo está ideada para desencadenar una respuesta emocional, por ejemplo, elevará nuestras probabilidades de no caer en ella.

Por desgracia, lo de inocularse contra la desinformación no es algo que se consiga con una sola dosis: requiere de práctica. En mi laboratorio, construimos varios juegos de desinformación diseñados de manera específica para ayudar a la gente a identificar los trucos del sector, es decir, aquellos de los que se dedican a difundir la desinformación. En esos juegos, diversos personajes compartían noticias reales e inventadas. Se pedía a los participantes que diferenciaran los dos tipos y las estrategias que se utilizaban para hacer que la desinformación pareciese más atractiva y fuera más tentador compartirla. Por ejemplo, un personaje llamado Ann McDotal publicaba una información inexacta que se basaba en la narración emocional de una historia. He aquí uno de sus mensajes:

> ¡¡MADRE MÍA, escuchad todos, una amiga me acaba de contar que a la sobrina del marido de su prima le han diagnosticado un AUTISMO HORROROSO después de que le pusieran la vacuna del sarampión!! ¡Esto es increíble! ¡COMPARTE SI TAMBIÉN TE PONE A TI LOS PELOS DE PUNTA!

Otro personaje, el doctor Forge, difundía noticias falsas inflando su falsa experiencia y su pseudoconocimiento científico. Sus mensajes siempre hacían referencia a alguien con títulos universitarios después del nombre, como este:

> Dale al me gusta y comparte, por favor: ¡el doctor Singh (doctorado universitario en Medicina General) ha reconocido que la

ciencia oficial está ocultando los resultados de su investigación sobre las sustancias químicas tóxicas en las vacunas comunes!

Mystic Mac no se ha topado aún con una teoría conspirativa que no sea de su agrado. Sus mensajes en redes suelen vincular varias de estas teorías, como en este:

> Chsss... Esto es grave: una trama de miembros de la ciencia oficial y altos cargos del Gobierno llevan años en connivencia para promover los programas de vacunación global y conseguir más poder. Investígalo. El Gobierno está metido en esto hasta el cuello.

Y tenemos a Ali Natural, que utilizaba la falacia naturalista, la idea de que, si algo es natural, entonces tiene que ser bueno. Subía mensajes con afirmaciones como esta:

> ¡No permitas que los médicos te obliguen a vacunarte o a vacunar a tus hijos! ¡Los médicos deberían estar ayudándote a potenciar la capacidad natural de sanación del cuerpo! ¡Puedes proteger el sistema inmune de un modo natural, sin productos químicos, comiendo granadas!

Y los juegos funcionaron. Después de conocer a estos personajes y sus estrategias, los participantes mejoraron su capacidad para identificar la información manipuladora y redujeron la probabilidad de compartirla más adelante en las redes sociales.

Todos podemos —y deberíamos— conocer la naturaleza de la desinformación y las numerosas formas que adopta, pero no basta con centrarse en el problema de *ahí fuera* y en el contenido falso y engañoso con el que nos topamos todos los días. Tenemos que entender esas preferencias nuestras por esa dieta tan poco sana para la mente y aprender a identificar algunos de los sesgos cognitivos, las estructuras, los hábitos y los algoritmos de procesamiento de datos que nos hacen a todos vulnerables a la comida basura informativa. Como punto de partida, vamos a echar un vistazo en mayor detalle al ejemplo de una teoría conspirativa en particular y su manera de interactuar con la mente de las personas que se topan con ella.

Anatomía de una teoría conspirativa

Por desgracia, hay una multitud de ejemplos entre los que elegir para examinar los entresijos de una teoría conspirativa, desde los reptilianos que se pasean entre nosotros hasta el asesinato de JFK y tantos otros. Hay muchas cosas que escasean en este mundo nuestro, pero las teorías conspirativas no son una de ellas. Algunas son de grandes dimensiones, se expanden y se propagan globalmente a lo largo de décadas, entrelazando a personajes y sucesos dispares, tanto históricos como actuales. Otras quedan restringidas a un lugar o instante concreto. El ejemplo en el que nos vamos a centrar aquí es una teoría conspirativa bastante pequeña y compacta que me pareció un buen caso de estudio: la creencia de que las vacunas del covid contienen unos imanes minúsculos.

La primera vez que supe de ella me la encontré en un mensaje de texto de una persona a la que conozco: «¿Te lo puedes creer? Tenemos que hacer algo al respecto de esto. Todos mis amigos me están enviando vídeos donde salen magnetizados». Aquel mensaje tan alarmado apareció en mi aplicación de Telegram y procedía nada más y nada menos que de mi amiga Maya, una de mis guías espirituales del universo de la convicción infundada. La conocí durante una entrevista muy desagradable para un pódcast con otro de esos convencidos que solo tenía interés en gritarme. Más tarde, Maya me llamó para disculparse y, después, mantuvimos numerosas conversaciones mucho menos polémicas. En un momento dado, tuve que acceder a salir en su pódcast, pero, cuando anunció la entrevista, su canal de Telegram se llenó de tal cantidad de odio hacia ella por hablar conmigo que canceló el encuentro. Después de eso, mantuvimos el contacto y me envió unos enlaces a varias cosas que creía que estaban sucediendo. Este mensaje concreto enlazaba un vídeo que, en efecto, mostraba a una mujer con un trozo de metal pegado en el hombro, en el sitio exacto donde —según ella— le habían pinchado la vacuna. También había un enlace a otro vídeo que hablaba en mayor profundidad sobre aquella historia tan alarmante.

A esas alturas, Maya y yo ya éramos viejos conocidos e incluso habíamos quedado en persona. Yo seguía su canal de Telegram, de modo que había visto las cosas que compartía con su creciente número de seguidores y sabía que era una convencida muy devota. Conforme pasaba el tiempo, parecía que se dedicaba cada vez más a su visión del mundo e iba evolucionando de manera metódica hacia el papel de *influencer* dentro del universo de los convencidos. Más tarde, organizó una colecta por internet entre sus seguidores para financiar su *investigación* y, unas pocas semanas más tarde, se convirtió en investigadora y difusora de teorías conspirativas por redes sociales a tiempo completo. Sabiendo todo eso, no me sentía muy predispuesto a tomarme en serio sus afirmaciones (un ejemplo, tal vez, de mis propios sesgos cognitivos, pero esa es la cuestión, que hay veces en que los sesgos nos ahorran muchos problemas). No obstante, sentía curiosidad al respecto del motivo de Maya para pedirme mi opinión sobre el vídeo del imán y de la razón de que la tuviera tan alarmada. He de reconocer que también sentía curiosidad por lo que sucedía en ese vídeo y quería conocer la explicación, así que hice clic en el enlace e inicié mi relación con la teoría del imán. Déjame que te la cuente.

A primera vista, el vídeo parece un fragmento de cualquier cadena de noticias. Unos titulares y logotipos corren de un lado a otro por la parte inferior de la pantalla y, de fondo, se ve el gráfico de la silueta de una gran ciudad. El presentador, Stew Peters, viste traje y corbata y habla con seguridad mirando a la cámara. Todo esto da la apariencia de una producción profesional, creíble y bien financiada, algo en lo que uno puede confiar. En este punto, pauso el vídeo y busco en internet al señor Peters. Es un antiguo rapero y cazarrecompensas que se ha convertido en un personaje popular en los medios digitales de derechas.

Después de recordar a los espectadores el reportaje de la semana anterior, donde salió una valiente «víctima de lesiones por la vacuna», Peters presenta el tema del día. Las redes sociales, según afirma, se han llenado con una riada de vídeos de personas que se pegan objetos metálicos al cuerpo. Esta referencia a una riada de casos no es accidental, sino que activa lo que los científicos sociales denominan «prueba social»: si hay una gran cantidad de gente que llama al programa para respaldar una afirmación concreta con sus propios relatos, se incrementa la probabilidad de que esto se dé por cierto. «He recibido tantísimos correos electrónicos sobre este magnetismo desde aquella entrevista que no doy abasto», dice Peters. La gente que envía esos correos electrónicos recibe elogios por su fortaleza y su valentía al alzar la voz, su «preocupación por el resto de nosotros, en particular nuestros hijos».

A continuación, se ven pruebas aportadas por algunos de estos héroes, imágenes caseras de personas con objetos metálicos en apariencia pegados al cuerpo, algo similar al vídeo del amigo de Maya. Vemos monedas, llaves, utensilios de cocina y más.

En este punto, detengo el vídeo para buscar más *pruebas* en internet y encuentro muchos otros vídeos, incluido uno de mis favoritos, en el que vemos a un bebé con un iPhone pegado a su rollizo muslo. ¡Y, no, no se trata de uno de esos iPhone más modernos que llevan un imán incorporado en la parte de atrás! Es uno normal y corriente, de los de antes. Algunos de esos vídeos muestran objetos metálicos pegados al cuerpo, otros muestran imanes pegados al cuerpo (un momento, creía que el imán lo teníamos dentro, ¿no?) y otros muestran monedas y cuberterías (aunque la mayoría de las monedas no se pueden magnetizar).

Muy bien, ya es suficiente descenso por la madriguera de YouTube para mí. Vuelvo con el vídeo de Peters. A estas alturas, el espectador ya tiene pruebas en imagen, además de la prueba social. Peters reconoce que al principio parecía un fenómeno marginal y que los expertos en medicina se mostraban reacios a vincularlo con la vacuna, pero... ¡ya no! Él tiene a una experta invitada que te lo va a contar todo.

Esa es la palabra mágica: *experta.* Nos presentan a su invitada, la doctora Jane Ruby, como una economista sanitaria internacional con más de veinte años de experiencia en el campo de la investigación farmacéutica. De nuevo, me detengo para consultar a Google y no soy capaz de encontrar ninguna prueba de que esta mujer tenga título alguno en el campo de la medicina.

La *doctora* Ruby comienza describiendo una tecnología médica llamada «magnetofección», que utiliza los campos magnéticos. Invita al público a buscarlo en PubMed, en la Wikipedia y en las páginas gubernamentales. Este paso es importante. Al invitar a los espectadores a verificar los datos de sus afirmaciones, aumenta su apariencia de fiabilidad. Al fin y al cabo, ¿haría eso alguien que no te estuviera dando datos reales? Quien estuviese tratando de difundir falsedades no iba a pedirle a la gente que compruebe lo que está diciendo, ¡eso está claro!

Llegados a este punto, podríamos decidir hacer lo que ella nos sugiere y comprobarlo, o tal vez no. ¿El hecho de que la experta te anime a mirarlo por tu cuenta hace que sea más o menos probable que lo hagas? Hace unos años, analicé esta cuestión en lo referente a los consejos médicos. Examiné la reacción de los pacientes ante una recomendación médica que venía acompañada de la sugerencia por parte del doctor de buscar una segunda opinión. Resultó que, cuando el médico los alentaba a que buscaran una segunda opinión, eran más los pacientes que aumentaban su confianza en el médico y, así, eran todavía menos los que terminaban pidiendo una segunda opinión. Imagino que la propuesta de la doctora Jane Ruby provocaría una respuesta similar: al pedirle al espectador que verifique lo que está diciendo, se asegura de que serán menos los que terminen haciéndolo y muchos más los que confíen en ella.

¿Qué hay de los espectadores que decidan comprobarlo? Muy bien, yo lo hago. Eso de la magnetofección es una tecnología que suena rara, así que siento curiosidad y cierta sospecha al respecto. Con un poco de ayuda de Google, me entero de que sí que existe algo llamado así y parece ser una tecnología muy prometedora en el campo de la terapia génica. ¿Quién iba a decirlo?

Está claro que iba a ser la doctora Ruby quien lo dijese. Al escoger algo críptico —algo de lo que es probable que los espectadores no sepan nada— que resulta ser cierto, refuerza más si cabe su credibilidad. A estas alturas, ya me está cayendo simpática incluso a mí, con mi elevado nivel de desconfianza. Quizá de manera intuitiva, llego a la conclusión de que, si ella sabía algo sobre aquella tecnología, y yo no, entonces, ha de saber otras cosas que yo no sé. Quizá fuese una verdadera experta, alguien que se mueve en la periferia de la ciencia de la medicina, ¿no?

El hecho de elegir la magnetofección como punto de partida tiene otra ventaja aparte de ser real: suena como algo tecnológico y antinatural, y es fácil imaginarse que podría tener un potencial enorme para hacer daño si cayese en las manos equivocadas.

La confianza ha quedado ya establecida y lo más probable es que quienes hayan llegado hasta aquí estén convencidos de los conocimientos y la experiencia de la doctora Ruby, de manera que a partir de ahora es probable que no comprueben la veracidad de nada de lo que diga. Por eso es tan importante que la primera información que nos ha ofrecido fuese cierta, ya que, ahora, la verdad comienza a dejar paso a las falsedades, los hechos reales van derivando en ficción. ¿Y quién lo va a comprobar? Los espectadores no, lo más seguro.

El material magnético, dice la doctora Ruby, se vende al público, pero —«y esto es lo aterrador del asunto», añade con aire dramático— no para su uso con seres humanos (yo no he dejado de verificar las cosas que dice, así que me entero de que eso no es cierto: se han realizado muchos ensayos clínicos de magnetofección en seres humanos). La doctora Ruby afirma que este material magnético forma parte de la vacuna del covid y que actúa como un «sistema de reparto genético forzado» que transporta la vacuna hasta todos los rincones del cuerpo, incluidos ciertos «lugares del cuerpo donde ni Dios ni la naturaleza quisieron jamás que entrara ningún material extraño» (en caso de que te lo estés preguntando, esto tampoco es cierto).

Llegados a este punto de la entrevista, la doctora Ruby suelta una serie de términos y acrónimos médicos que sirven para potenciar su aura de experta acompañados por un popurrí de gráficos de fondo donde aparecen una cadena de ADN girando, unos imanes, moléculas, cerebros, viales de vacunas y agujas hipodérmicas.

Ahora, Peters la interrumpe para dirigirse «a los que están verificando los datos» y lee un comunicado en el que se desmienten las afirmaciones sobre los imanes que figura en la web de los Centros para el Control y Prevención de Enfermedades (CDC, por sus siglas en inglés). Esto persigue dos fines: su aparente disposición a tener en cuenta una opinión diferente potencia su imagen de fiabilidad y da pie a su invitada a que dé voz a lo que muchos de sus espectadores ya piensan sobre el organismo estadounidense de los CDC.

—¿Acaso están mintiendo? —pregunta Peters.

—Sí, están mintiendo —responde ella sin vacilar mirando fijamente a la cámara—. ¿Y sabes por qué, Stew? Porque el pasado es el prólogo.

Esta afirmación tan enigmática sirve a la doctora Ruby para soltar una retahíla de las supuestas infracciones de los CDC en el pasado, infracciones de las que muchos de sus espectadores ya estaban probablemente convencidos. Si toda esa lista es cierta, este nuevo hallazgo tiene que ser cierto también.

Al final del vídeo, Peters elogia el meticuloso trabajo de su entrevistada e invita a los espectadores a ponerse en contacto con ella a través de una dirección de correo electrónico encriptada y segura y a enrolarse en esta búsqueda de la verdad y los hechos reales. Ahí lo tenemos: un vídeo muy eficaz de doce minutos que difunde un relato falso que te llega envuelto en una ficción magistral ideada para atraer a la gente, ganarse su confianza y convencerla para que se la crea.

La historia de los imanes me gusta porque es el prototipo de la teoría conspirativa: empieza afirmando la existencia de pruebas procedentes de una gran cantidad de personas: crea confianza. Después, hay una serie de vídeos que demuestran el fenómeno para que lo veas con tus propios ojos: aumenta la confianza. ¿Cómo se atreve alguien a rebatirlo si las pruebas están ahí, en el vídeo? Entonces, nos presentan a una supuesta experta con una serie de títulos que suenan oficiales, lo que refuerza esa confianza para introducir otro elemento (falso) más en el sistema de creencias de los espectadores. Por último, se pide a estos espectadores que participen en esta cruzada en busca de la verdad. Y, *voilà*, ya tenemos una teoría bien empaquetada con su lacito y todo: una pizca de veracidad, unos villanos malvados, una experta reputada, la prueba social, vídeos de primera mano y la petición de que busquemos más.

¿La razón o los imanes?

Tal vez te preguntes qué tipo de persona es la que se traga esto. Tú no, desde luego. Tú pondrías en tela de juicio las credenciales de la experta, buscarías información sobre lo que dice (incluso de lo que ella no te ha invitado a comprobar) y verías esos vídeos caseros con escepticismo, ¿verdad? Recordarías cómo funcionan las leyes de la física y llegarías a la conclusión de que, aunque hubiera imanes en la vacuna (que no los hay), jamás tendrían la fuerza suficiente como para sostener un iPhone (¿no se te ha caído nunca un menú de comida a domicilio al intentar sujetarlo a la puerta del frigorífico con un imán pequeño?). Tú también te pensarías dos veces todas esas afirmaciones sobre las vacunas del covid. Ni siquiera las compañías farmacéuticas, con todo su poder, son capaces de invertir las leyes de la naturaleza. Y, si sabes algo sobre cómo funcionan los negocios que están muy regulados, te darías cuenta de que, si bien las compañías farmacéuticas no son corporaciones benéficas precisamente, una empresa que maneja miles de millones de dólares jamás iba a poner en riesgo su reputación violando las normas impuestas por la Administración de Alimentos y Medicamentos. Supongo que, igual que tantas otras empresas estadounidenses, tienen un departamento de cumplimiento normativo casi tan grande, si no más, como sus departamentos de ciencia e investigación.

Es fácil restarle importancia al proceso que sigue *The Stew Peters Show* para generar credibilidad por considerarlo algo que nosotros no nos tragaríamos nunca, pero representa una buena oportunidad para examinar nuestras propias convicciones y el proceso por medio del cual llegamos hasta ellas. En realidad, ¿de verdad somos tan distintos de la gente que ve y comparte vídeos como los de la teoría de los imanes en la vacuna del covid? Vamos a descubrirlo con un sencillo ejercicio.

En cada una de las afirmaciones que figuran más abajo, rodea con un círculo el «verdadero» o el «falso» según tus convicciones. Acto seguido, valora tu nivel de confianza en esa convicción en una escala de 0 (ninguna) a 100 (total).

Y, sí, ya sé que ahora mismo tal vez estés pensando que supone demasiado esfuerzo dejar el libro, coger un bolígrafo y volver para seguir leyendo. Seguramente, piensas que te vale con leer la lista de preguntas porque te vas a acordar de tus respuestas, pero confía en mí, no lo vas a hacer. Cuando leemos una pregunta y no nos decidimos por una respuesta concreta, nos da la impresión de haber respondido, pero en realidad no lo hemos hecho. Después, cuando alguien nos indica la respuesta, nos podemos convencer fácilmente de que hemos acertado, pero tal vez no lo hayamos hecho; tan solo nos dio la sensación de haberla respondido. El objetivo de este ejercicio es justo evitar ese tipo de respuesta mental retrospectiva, así que, por favor, ve a buscar un bolígrafo, marca «verdadero» o «falso» en cada respuesta e indica tu nivel de confianza en una escala de 0 (ninguna confianza) a 100 (confianza total).

El covid es real: verdadero/falso. Confianza (0-100):____

El 5G es seguro: verdadero/falso. Confianza (0-100):____

El universo comenzó con el Big Bang: verdadero/falso. Confianza (0-100):____

La Tierra es redonda: verdadero/falso. Confianza (0-100): ____

El Holocausto sucedió de verdad: verdadero/falso. Confianza (0-100):____

Dios existe: verdadero/falso. Confianza (0-100):____

Ahora, vuelve sobre cada una de las afirmaciones y pregúntate lo siguiente de cada una de ellas, de una en una:

¿Cómo me he convencido de mi respuesta sobre...:
si el covid es real o no?: ____________________
si el 5G es seguro o no?: ____________________
si el universo comenzó con el Big Bang?: ____________
si la Tierra es redonda?: ____________________
si el Holocausto sucedió de verdad?: ____________
si Dios existe?: ________________________

¿Cómo puedo tener clara mi respuesta acerca de...:
si el covid es real o no?: ____________________
si el 5G es seguro o no?: ____________________
si el universo comenzó con el Big Bang?: ____________
si la Tierra es redonda?: ____________________
si el Holocausto sucedió de verdad?: ____________
si Dios existe?: ________________________

Si eres como la mayoría de la gente, es probable que hayas valorado bastante alto tu grado inicial de confianza en tus creencias, pero, al responder a las preguntas posteriores, que te han pedido que reflexiones sobre el proceso por medio del cual has llegado a esas convicciones y a tu grado de confianza en ellas, quizá te hayas percatado de que no se alzan sobre un terreno tan firme como pensabas. Quizá te hayas dado cuenta de que, en gran medida, son consecuencia de haber aceptado las cosas tal cual te las han presentado. Lo cierto es que tal vez no hayas investigado nada por tu cuenta ni te hayas cuestionado tus creencias. Seguro que confiaste en unas fuentes de reconocido prestigio y unos expertos que te parecían fiables. Habrás aceptado la prueba social (ese planteamiento de que «todo el mundo lo piensa») o el testimonio de primera mano de alguien (el planteamiento de «me lo ha dicho un amigo»). Ninguna de estas cosas significa necesariamente que te equivoques, pero el hecho de reconocer la fragilidad de los cimientos sobre los que hemos erigido algunas de nuestras creencias reduce nuestra confianza en ellas, aunque sea solo un poco. De todas formas, no te preocupes, lo más probable es que dentro de media hora se te haya olvidado este breve lapso de duda y regreses a tu estado habitual de confianza elevada.

Lo que pretendo no es poner en tela de juicio todas nuestras convicciones acerca de sucesos históricos ni sobre ninguna crisis sanitaria mundial, tampoco reprocharnos el no haberlo investigado todo con mayor diligencia. Me limito a poner de relieve el hecho de que todos utilizamos atajos para gestionar la complejidad de este mundo tan saturado de información que nos rodea. No es humanamente posible dudar de todo siempre; por eso nos esforzamos tanto por establecer unos parámetros básicos. Tenemos un conjunto de cosas que creemos y otro de cosas que no creemos. Así, elegimos unos expertos en los que confiamos y buscamos fuentes que consideramos creíbles. No podemos pasarnos todo el rato revisando todas nuestras opiniones. Necesitamos estas convicciones básicas para proteger nuestra cordura ante el huracán de datos que nos encontramos todos los días, unas creencias fundamentales que actúan a modo de mecanismo de defensa y nos protegen de ir por el mundo con la sensación de que no tenemos ni idea de lo que está pasando. Cuanta más información hay disponible en internet, más mecanismos de defensa necesitamos y, en consecuencia, más tendemos a encallar en nuestras opiniones.

Las convicciones a las que llegamos de esta manera no son únicamente las referidas a grandes temas, como el origen del universo o la existencia de Dios. Cada día, nuestras conductas y preferencias vienen guiadas por unas creencias que hemos adoptado, pero que tal vez no nos hayamos cuestionado ni estudiado en profundidad. Fíjate en mí, por ejemplo. Hace unos años, decidí que me gustaba la lógica del ayuno intermitente. En ese momento, no había muchas pruebas que lo respaldaran, pero yo le veía sentido y tenía amigos que me decían que a ellos les había funcionado, así que empecé a practicarlo. Más tarde, cuando salieron estudios que demostraban que esa técnica no aportaba ventajas respecto de otros planteamientos de reducción de las calorías, siempre me las arreglaba para encontrarle algún fallo a esos estudios y, en gran medida, me ceñí a mi primera opinión (aunque utilizara las pruebas de esas otras investigaciones para justificar mis salidas nocturnas ocasionales a cenar y tomar copas con los amigos: «¿Por qué seguir el régimen a rajatabla cuando no hay prueba ninguna?»). Ni ahora mismo, según escribo estas palabras, años después de haber empezado a seguir esa dieta, tengo la seguridad de que sea algo bueno ni malo, pero me esfuerzo mucho por ceñirme a ella todos los días.

Las creencias son algo muy potente, porque, una vez adoptadas, cuestionarlas requiere de nosotros un enorme esfuerzo. Así, es más probable que evitemos el duro trabajo de hacerlo y, en cambio, insistamos, tal y como he hecho yo con mi dieta. Como ha dicho el cineasta de documentales Adam Curtis, «todo el poder del mundo actúa no solo a través de la fuerza o las leyes, sino también a base de meterse en la cabeza de la gente para dar forma al modo en que ve el mundo. Esto es así incluso en la época moderna del individualismo». Yo iría más allá y diría que es así sobre todo en la época moderna del individualismo y el flujo digital de la información.

OJALÁ SEA ÚTIL...

Cuestionar nuestras convicciones

No es tan sencillo cuestionarnos nuestras convicciones, pero si hay un método de probada eficacia es el propuesto por el filósofo griego Sócrates. El «método socrático», como se conoce, se basa en enunciar una hipótesis y, después, cuestionarla. Hay dos maneras de cuestionar una hipótesis: buscando explicaciones alternativas o intentando demostrar su falsedad. Se nos puede ocurrir, por ejemplo, que las elecciones presidenciales norteamericanas de 2020 fueron manipuladas por potencias extranjeras; entonces, tendríamos que preguntarnos: ¿qué otras explicaciones hay para los resultados de esas elecciones? Quizá fuera algo tan simple como que la mayoría de los votantes se decantaron por el candidato que ganó. Y podríamos preguntarnos: ¿qué haría falta para demostrar que nuestra hipótesis es falsa? Quizá los numerosos recuentos y las medidas de seguridad implantadas en el procedimiento de la votación sean de ayuda. De este modo, el método socrático se puede utilizar para interrogarnos a nosotros mismos sin perder la sinceridad. Yo te recomendaría que lo hicieras por escrito. Como decíamos antes, nos resulta demasiado fácil convencernos de que hemos respondido a una pregunta mentalmente cuando, en realidad, no lo hemos hecho. El simple acto de anotar algo supone una gran diferencia. El método socrático también se puede utilizar en una conversación con un convencido. En lugar de limitarnos a negar sus hipótesis o refutarlas, es mejor preguntarle acerca de hipótesis alternativas y la posibilidad de que sean falsas.

Otro método útil para cuestionarnos con franqueza nuestras convicciones consiste en preguntarnos si un tercero neutral llegaría a la misma conclusión que nosotros. ¿Y si esa persona no compartiese nuestros sesgos actuales en su forma de ver el mundo o incluso tuviera opiniones contrarias sobre el tema en cuestión?, ¿qué diría? ¿Cómo cuestionaría nuestra hipótesis?

La búsqueda sesgada: lo que aprendí sobre la mente del convencido gracias a mi aspirante a verdugo

¿Te acuerdas de Richard, el hombre que me dijo que le gustaría ser mi verdugo? Está claro que nuestra relación no empezó con buen pie, pero, aun así, mantuvimos el contacto. Su evidente inteligencia y su singular dedicación a sus *investigaciones* lo convertían en un excelente guía turístico en mi cruzada por saber qué hay en la cabeza de un convencido.

Richard se presenta como un buscador de la verdad que vive con la misión de desenmascarar las tramas de falsedades y engaños perpetrados por las poderosas élites, y creo que está profundamente convencido de ello. La negación del covid no era, ni mucho menos, su primera teoría conspirativa. En efecto, Richard lleva abonado a múltiples realidades alternativas muchos años. Cree que Bill Gates controla la Organización Mundial de la Salud, que las élites económicas dirigen la economía mundial gracias a su invento del Banco de la Reserva Federal y el manejo que hacen de él, que la familia Rockefeller pretende crear un nuevo orden mundial y que Charles Manson participó en un experimento de control mental de la CIA denominado MK-Ultra, el cual lo convirtió en un asesino en serie.

Al inicio de la pandemia del covid, Richard se creía lo que veía en las noticias, pero entonces tuvo un *despertar* y se dio cuenta de que estaba confiando en las personas equivocadas (y esas personas equivocadas eran los CDC, la Organización Mundial de la Salud —OMS—, Bill Gates, el doctor Fauci, etcétera). Así, comenzó a realizar su propia investigación. Me cuenta que se lee «todas las publicaciones científicas» y, cuando hay algo que no entiende, lo busca. Aun así, el resultado de todo esto es que está más convencido todavía de las teorías conspirativas relacionadas con el covid y con más fervor. ¿Cómo rebusca en ese vasto universo de información que hay ahí fuera y saca las conclusiones que saca? Es un ejemplo fascinante de lo que los científicos sociales llaman «búsqueda sesgada».

En el sentido más amplio, la búsqueda sesgada es toda aquella que únicamente revele parte del universo de la información disponible. Por supuesto, cuesta imaginarse una búsqueda perfecta y sin sesgos por parte de cualquier ser humano, así que deberíamos pensar en la búsqueda sesgada como una variable continua y preguntarnos hasta qué punto es sesgada.

Hay varias influencias que sesgan nuestra búsqueda. En algunos casos, podría ser simplemente que buscamos la información más disponible o a la que es más fácil acceder, como la parábola del tipo que está buscando sus llaves al pie de una farola, pero no porque las haya perdido ahí, sino porque es donde la acera está iluminada. Cuando investigamos en internet, la búsqueda está sesgada por los términos específicos que introducimos, el algoritmo que utiliza el motor de búsqueda o la colocación de los resultados con vínculos patrocinados en la parte superior. O quizá estemos utilizando un motor de búsqueda que omita ciertos datos o expresiones de manera involuntaria. Toda búsqueda que no sea plenamente representativa será sesgada.

En lo referente a la convicción infundada, se da un tipo particular de búsqueda sesgada promovida por lo que se conoce como «sesgo de confirmación»: una búsqueda sesgada que parte de una hipótesis, busca tan solo la información que sirve para respaldarla e ignora todo lo que la contradiga o lo descarta.

Richard es un ejemplo de esto. Cuando lo conocí, el hombre estaba convencido de que el covid era una herramienta que utilizaban los Gobiernos para reducir las libertades fundamentales de sus ciudadanos y su necesidad de confirmar esa hipótesis era la directriz que guiaba sus extensas investigaciones.

En una de nuestras discusiones por internet, Richard me envía enlaces a unos vídeos de gente que habla sobre los terribles efectos que la pandemia ha tenido en ellos, en sus hijos, parientes y conocidos. En algunos casos, salta a la vista que son grabaciones caseras, aunque otros parecen más oficiales. No creo que ninguno de ellos cumpla las condiciones necesarias para considerarse prueba de nada, ni tampoco tengo mucho que decir ni sacar de un vídeo de alguien que describe el dolor que padece. Le pido que me envíe únicamente datos específicos y documentos académicos. Al fin y al cabo, es él quien afirma leer todas las publicaciones médicas, así que ¿por qué no empezar por ahí?

Esa noche, Richard me envía una gran cantidad de enlaces acompañados de la afirmación: «Esta información es todo lo que tienes que saber para entender lo que está pasando». A simple vista, muchos de ellos parecen de fuentes serias. Los *expertos* parecen acreditados, las instituciones parecen reales, las publicaciones parecen revistas científicas de medicina.

Suelo ser una persona muy confiada, pero sé que en esta situación he de actuar en contra de mi instinto e iniciar toda exploración asumiendo que nada es lo que parece. Un ejemplo: el primer enlace en el que pincho me lleva a la Asociación de Médicos y Cirujanos Estadounidenses (AAPS, por sus siglas en inglés). Tiene pinta de ser como cualquier otra web de una institución médica, con el típico logotipo del báculo de Asclepio (la vara con la serpiente alrededor), pero una indagación más a fondo revela que se trata de una fachada detrás de la cual hay un grupo político de derechas que tiene poco que ver con la ciencia de la medicina. A lo largo de los años, la AAPS ha negado la existencia del VIH y del sida, ha aseverado que hay un vínculo entre los abortos y el cáncer de mama, ha afirmado que se da una relación entre las vacunas y el autismo, ha asegurado que la homosexualidad reduce la esperanza de vida y muchas otras cosas más. Para el ojo inexperto, los documentos que se publican en esa web tienen el mismo formato que los de cualquier otra revista médica, pero no están basados en datos ni en hechos. Son artículos de opinión cargados de especulaciones.

Respondo a Richard y le digo que eso no es una revista científica y que no creo que me puedo fiar, pero él ni siquiera presta atención a mi cuestionamiento: pasa sin más a la siguiente información. Es algo típico del sesgo de confirmación: ignorar cualquier prueba que no respalde tu hipótesis. Lo siguiente que me envía es un tuit que afirma que en Israel hubo un 23 por ciento más de mortalidad en los hombres de edades comprendidas entre los veintinueve y los treinta y nueve años en los meses de marzo y abril de 2021. Dado que coincide con las fechas de la primera campaña de vacunación para los jóvenes, dice él, es obvio que las muertes las provocó la vacuna. Me envía también un enlace a la base de datos *online* del Ministerio de Sanidad de Israel. Los datos parecen precisos: un incremento del 23 por ciento durante esos dos meses en ese grupo de edad. Sin embargo, un análisis más a fondo revela que las muertes en cuestión son una cifra absoluta muy baja, con dígitos dobles, pero bastante bajos. Cuando las cifras son reducidas, informar de los casos en forma de porcentajes las hace parecer más alarmantes de lo que son en realidad. Si dos personas se mueren una semana y a la siguiente se mueren tres, ¡eso es un incremento del 50 por ciento! Y si, como en este caso, el número de fallecidos aumenta de las trece a las dieciséis personas, el incremento es del 23 por ciento. Por cierto, esta táctica de presentar las cifras del modo más conveniente para quien transmite la información es algo que se utiliza a diestro y siniestro, y no solo por los convencidos. Es uno de los principales motivos de que la estadística tenga tan mala reputación.

Además, los datos estaban mezclando muertes por toda una variedad de causas. Un accidente grave de tráfico habría alterado las cifras de manera sustancial. Acto seguido, amplío los datos de mortalidad y los comparo con un rango de fechas más amplio (no solo los meses de marzo y abril) y con otros grupos de edad (no solo de veintinueve a treinta y nueve). Enseguida, resulta obvio que los datos fluctúan a lo largo del tiempo y que el incremento que le preocupa a Richard se limita a este grupo de edad específico y esos dos meses concretos. Si tomamos cualquier otro rango temporal y otro grupo de edad, el incremento ya no es visible. A continuación, comparo el aumento estadístico que me ha enviado Richard con las fluctuaciones generales a lo largo del tiempo, y lo hago fijándome en si esa subida del 23 por ciento es estadísticamente indistinguible de la distribución de las fluctuaciones generales en el número de personas fallecidas. De nuevo, me encuentro con que, si bien ese 23 por ciento parece elevado, estas fluctuaciones son previsibles y este aumento concreto no es significativo en términos estadísticos.

Con la esperanza de que esto suponga una oportunidad para ayudar a Richard a entender mejor la ciencia y las estadísticas, hago un vídeo de la pantalla de mi ordenador mientras expongo mi análisis y señalo los resultados. De nuevo, como era de esperar, Richard no responde. No le interesan las pruebas que contradigan sus convicciones; él solo quiere encontrar más pruebas que las respalden y fortalezcan su convicción respecto de todo aquello en lo que ya cree.

La verdad es que todos somos un poco como Richard. Si no me crees, aquí tienes un test muy simple.

Las tarjetas de Wason

Imagínate que te ponen sobre la mesa un conjunto de cuatro tarjetas con un aspecto parecido a este:

Figura 5. Una representación de la tarea de selección de Wason

Te dicen que cada tarjeta tiene una letra en un lado y un número en el otro y te proponen la siguiente hipótesis: «Si una tarjeta muestra un número par, entonces, tiene una vocal por el otro lado».

La pregunta es: ¿a qué tarjeta o tarjetas tienes que darle la vuelta para comprobar la hipótesis? Se trata de un test creado en 1966 por Peter Wason y se conoce como «la tarea de selección de Wason».

Tómate unos instantes para pensar en ello tú también.

La mayoría de la gente comenzará con la tarjeta que muestra el número 4. Si esa tarjeta tiene una vocal en el otro lado, respaldará la hipótesis y, si no, la refutará, así que tiene sentido elegirla. Acto seguido, mucha gente escogerá la cara que muestra la letra E, que parece una forma sólida de comprobar la hipótesis, pero, si lo piensas, está motivada por una manera de pensar que busca la confirmación de la hipótesis («Si una tarjeta muestra un número par, entonces, tiene una vocal por el otro lado»). En realidad, esta tarjeta no es útil. Si el reverso de la E es un número par, será consecuente con la hipótesis, pero, si es un número impar, no confirmará la hipótesis ni la refutará, porque esta no dice nada al respecto de lo que pasa cuando una tarjeta tiene un número impar en un lado.

Lo que muy poca gente hace en este test es darle la vuelta a la tarjeta con la letra K, que es la clave, en realidad, porque, si esta tiene un número par en el otro lado, refutará la hipótesis. La respuesta correcta, por tanto, es darle la vuelta al 4 y a la K. Las otras tarjetas no tienen ninguna influencia en la hipótesis.

Si tu respuesta es la correcta, enhorabuena, tienes una mente con una capacidad lógica inusual, o bien conocías ya la tarea de selección de Wason y estás utilizando esta oportunidad para confirmar la hipótesis de que tu inteligencia es superior a la de la mayoría de la gente. Si tu respuesta no es la correcta, te puedes consolar con el hecho de que no solo te ha pasado a ti. En el experimento original de Wason, menos del 10 por ciento de los participantes dio la respuesta correcta. Como cabría esperar, se ha escrito mucho sobre esta tarea de selección de Wason, con muchos matices y condiciones, y todo ello ofrece de por sí numerosas oportunidades para realizar una búsqueda sesgada.

Este test demuestra el sesgo de confirmación, la tendencia del ser humano a buscar las pruebas que respalden una hipótesis en lugar de buscar las que la refutan. Este sesgo no se reduce a nuestra manera de buscar información, sino que también nos empuja a interpretarla de tal modo que confirme o respalde nuestros valores o convicciones previas y a evitar o ignorar aquella que los cuestione. Nos permite racionalizar rápidamente grandes incoherencias en nuestras conclusiones al respecto del mundo. La misma persona puede empeñarse en que se ha producido un fraude electoral y en que las máquinas de voto no son fiables si pierde su candidato, así como alabar el proceso democrático y tener una gran confianza en las máquinas si gana su candidato. Alguien que crea en el horóscopo que publica el periódico todas las semanas puede o bien coger todo lo que se parezca vagamente a las predicciones e interpretarlo como una prueba de que las estrellas trazan nuestro destino en función del momento en que nacimos, o bien descartar de un plumazo todo lo que suceda si no encaja en las predicciones, en lugar de poner en tela de juicio la validez del horóscopo.

Así es como Richard conseguía extraer de las estadísticas de mortalidad más conclusiones de las que había allí realmente e ignorar todas mis explicaciones. Despreció la elevada correlación entre las vacunaciones globales y la reducción general de la enfermedad porque eso no cuadraba con sus creencias. Al mismo tiempo, hacía un excesivo hincapié en la frágil relación entre las vacunaciones y las muertes en el grupo de edad entre veintinueve y treinta y nueve años en los meses de marzo y abril de 2021 porque encajaba bien con su modelo mental previo de cuanto estaba sucediendo en el mundo.

El sesgo de confirmación nos causa a todos algún problema en mayor o menor grado. Piensa en la última vez en que te metiste en una discusión con un amigo y recurriste al señor Google en busca de ayuda. ¿Buscaste toda la información de manera neutral? ¿Buscaste sobre todo (o solo) la información que respaldaba tu punto de vista o también aquella que la refuta? Planteáte qué es lo que pasa cuando oyes un rumor negativo sobre una persona que no te cae bien. Seamos sinceros: ¿te planteas la historia con una mentalidad abierta y compruebas los hechos antes de sacar conclusiones o das por sentado que tiene que ser cierto porque confirma lo que tú ya pensabas? Seguro que has visto lo mismo en otras personas; yo también lo hago (¡aunque no con el horóscopo!). Esta tendencia también se da con aquellas cosas que deseamos que sean ciertas y las que tememos que lo sean.

OJALÁ SEA ÚTIL...

Cambiar nuestra forma de buscar

Los motores de búsqueda son una herramienta que utilizamos todos los días la mayoría de nosotros, pero no solemos darnos cuenta de hasta qué punto fomentan nuestro sesgo de confirmación. ¿Te has fijado en que, cuando comienzas a teclear una búsqueda, el motor te ofrece opciones para completarla y, así, te confirma que muchas otras personas han preguntado lo mismo? Cuando buscas información sobre una convicción profunda muy importante para ti, ¿te has fijado en si tú también sueles teclear lo que intentas demostrar? Si es así, no te preocupes: casi todos lo hacemos. Si creemos, por ejemplo, que las vacunas provocan autismo, podríamos buscar justo eso: «vacunas provocan autismo». Esto nos va a guiar hacia un contenido que confirme nuestra creencia. Son demasiadas las veces en que pensamos que solo estamos buscando algo sobre un tema concreto cuando, en realidad, estamos buscando nuestra visión sesgada de ese tema, y la avalancha de resultados que obtenemos afianza todavía más ese sesgo. Espero que algún día programen los motores de búsqueda para que protejan a la gente ante el sesgo de confirmación, pero, hasta ese día, deberíamos hacer todo lo posible para contrarrestarlo nosotros mismos. Intenta teclear lo contrario de lo que crees. En el ejemplo anterior, eso significaría buscar «vacunas no provocan autismo». Hacer ambas búsquedas nos ofrecerá una gama de resultados más detallada y exhaustiva y, en cierta medida, nos protegerá del sesgo de confirmación.

La búsqueda del cáncer

Me despierto y miro el móvil: son las dos de la madrugada. Conforme me voy despejando, empiezo a advertir una sensación extraña. Noto muy rara la curvatura entre mi hombro izquierdo y el cuello. Cuando me toco esa zona, me doy cuenta de que está entumecida. Entonces, trazo una serie de círculos concéntricos, moviendo los dedos en un radio cada vez más amplio, e intento entender el alcance de esa sensación, ver hasta dónde llega. Al final, me percato de que tengo una parte entera del cuerpo insensible: me llega hasta el pecho, sube por el hombro y desciende por la espalda.

¿Qué será? Mi cabeza me dice de inmediato: «cáncer». A partir de ahí, entro en bucle y solo soy capaz de pensar en cuestiones relacionadas con el cáncer. ¿En qué parte de mi cuerpo tendría que tener un tumor cancerígeno para que me provocara esta sensación tan rara?, ¿en el cuello?, ¿en la médula espinal? ¿Será alguna clase de cáncer de piel? Se me ocurren todo tipo de escenarios horribles, así que decido volver a dormirme con la esperanza de que esa insensibilidad haya desaparecido cuando me levante. Me doy la vuelta en la cama y termino cogiendo el sueño. Sin embargo, cuando me despierto unas horas más tarde, todo sigue igual. Se mantiene la sensación rara, y también los pensamientos sobre el cáncer. No se me ocurre ninguna otra opción que explique esto.

Cada vez estoy más seguro de que es un cáncer y de que esto no va a acabar bien. Me paso el resto de la noche maldurmiendo a ratos cargados de pesadillas. Por la mañana, me sigo sintiendo igual. Sé que debería ir al médico, pero ni siquiera sé con qué especialista de cáncer pedir cita. ¿Un experto en cáncer de piel? ¿Un cirujano de traumatología? ¿Un experto en la médula? ¿Sería mejor pasarme por urgencias o voy a mi médico de atención primaria?

Entonces, me toco el hombro derecho, el que no tiene cáncer, y el hecho de pasar el dedo por una de las cicatrices me refresca la memoria. Hace ya muchos años, me implantaron una especie de globos en ambos hombros como parte del programa quirúrgico para estimular el crecimiento de la piel y utilizar la piel sobrante para reemplazar parte del tejido cicatrizado (aquellos globos estaban diseñados como implantes mamarios para mujeres, y yo sugerí un nuevo uso a los médicos, que se mostraron reacios en un principio, pero después lo aceptaron). A lo largo de seis meses, los médicos fueron inflando aquellos globos de manera lenta y metódica. El del hombro izquierdo tenía dos litros de volumen y el del hombro derecho, litro y medio. Al expandirse, iban estirando la piel sana y la idea era que, cuando me retiraran los globos, los médicos pudiesen extender sobre el cuello la piel sobrante para reemplazar parte de las cicatrices y dejarme con una porción más grande de piel normal.

Cuando me acuerdo de esto, me toco la cicatriz del hombro derecho y percibo ahí la misma insensibilidad. En ese instante, me viene a la cabeza que esa sensación tan rara es la que misma que tengo desde el día de aquella intervención, muchos años atrás. ¡Misterio resuelto! Se me había olvidado, así de simple. No hay cáncer ninguno. El problema fue que me obsesioné con esa posibilidad nada más comenzar a recorrer ese camino tan funesto y solo era capaz de pensar en el cáncer. Había descartado todas las demás posibilidades sin haberlas considerado siquiera. Ojalá me hubiera detenido en seco la primera vez que noté esa sensación tan rara y hubiese examinado todas las posibles causas de la insensibilidad en el hombro. Sin embargo, formulé una sola hipótesis y mi pensamiento se vio obligado a centrarse en esa única opción.

Lo que quiero decir con esta historia es que hay muchas maneras de interpretar las cosas que vivimos, pero, una vez que hemos orientado nuestra mente en una dirección concreta (hipótesis), es muy difícil desviarla de ese rumbo.

Este mismo principio daría explicación a algunas de las cosas que la gente afirma que son efectos secundarios de la vacuna. Imagínate si la historia que te acabo de contar hubiera ocurrido justo después de que me hubiesen puesto la vacuna. ¿Qué conclusión habría extraído yo? Es bastante probable que hubiera concluido directamente que aquella insensibilidad era un efecto secundario de la vacuna, en especial si se trataba del mismo brazo en que me la habían puesto. Y, de haberme quedado satisfecho con esa respuesta, no habría seguido buscando. Así es, cuando esperamos que se produzca algún efecto secundario, empezamos a buscarlo, y desde luego es muy probable que lo encontremos. Cualquier otro día, esos mismos síntomas no nos habrían preocupado, recordaríamos de dónde procedían y caeríamos en la cuenta de que son aleatorios o que los ha originado cualquier otra causa; sin embargo, cuando nos esperamos los efectos secundarios, los convertimos en el centro de atención de nuestro proceso cognitivo. A su vez, eso puede aumentar la magnitud de los síntomas que percibimos y hacernos asociarlos con lo que fuese que esperásemos que los provocara; en este caso, la vacuna.

Hablando de crear asociaciones, hay otra trampa cognitiva muy común que refuerza las convicciones infundadas: la tendencia a encontrar patrones de causalidad allá donde no los hay. Tomamos dos sucesos que parecen relacionados, aunque en realidad no lo están, conectamos los puntos en retrospectiva y nos convencemos de que A llevó a B. Vamos a echar un vistazo al fascinante caso de una conexión retroactiva que mucha gente estableció durante la época del covid. Gira en torno a un ejercicio de planificación de un escenario pandémico realizado en 2019 conocido como «Event 201».

No puede ser una coincidencia, ¿verdad que no? Al menos, eso es lo que nos diría gente como Maya y muchos otros más. El 18 de octubre de 2019, la Fundación Gates y el Foro Económico Mundial se asociaron con el Centro Johns Hopkins para la Seguridad en la Salud de Nueva York con el objetivo de organizar un ejercicio teórico para simular las respuestas ante una pandemia. Llegados a este punto del libro, es probable que la simple mención de los nombres de los actores implicados en este ejercicio ya te esté levantando ciertas sospechas, e incluso el vello de la nuca. Quizá te preguntes si yo asistí también (no fui) o si los Illuminati patrocinaron el evento en secreto (no, que yo sepa), pero aquí no acaba la historia. ¿Qué tipo de pandemia crees que eligieron para su simulación? Has acertado: una provocada por un coronavirus. Cuesta imaginar que eso fuera una coincidencia, ¿verdad? ¿Qué posibilidades hay de que predijeran el covid-19? ¿No sería más lógico que ya tuvieran conocimiento del tema? ¿No tiene más sentido concluir que esta *coincidencia* demuestra que Bill Gates —al que muchos ven como el ideador de la pandemia— ya estaba trabajando en su plan diabólico y se había conchabado con la Johns Hopkins, otro objeto de sospechas? Los primeros casos de covid no se harían públicos hasta el mes de diciembre, por lo que los que tratan de confirmar su hipótesis de que Gates y sus compinches lo planearon desde el principio han aprovechado este evento para presentarlo como prueba de ello. Reconozcámoslo, las probabilidades de haber simulado este escenario justo antes del brote de una pandemia real parece estadísticamente imposible si no sabían nada de lo que se avecinaba. ¿Verdad?

Falso. Esta forma de pensar (el sesgo de confirmación) no presta atención al hecho de que estos eventos se celebraban con regularidad durante los años previos a la pandemia del covid. Pasa por alto las explicaciones racionales para la elección del coronavirus como uno de los candidatos más probables para semejante brote. También pasa por alto el hecho de que, al buscar entre los numerosos eventos, es fácil encontrar el que en retrospectiva parece encajar con el relato del que ya estamos convencidos. Pero ¿qué hay de los otros cientos de eventos celebrados, muchos de ellos con el respaldo de la Fundación Gates, que no tuvieron nada que ver con la inminente pandemia?, ¿intentamos explicarlos todos? Por supuesto que no, no más de lo que el devoto del horóscopo intenta explicar todos los sucesos de una semana concreta que no predijo la columna del domingo pasado. Al mirar atrás en el tiempo en busca de los capítulos de una historia que queremos demostrar, es fácil hallar detalles que la respalden. ¡Es como si echáramos el primer vistazo a las cartas del Cluedo y concluyésemos que fue el señor Gates en el hospital con la jeringuilla!

El problema de ver la mente como si fuese una computadora

Al ser humano le fascina pensar en todas las cosas en términos de metáforas, y eso también sucede cuando se trata de pensar en nuestra propia mente. Observamos el mundo que nos rodea en busca de imágenes explicativas, pero, dado que el mundo cambia con el paso del tiempo, también cambia lo que vemos y las metáforas que utilizamos para razonar sobre nuestro modo de pensar. Platón comparó la mente con un aviario, como es bien sabido; Vladimir Nabokov, con un armario archivador, y Sigmund Freud, con una excavación arqueológica. Han sido frecuentes las descripciones de la mente como un contenedor, tal vez no muy hermético. Ahora, sin embargo, una de las metáforas más extendidas es la de algo que los filósofos antiguos, poetas y psicólogos ni siquiera podrían haber conceptualizado: la computadora. Con la proliferación de los ordenadores, hemos empezado a pensar en nuestra mente como si funcionara igual que una computadora. Así, utilizamos términos como *ancho de banda, potencia de procesamiento,* etcétera, para hablar de nuestras capacidades mentales. Aunque la metáfora del ordenador tiene su interés, también es limitante, como todas las metáforas. Esta limitación es bastante clara cuando hablamos del proceso de convertirse en un convencido.

La metáfora de la mente como una computadora asume que somos máquinas cognitivas sin emociones y que nuestros estados emocionales pasajeros no alteran el modo de funcionamiento de la mente. Resulta obvio que un ordenador trabaja exactamente igual cuando sube la bolsa que cuando cae en picado; en medio de una pandemia global que en tiempos de una paz extraordinaria; en el hogar de una familia que está en permanente conflicto que en el de otra que vive en perfecta armonía; cuando hace un tiempo de perros que cuando hace un día espléndido ahí fuera. No se puede decir lo mismo del modo en que la gente se comporta ante la información. La metáfora de la computadora no refleja los efectos del estrés, nuestras motivaciones ni todas las consecuencias del hecho de que el ser humano sea un animal profundamente social. Al no tener en cuenta estos factores, entre otros, esta metáfora hace que nos cueste más —tal vez incluso que sea imposible— entender nuestras decisiones y las de quienes nos rodean y razonar como es debido sobre ellas. De este modo, se quedan al margen todos esos modos tan asombrosos y peculiares de funcionar (y de no hacerlo) que tiene nuestra mente, y por esta razón nos resulta tan difícil de entender cómo es posible que alguien se convierta en un convencido. Por tanto, durante el resto de nuestro recorrido, vamos a intentar no pensar en nuestra mente ni en la de los demás como una computadora. Vamos a aceptar la complejidad y la falibilidad de la mente y la existencia humanas.

Una advertencia: la cosa está a punto de ir a peor...

Ninguno de los atajos mentales que he descrito en este capítulo, por sí solo o en combinación con otros, nos garantiza que alguien se vaya a convertir en un convencido. Ahora bien, si sufrimos de un estrés emocional que nos empuja a buscar una válvula de escape en forma de respuestas, nos guiamos por un sesgo de confirmación y encontramos una desinformación que satisface nuestra necesidad de encontrar un villano, es más probable que nos formemos esas convicciones infundadas. La historia de lo cognitivo es compleja, así que en el siguiente capítulo vamos a examinar ciertas formas aún más enrevesadas de contarnos relatos falsos y de autoconvencernos para creérnoslos.

6

Nos empeñamos en convencernos de lo que ya creemos

> Con el tiempo, mis observaciones me han convencido de que ciertos seres humanos, con un razonamiento absurdo, primero asientan en su mente alguna conclusión que, bien porque es suya propia o bien por haberla recibido de otra persona de su plena confianza, les causa tan profunda impresión que les resulta imposible quitársela jamás de la cabeza. Cualquiera que sea el argumento que respalde su idea fija, que se les haya ocurrido a ellos mismos o que hayan oído por boca de otros, y por muy simple y estúpido que fuere, obtiene su aceptación y su aplauso al instante. Por el contrario, todo cuanto se plantee en contra de su idea, por ingenioso y concluyente que sea, lo reciben con desdén o con airada furia, cuando no se ponen enfermos incluso. Y tan apasionada es la angustia de algunos que no vacilan en urdir intrigas para silenciar a sus adversarios.
>
> GALILEO GALILEI,
> *Diálogo sobre los dos máximos sistemas del mundo* (1632)

¿Alguna vez has intentado corregir la convicción infundada de alguien enviándole una información mejor más fiable? Tal vez tu tía esté convencida de que el sida se extendió de forma deliberada para erradicar a la comunidad homosexual, así que le mandas unos artículos que demolían esa afirmación errónea.

O quizá haya un tipo en tu Facebook que afirma que el Gobierno cuenta con una tecnología capaz de manipular el tiempo, así que discutes con él en los comentarios y le pasas unos enlaces donde unos científicos muy creíbles explican por qué no es verdad. O tal vez tengas una compañera del trabajo aterrorizada con el 5G que no deja de advertirte de que dejes de usar el móvil antes de que sea demasiado tarde, así que le imprimes unos documentos que sirvan para aplacar sus temores y se los dejas sobre la mesa. Si has intentado algo parecido a esto, ya sabes lo que te voy a decir: no funciona. Ciertamente, la desinformación fomenta las convicciones infundadas, pero, si ese fuera el verdadero problema, sería muy fácil solucionarlo con información contrastada. Por desgracia, este no es el caso.

Tal y como hemos visto en el capítulo anterior, es facilísimo verse atraído hacia una información parcial, sesgada o simplemente falsa cuando buscamos aquello en lo que ya creemos, y esto es sin duda un factor relevante en la reacción de los convencidos. Sin embargo, si el problema se redujese al modo en que buscamos la información, la solución de las convicciones infundadas sería tan sencilla como mejorar nuestros patrones de búsqueda. Nos bastaría con considerar información más amplia o distinta para que nuestra manera subjetiva de entender el mundo se volviese a alinear enseguida con la realidad objetiva. Problema resuelto. Ahora bien, como ya imaginarás, la mente humana cuenta con otras fuerzas que hacen que nos resulte particularmente difícil ser objetivos.

Cuando alguien quiere creerse un relato concreto, es extraordinario cómo se puede llegar a utilizar la capacidad de razonamiento de la mente humana para respaldar esa historia, aun cuando es descaradamente falsa. En este capítulo, vamos a ahondar en nuestras estructuras cognitivas y a examinar de qué manera distorsionamos las pruebas con la mayor determinación para extraer las conclusiones que queremos. También analizaremos otro factor muy relacionado que es fundamental en la formación de la convicción infundada, que es la brecha de separación entre lo que pensamos que sabemos y lo que en realidad sabemos, que suele conducirnos a un exceso de confianza.

Sin embargo, antes, por si acaso pensabas que me estaba refiriendo a otra persona cuando hablaba de distorsionar intencionadamente las pruebas, vamos a echar un vistazo a un ejemplo con el que quizá te identifiques: los deportes.

El razonamiento guiado

¿Te gustan los deportes? Si es así, tómate la libertad de utilizar tu deporte y equipo favorito en el siguiente ejemplo con el fin de darle más realismo al impacto emocional de este supuesto. Tomemos el baloncesto. Digamos que estás viendo un partido decisivo de los *play-offs* de la NBA entre tu equipo y su rival más odiado. Tu equipo va ganando por un punto y apenas quedan unos segundos para el final. El equipo contrario tiene el balón y la oportunidad de anotarse el tiro ganador. El mejor tirador del otro equipo sale fuera de la línea de tres puntos, preparado para el lanzamiento. La cancha es un caos en ese instante, con los defensores de tu equipo yendo hacia él y los demás jugadores corriendo desesperados en los últimos segundos. El tirador lanza el balón, pero golpea en el hierro del aro y rebota hasta la pista. Un jugador de tu equipo se hace con él. Tú estás de pie, a punto de celebrarlo, cuando un estridente pitido llega hasta tus oídos entre los gritos del público y los chirridos de las zapatillas sobre el parqué. Han pitado una falta personal de tu equipo. Así, el contrario va a disponer de tres tiros libres y, como no queda prácticamente nada de tiempo, lo más probable es que sean tus rivales quienes ganen el partido.

Surge un grito en la grada y en los sofás de tantos salones por todo el país. Tal vez tú también estés chillando: «¡Eso no es falta!». Los aficionados de tu equipo le gritan a la tele, llaman de todo a los árbitros y los acusan de favorecer al equipo contrario. Las voces de la lógica que están de tu lado le restan importancia al contacto físico porque forma parte del juego. «¡Hay que dejarlos jugar! —dicen los aficionados para sí y para todo aquel que tengan cerca dispuesto a escucharlos—. ¡No puede ser que los árbitros decidan el partido!» Incluso después de ver una y otra vez las repeticiones de la televisión, los hinchas se mantienen firmes y se quedan con la sensación de que un arbitraje injusto les ha robado una victoria importante.

Ahora, imagínate este supuesto a la inversa. Suena el silbato, pero han pitado una falta del otro equipo. Todo lo demás es igual: la jugada en cuestión es idéntica. ¿Cómo reaccionarán los mismos hinchas? ¿Cómo reaccionarás tú?, ¿no dudas de que eso es falta y de que eres capaz de explicar con precisión cuál es la regla que ha infringido el jugador del otro equipo? ¿Tienes claro que los árbitros son imparciales y objetivos?, ¿te parecerá que pitan fantásticamente bien?, ¿te alegrarás de que hayan detenido el juego tan cerca del final del partido? Responde con sinceridad. La mayoría de los aficionados al deporte son culpables de tener una doble vara de medir: cuando pitan una falta a su favor, todo está claro y es imparcial, pero, cuando la pitan en su contra, es parcial y está mal arbitrado, y no sucede solo con los aficionados al deporte: es la naturaleza humana. Vemos las cosas tal y como queremos verlas y se nos ocurren unos argumentos muy buenos para validar nuestras opiniones. Por expresarlo en la terminología de la ciencia cognitiva, todos practicamos el *razonamiento guiado*: la tendencia a forzar la realidad que nos rodea para que cuadre con la conclusión a la que queremos llegar.

Podemos ver el razonamiento guiado en acción en numerosos dominios; otro muy común es el de la política. Allá por 2016, cuando Trump se presentó a las elecciones, era asombroso ver cuántas mentiras descaradas contaba en un solo día, y todavía más la cantidad de republicanos a los que parecía darles lo mismo. Sentía curiosidad por esta aparente traición a la verdad, así que me pregunté si era un defecto de la derecha o si también sucedía en la izquierda. Lo que descubrí fue que las elecciones de 2016 tuvieron una profunda carga ideológica. Gente de ambos lados se preocupaba con vehemencia por temas tan importantes como la sanidad, el control de las armas de fuego y el aborto. No se trataba de que a los republicanos no les importe la sinceridad ni la ausencia de ella, sino de que había otros temas que les importaban mucho más, tanto que estaban dispuestos a pasar por alto algunas mentiras si estas servían a sus objetivos más elevados. Además, había muchos republicanos que veían la insinceridad de Trump como un indicativo de su compromiso con su causa. Su razonamiento funcionaba más o menos así: si ahora está dispuesto a mentir con esta libertad, es probable que, cuando acceda al cargo, haga lo que sea necesario para impulsar los temas verdaderamente importantes de nuestro programa.

Por supuesto, mis amigos de izquierdas se quedaron horrorizados cuando les conté lo que había descubierto sobre el motivo por el cual los republicanos no se indignaban más con las mentiras de Trump. Entonces, les planteé lo siguiente: imagínate que hubiese un líder demócrata tan vehemente en cuestiones como el cambio climático, el derecho al aborto y el control de las armas de fuego que estuviera dispuesto a manipular un poco la verdad con tal de convencer a la gente del otro lado para que aprobase leyes en consonancia con su ideología demócrata. ¿Apoyarías a un líder así? Por supuesto, resulta incómodo reconocer esto, pero la mayoría de mis amigos de izquierdas terminaron haciéndolo porque temas como el cambio climático, el derecho al aborto y el control de las armas de fuego son tan importantes para ellos que, seguramente, tampoco tendría nada de malo exagerar la verdad y deformarla un poquito..., pero solo ahora, hasta que consigamos aprobar esas leyes tan importantes. Entonces, ya podríamos volver a decir la verdad.

Da igual que te consideres de derechas o de izquierdas, la cuestión es que todos tendemos a ver el mundo del color que queremos verlo. Nuestras ideas políticas influyen en la percepción que tenemos de lo merecedores de nuestro voto que son los políticos, de su catadura moral y de hasta qué punto el fin justifica los medios.

Si pensamos en la sinceridad y la insinceridad, no hay tanta gente en el mundo que mienta por diversión, sino que en muchos casos hay algo que la compensa: ¿decimos la verdad o fingimos que nos ha gustado la charla a la que hemos asistido (o un vestido, comida u obra de arte)? ¿Decimos la verdad o hacemos nuestra propaganda política? ¿Decimos la verdad o ganamos un poco más de dinero? ¿Decimos la verdad o nos mantenemos en el poder? En todos estos casos, no es que la gente disfrute mintiendo, es que intenta convencerse de que hay algo más importante. En la jerarquía de las necesidades, hay otra cosa más urgente ahora mismo y, si mentimos, es porque hemos conseguido convencernos de que es mejor renunciar a la sinceridad en pro de esos objetivos más importantes.

OJALÁ SEA ÚTIL...

Abandonar la actitud defensiva y convertirse en explorador

En nuestras conversaciones con los demás, en especial en las complicadas, es fácil que adoptemos una actitud defensiva para proteger nuestro territorio, pero abandonando esa mentalidad se puede mantener una conversación mucho más productiva. También resulta útil tratar de animar al otro para que cambie del mismo modo, pero es más difícil cambiar la mentalidad de otro que la tuya propia. Julia Galef se refiere a esta mentalidad de defender nuestro territorio como «mentalidad de soldado». Según Galef, adoptar la mentalidad de soldado en las conversaciones implica ver el razonamiento como una suerte de combate a la defensiva donde nuestros valores están en peligro, por lo que haríamos lo que fuese con tal de protegerlos de las opiniones contrarias. Lo que sugiere Galef es que adoptemos la mentalidad de explorador. Al contrario que el soldado, cuya misión es defender el territorio, la del explorador consiste en adentrarse en lo desconocido e investigar. Esto requiere de una mentalidad abierta e inquisitiva para cartografiar bien el territorio. Dicho de otro modo, al explorador le interesa lo que es verdad, lo que hay ahí fuera, en el mundo, mientras que el soldado se concentra al máximo en neutralizar las amenazas. Así que recuerda siempre que, si quieres evitar caer en la convicción infundada, intenta ser un explorador, no un soldado.

En mis relaciones personales con los convencidos durante el covid, hubo un ejemplo de razonamiento guiado que me pareció fascinante. En él, intervienen el medicamento ivermectina y un desafortunado doctor británico llamado Andrew Hill, que se convirtió en el equivalente médico del árbitro de la NBA del supuesto que hemos visto en este mismo capítulo.

La primera vez que supe de este fármaco fue por Richard, que me describió la ivermectina como un «medicamento de premio Nobel» (lo cual es cierto) y, lleno de entusiasmo, me envió el enlace a una web con mucha información al respecto. Aquel enlace estaba vinculado con otra web mayor que recopila estudios sobre muchos tratamientos *alternativos* para el covid, incluyendo la aspirina, la curcumina, la dieta, la ivermectina, la metformina, el remdesivir, las vitaminas A, B, C y D, el zinc y otros. Esta web aseguraba que la ivermectina era un tratamiento barato, seguro, accesible y muy eficaz contra el covid.

Busqué en otras fuentes de internet y averigüé que la ivermectina es un fármaco antiparasitario vital que se utiliza para tratar sobre todo a animales, pero también al ser humano. A finales de 2020, mientras la pandemia continuaba cobrándose vidas y las vacunas no se habían aprobado aún, mucha gente tenía la esperanza de que este medicamento ya existente fuera eficaz contra el covid. Entre esas personas, se encontraba Hill, un respetado investigador clínico. Ese mes de octubre, la OMS le pidió que realizara un metaanálisis (un análisis estadístico que combina los resultados de múltiples estudios científicos) de todos los ensayos efectuados hasta entonces sobre la ivermectina y el covid. Durante ese proceso, tuiteó varios mensajes sobre el potencial de la ivermectina y se ganó la aprobación de los convencidos, que a esas alturas ya defendían el medicamento como una alternativa de las vacunas que aún estaban por aprobar. Hill, con sus títulos médicos y su aparente entusiasmo por el fármaco, les pareció fundamental para conseguir que lo aprobaran como tratamiento contra el covid, evitando así la vacuna.

Hill y sus colegas científicos recopilaron los datos de veintitrés ensayos de la ivermectina procedentes de todo el mundo y llevaron a cabo un metaanálisis. El informe era optimista y apuntaba que los resultados indicaban que el fármaco podía disminuir las muertes por covid incluso un 75 por ciento, pero los investigadores también se mostraban un tanto precavidos y concluían que hacía falta disponer de más datos en forma de unos ensayos aleatorios controlados de mayor tamaño antes de plantear la aprobación del medicamento.

Estos argumentos de cautela tan importantes no figuraban en los breves tuits de Hill conforme iba avanzando la investigación, así que, cuando se hizo público el metaanálisis completo, el 8 de enero de 2021, los defensores de la ivermectina se escandalizaron y se indignaron. Acusaron a Hill de haber saboteado su propio informe con la advertencia de esperar a su conclusión final y haber traicionado a la causa a la que ellos creían que el investigador era leal. Era como si el árbitro al que creían de su parte hubiese cambiado de repente su decisión a favor del equipo contrario. Necesitaban un relato nuevo sobre el doctor Hill, y rápido. Si hasta entonces había recibido alabanzas por sus credenciales como médico y su impecable investigación, en esos momentos lo tachaban de traidor y le reprochaban que hubiese puesto sus propios intereses por delante del bienestar de la humanidad. Sus detractores se convencieron de que le pagaban las grandes farmacéuticas, que querían desacreditar la ivermectina para obtener beneficios de las vacunas y otros medicamentos más nuevos. Además, destacaban sus vínculos con la Fundación Gates y afirmaban que, al retrasar la aprobación de la ivermectina, era cómplice de una conspiración «sin escrúpulos» que provocaría millones de muertes innecesarias.

En realidad, el metaanálisis de Hill respaldaba la ivermectina tanto como podría haberlo hecho cualquier otro análisis académico, dadas las limitaciones de los datos disponibles. Es más, a pesar de todos aquellos ataques, Hill se mantuvo optimista sobre las perspectivas del fármaco y dijo que el tratamiento tenía potencial para cambiar las cosas. El día después de la publicación del informe, le dijo al *Financial Times* que la conclusión del metaanálisis debía tomarse a modo de advertencia: «Equipaos, conseguid suministros y preparaos para aprobarlo», pero, para los defensores de la ivermectina, cualquier retraso equivalía a una traición declarada.

La popularidad de Hill entre los convencidos alcanzó una nueva cota en marzo de 2021, cuando publicó en Twitter una fotografía donde se lo veía recibiendo su primera dosis de la vacuna del covid. Llegó una avalancha de mensajes horrorizados. ¿Por qué hacía semejante cosa? ¿Por qué no tomaba ivermectina? ¿Acaso estaba en nómina de la Fundación Gates?

Mientras tanto, calle abajo, en la Universidad de Londres, a un joven estudiante de medicina llamado Jack Lawrence le asignaban uno de los estudios fundamentales sobre la ivermectina como parte de su trabajo de investigación para la tesis doctoral. Este artículo, cuyo autor era un profesor egipcio, era uno de los más asombrosos de entre los estudios analizados en el informe de Hill. Era el ensayo de mayor tamaño hasta la fecha, con seiscientos participantes, a causa de lo cual tuvo un gran impacto en el metaanálisis. Sorprendentemente, los resultados del ensayo afirmaban que la ivermectina había producido un descenso del 90 por ciento en la mortalidad. Lawrence quería ver en detalle los datos de los pacientes, que estaban alojados en un servicio web para compartir archivos. Consiguió hackear la contraseña y no tardó en encontrar detalles preocupantes en esos datos, como, por ejemplo, unos individuos que habían fallecido antes de que se iniciara el estudio. Otro par de investigadores de datos los estaban revisando al mismo tiempo y hallaron algo todavía peor: listas de nombres repetidos varias veces, como si alguien hubiera copiado y pegado los mismos datos de los pacientes una y otra vez. Estaba claro que se trataba de unos datos en los que no se debería basar ninguna conclusión. Sin embargo, el estudio egipcio no era el único problemático; una investigación más detallada encontró problemas también en algunos de los demás estudios sobre la ivermectina.

Cuando llegó a oídos de Hill, este hizo lo que debería hacer cualquier científico: revisó su metaanálisis original. Eliminó los estudios que ya no eran fiables, incluido el ensayo egipcio, y revisó sus conclusiones del metaanálisis: la ivermectina no proporcionaba ningún beneficio.

Su informe de aquellos descubrimientos en el mes de julio de 2021 desató una tormenta de odio aún mayor. El doctor Hill recibió un bombardeo de fotos de ataúdes, criminales de guerra nazis colgados de unos postes y amenazas contra él y su familia. El árbitro no solo había pitado una falta personal al equipo que no debía, sino que le había regalado el partido al contrario. Además de un corrupto, ese hombre tenía que ser una mala persona. Al final, Hill tuvo que cerrar su cuenta de Twitter.

Unos meses después de que sucediera todo esto, unos ensayos aleatorios de control más numerosos confirmaron la ineficacia de la ivermectina para tratar el covid, pero nada de eso disuadió a los que ya estaban convencidos de sus cualidades para salvar vidas. Es más, todo pasó a formar parte del relato: en la mente de los convencidos, las compañías farmacéuticas que esperaban ganar miles de millones de dólares con las vacunas estaban desacreditando, supuestamente, una alternativa barata y segura porque eso habría disminuido sus beneficios.

En sus foros de internet, los convencidos compartían información sobre la manera de conseguir el fármaco barato, y algunos abogaban incluso por utilizar las versiones de uso veterinario. Especulaban con que las élites mundiales (incluida la reina de Inglaterra) lo tomaban en secreto cuando se contagiaban del covid. Cuando los hospitalizados con el virus eran los propios convencidos, exigían el fármaco y se ponían furiosos cuando se lo negaban. Un hombre al que conocí durante mis esfuerzos por entender las convicciones infundadas me regaló incluso una caja entera de ivermectina que había adquirido por internet. El covid se extendía con rapidez en aquel entonces, por lo que me aconsejó que empezara a tomarme los comprimidos de inmediato para protegerme. Le dije que no tenía yo demasiada fe puesta en aquel medicamento en concreto, pero advertí que, a pesar de lo que le decía, el hombre estaba convencido de que en el fondo yo sabía que era maravilloso y que me lo tomaría en cuanto no me viese nadie.

La historia de la ivermectina ofrece múltiples ejemplos de razonamiento guiado. Para empezar, los promotores del fármaco estaban muy preocupados por posibles fallos en los estudios que demostraran la ineficacia de la ivermectina. Sonaban muy al estilo de los científicos profesionales cuando señalaban una larga lista de problemas metodológicos con cada artículo publicado. También cuestionaban la ética del equipo de investigación de todos aquellos artículos que no respaldaban el fármaco y planteaban múltiples conflictos de interés. Aun así, no mostraban ninguna preocupación por otros tipos de fallos —incluidos unos datos claramente fraudulentos— en los artículos que sí respaldaban el uso de la ivermectina. Tampoco supuso para ellos ningún problema cambiar radicalmente de opinión sobre un individuo como el doctor Hill siempre que eso les sirviera para evitar cambiar de opinión ellos mismos sobre la eficacia de la ivermectina. Eran verdaderos maestros a la hora de retorcer el relato por todos los medios necesarios para llegar a la conclusión que tenían en mente desde el primer momento. Su actitud quedó resumida por la fundadora del grupo en defensa de la ivermectina, la doctora Tess Lawrie (que no es especialista en enfermedades infecciosas, sino en embarazos y partos). Cuando le preguntaron qué pruebas podrían convencerla de que el fármaco no funcionaba, respondió: «La ivermectina funciona. No hay nada que me vaya a convencer».

OJALÁ SEA ÚTIL...

Dudar antes de negar

Cuando alguien comparte algún tipo de desinformación, es muy tentador decirle «Eso que acabas de decir —X— no es cierto». Este planteamiento de repetir una afirmación para invalidarla resulta atractivo y funciona en el corto plazo, pero el problema es que a la larga pierde eficacia y, a veces, nos sale el tiro por la culata. ¿Por qué? Por dos peculiaridades psicológicas. La primera es el *efecto de la verdad ilusoria*, por el cual cuantas más veces nos encontramos con una información (o desinformación), con mayor intensidad la codifica nuestro cerebro como algo conocido y cierto y más nos aferramos a ella. Ya habrás visto que esto no ha escapado de la atención de políticos y anunciantes. Una de las estrategias para aprovecharse de este defecto humano tan básico se atribuye a Joseph Goebbels, que dijo: «Si repites lo suficiente una mentira, se convierte en la verdad». O tal vez no lo dijo Goebbels, en realidad, sino que todo el mundo lo piensa por culpa del efecto de la verdad ilusoria, ¿no?

La segunda peculiaridad es que, a causa del modo en que funciona nuestra memoria, las dos partes del enunciado de refutación se almacenan por separado en nuestra mente. A corto plazo, las codificamos como «X» y «X no es verdad», pero el vínculo entre las dos se va debilitando con el paso del tiempo y la conexión entre ambas afirmaciones pierde fuerza. Como decíamos antes, el efecto de la verdad ilusoria significa que la repetición es importante y, por eso, nuestra mente termina juzgando la afirmación «X» como veraz, mientras que «X no es verdad» se pasa por alto en gran medida.

Estas observaciones dan pie a dos recomendaciones muy claras. Primero, intenta no permitir que el efecto de la verdad ilusoria actúe de entrada: esto significa que lo mejor es acercarse a los convencidos con una información alternativa y verdadera antes de que se topen demasiadas veces con una desinformación concreta «X». Segundo, hay que reducir nuestra exposición a «X». Es mucho mejor ofrecer un relato alternativo y, en lugar de decir «Eso que acabas de decir —X— no es cierto», decir mejor «Y es verdad y estas son las pruebas que lo demuestran». Ni siquiera menciones «X».

La aversión a la solución

En lo referente a las convicciones infundadas, hay una forma concreta de razonamiento guiado que sirve para explicar algunas de las creencias más complejas que hoy en día solemos ver en el mundo. He aquí un supuesto que lo ilustra. Imagínate un grupo de republicanos conservadores, personas cuya ideología política hace que sea muy probable que crean que el cambio climático no es un problema real. A varios de ellos les entregas un artículo que dice que, entre las soluciones, se ha de incluir una mayor regulación e intervención gubernamental si queremos que se reduzcan las emisiones de dióxido de carbono. Entonces, les preguntas: «¿Es real el cambio climático provocado por el ser humano?» y grabas sus respuestas. En cambio, a los demás miembros del mismo grupo les entregas un artículo que dice que, entre las soluciones para el cambio climático, se ha de incluir una menor regulación e intervención gubernamental y un mayor número de iniciativas basadas en el libre mercado para reducir las emisiones de dióxido de carbono. Entonces, les haces la misma pregunta: «¿Es real el cambio climático provocado por el ser humano?» y grabas sus respuestas. ¿Crees que habrá alguna diferencia entre ambos grupos en la manera de responder?

Resulta que sí. Troy Campbell y Aaron Kay llevaron a cabo un experimento en esta línea y descubrieron que, al preguntarles si estaban de acuerdo con el consenso científico acerca de que el cambio climático inducido por el ser humano aumentaría la temperatura de la Tierra al menos 1,67 °C a lo largo del siglo XXI, solo unos pocos de los que se declaraban republicanos y habían leído el artículo que proponía soluciones regulatorias respondieron que creían que la afirmación era cierta (22 por ciento). Curiosamente, entre los que se definían como republicanos y habían leído el artículo que proponía soluciones basadas en el libre mercado, había una mayor tendencia a decir que la afirmación era cierta (55 por ciento). Lo que muestran estos resultados es un fenómeno conocido como *aversión a la solución.* En pocas palabras, esto significa que, cuando no nos gusta la solución propuesta a un problema concreto, utilizamos el razonamiento guiado para negar la misma existencia del problema. Si nos sustituyen las soluciones propuestas, como hicieron los investigadores en el experimento del cambio climático, de repente, nos sentimos más dispuestos a reconocer que ese problema es real. Estos resultados indican que los republicanos no están en contra de la ciencia, sino que las soluciones habituales, centradas en controles y restricciones regulatorias, entran en un conflicto demasiado fuerte con sus valores y su ideología política, mientras que las soluciones basadas en el libre mercado no chocan tanto con su ideología y, por tanto, provocan un menor rechazo.

En caso de que estés pensando que esto sea un problema de los republicanos, los investigadores realizaron un experimento similar con personas que se definían como demócratas para asegurarse de que queda claro que esta tendencia humana va más allá de cualquier ideología política. Esta vez, preguntaron por el problema de los delitos violentos; en concreto, los allanamientos con violencia. Los participantes recibían una serie de preguntas sobre si se trataba de un problema significativo, pero, antes de responderlas, un grupo había leído un artículo que se centraba en la idea de que una legislación que controlase más estrictamente las armas de fuego impediría que los propietarios de las viviendas pudieran armarse y defenderse de los intrusos (un argumento que no les gusta a los demócratas); mientras que el otro grupo había leído un artículo que argumentaba que la laxitud de las leyes sobre el control de armas estaba agravando el problema, porque así era más probable que los intrusos fuesen armados y causaran más muertes (un argumento que les gusta a los demócratas). Después de que hubieran leído uno de los artículos, se pedía a los participantes que indicaran su nivel de coincidencia con una serie de afirmaciones sobre el problema de la violencia en los allanamientos. Igual que en el caso del cambio climático, la pregunta consistía en el problema en sí, no en la solución propuesta, y los resultados mostraron el mismo patrón general: los demócratas (que suelen estar a favor del control de armas) tienden a negar el problema de la violencia en los allanamientos o a relativizarlo cuando se les ofrece una solución con unas leyes más permisivas con las armas, algo que entra en conflicto con sus valores y su ideología política, pero tienden a tomarse el problema más en serio cuando la solución propuesta implica un control de armas más estricto y, por tanto, encaja mejor con su ideología.

Según parece, la aversión a la solución es algo que se produce en ambos lados del espectro político.

Hablando del control de las armas de fuego en Estados Unidos, la aversión a la solución en este tema tan candente es fundamental para entender una de las convicciones infundadas más perturbadoras que he visto defender en estos últimos años. Tal vez te suene el caso del popular locutor de radio estadounidense de extrema derecha Alex Jones, que se ha ganado su fama a base de promover infinidad de teorías conspirativas y difundirlas, incluida la convicción de que los tiroteos en los colegios, como el de la matanza de la escuela de primaria Sandy Hook, son bulos escenificados por actores. Esta afirmación resultaba tan ofensiva para los padres afligidos por la pérdida que demandaron a Jones por difamación y, en 2022, les concedieron más de mil millones de dólares. Mucha gente asistía atónita al desarrollo de aquella historia. ¿Por qué hacía Jones unas afirmaciones tan crueles y claramente ridículas? ¿Y por qué había tanta gente que las apoyaba y defendía, incluida gente que también tenía hijos? No obstante, visto a través de la lente de la aversión a la solución, tiene cierta lógica por retorcida que sea. La primera solución propuesta para el terrible problema de los tiroteos en los colegios (al menos, por la gente de la izquierda política) son unas leyes más estrictas para el control de las armas de fuego. Esta solución es inaceptable para la gente (principalmente, de la derecha política) que cree que el derecho a llevar armas es sagrado y jamás deberían quitárselo, sea cual sea el precio. Así pues, como no les gusta la solución, te niegan el problema y van tan lejos como para llegar a decir, incluso, que las trágicas muertes de esos niños inocentes son un bulo escenificado por los defensores del control de las armas.

Es decisivo entender la aversión a la solución si queremos avanzar en algunos de los temas más polarizados, que no dejan de dividirnos. Cuando los progresistas oyen a los conservadores decir que no se creen el cambio climático, con frecuencia reaccionan aportando más información. Su respuesta básica es un «No me estás escuchando. Aquí tienes otra prueba», y los progresistas que optan por esta vía de ofrecer información se suelen quedar perplejos ante la intransigencia de quienes niegan el cambio climático. «¿Qué tienen en contra de la ciencia y de los datos? ¿Cómo pueden cuestionar algo tan claramente demostrado, al menos en términos generales? ¿Cómo pueden obviar tal cantidad de datos?» Sin embargo, lo que tenemos delante cuando hablamos con alguien que niega el cambio climático no es, necesariamente, una persona contraria a la ciencia. Lo que no le gusta es la solución propuesta para el cambio climático y las consecuencias que prevé que acarreará. No le gusta, por ejemplo, el impacto económico de recortar el consumo de combustibles fósiles, así que te niega el cambio climático. Si queremos cambiar la opinión de la gente, es necesario que entendamos con mayor detalle cuál es el origen de su rechazo. Suele tratarse de una oposición a la solución acompañada de un razonamiento guiado, lo cual significa que la otra parte no va a prestar atención a ninguno de los datos mientras no se nos ocurra una solución más aceptable para ambas partes. Con frecuencia, pensamos que deberíamos ponernos de acuerdo, primero, al respecto de los datos y, después, pasar a reflexionar sobre las soluciones, pero, cuando actúa el razonamiento guiado, tenemos que invertir este orden aparentemente lógico y gestionar primero la aversión a la solución.

Este fenómeno también puede aparecer en temas menos controvertidos y más comunes en nuestra vida cotidiana. Digamos que el médico te informa de que tienes una enfermedad rara provocada por la ingesta de chocolate y, por tanto, no podrás volver a probarlo en toda tu vida. ¿Cómo te tomarías la noticia? ¿Creerías al médico o, ante una solución tan poco apetecible, sentirías el impulso al menos de cuestionar su diagnóstico, si es que no lo niegas directamente? Seamos francos. Seguro que buscarías una segunda opinión, ¿verdad que sí? Bien, vale. Es probable que yo también lo hiciera, pero lo que nos estaría moviendo a los dos, en ese momento, sería principalmente nuestro gusto por el chocolate y nuestro poco gusto por la solución. Si el médico nos propusiera una solución distinta —una pastilla diaria, pero sin quitarnos el chocolate—, quizá no sintiésemos más inclinados a aceptar su diagnóstico.

Por supuesto, hemos visto actuar a gran escala esta dinámica de la aversión a la solución con el tema del covid. A ambos lados del espectro político, nos encontramos con personas convencidas de que el virus es un bulo. Gente como esa que he incluido en este libro: Sara, Jenny, Brad, Richard, Maya, Eve y muchas, muchísimas personas más como ellos. ¿Son escépticas con la ciencia? No necesariamente. Eso sí, las soluciones propuestas para la crisis del covid no les parecían deseables, ni desde el punto de vista médico (en forma de vacunas) ni socioeconómico (en forma de confinamientos y restricciones de las libertades individuales), así que dieron el siguiente paso en el razonamiento guiado y negaron la existencia del problema. Y ninguna prueba, por grande que sea, de la existencia del covid —ya se trate de datos científicos, testimonios de personas a las que conocen o incluso que hayan contraído ellos mismos la enfermedad— va a convencerlos para que cambien de opinión, porque hacer eso equivaldría a aceptar una solución indefendible para ellos.

OJALÁ SEA ÚTIL...

Empezar con mejores soluciones

Comprender cómo funciona la aversión a la solución resulta muy útil para resolver conflictos y crear un diálogo más productivo. Nos revela que nuestra asombrosa capacidad para ignorar un problema obvio puede ser, en realidad, una resistencia a aceptar la solución propuesta o incluso implícita. Teniendo esto en cuenta, es mejor comenzar un diálogo eliminando del tablero de forma explícita las soluciones e intentar ponerse de acuerdo respecto del problema poniendo de manifiesto y afirmando, por ejemplo, que ambas partes están comprometidas con el problema y desean mitigarlo, aunque tal vez lo afronten de diferente manera. Un planteamiento aún mejor es empezar la conversación proponiendo soluciones que no sean tan inaceptables para ninguna de las partes y, solo cuando ya hemos disipado cualquier temor a las posibles soluciones, intentar encontrar puntos en común sobre los detalles del problema.

Así pensamos y erramos sobre nuestra forma de pensar

Como ya hemos visto en este capítulo, la mente es una herramienta bastante curiosa a la hora de recopilar información y encontrarle el sentido. Una cosa está clara: no es la herramienta objetiva que pensamos que es. En primer lugar, no mide todo lo que hay en su camino, pues tiene sesgos. Tal vez sea como un telescopio, capaz de observar las estrellas con mucha facilidad, pero no los planetas, por lo que nos ofrece una imagen sesgada del universo. En segundo lugar, tiene la motivación de esforzarse al máximo para deformar el mundo de tal manera que encaje en nuestras expectativas. Si continuamos con la metáfora del telescopio, imagínate que sus diseñadores fabricaran uno que hace que el observador se sienta como si estuviese escrutando los cielos sin cortes ni interrupciones, pero el aparato está diseñado para saltar de estrella en estrella, evitando los planetas. No sería muy buena idea diseñar así una herramienta para recopilar información exacta. Sin embargo, las peculiaridades de la mente al recabar información y entender el mundo que nos rodea no se quedan ahí.

Como hemos visto ya, existe una brecha de separación entre la calidad y objetividad de la mente y nuestra percepción de la calidad y objetividad de la mente. Resulta que esta brecha es muy importante. ¿Por qué? Porque una herramienta imprecisa no es un problema cuando sabemos que lo es: podemos tener en cuenta la imprecisión. Pero, si tenemos una herramienta estropeada o de mala calidad y no somos conscientes de sus significativas limitaciones, continuaremos utilizándola como si funcionara bien, lo que puede llevarnos por mal camino.

Imaginémonos, por ejemplo, a una persona que quiere medir el tamaño del salón de su casa, pero no dispone de una cinta métrica. Afortunadamente, recuerda que, si abre bien la mano, la distancia entre la punta del meñique y la punta del pulgar son unos veintidós centímetros, así que va y mide así el salón. Cuando está en ello, se distrae un poco y no tiene claro si la cuenta va por catorce o por quince palmos, pero lo pasa por alto y continúa desde quince. Cuando tiene la medida final de su salón, sabe bien que no es precisa, de manera que no la va a utilizar para decidir nada que requiera de precisión. Solo la va a usar para hacerse una idea aproximada.

Por desgracia, en que respecta a nuestra mente, la historia es muy distinta. Cuando medimos la realidad con nuestra mente, casi siempre lo hacemos sin tener consciencia de su imprecisión. No comprendemos lo inexacta que es nuestra mente y, a causa de ello, solemos confiar en ella de manera muy significativa. Las consecuencias pueden ser tan desastrosas como una casa diseñada y construida utilizando la mano como herramienta de medición. Tal vez la casa tenga un aspecto creativo e interesante, pero no iba a ser la que deseábamos, eso desde luego. Y vivir en ella tendría graves consecuencias si llegara una gota fría o hubiese el más leve de los terremotos. Por utilizar un término más técnico, en esto consiste la metacognición: el modo en que pensamos sobre nuestra manera de pensar y sus consecuencias y erramos al respecto. Veamos con mayor detalle la relación entre nuestra metacognición y la convicción infundada.

El efecto Dunning-Kruger

¿Existe una brecha entre nuestro conocimiento real y la confianza que depositamos en nuestro conocimiento? Es probable que dependa del tema en cuestión. En cuanto a mí, si elijo, por ejemplo, el campo de la física, me parece obvio que no sé absolutamente nada del tema. Por tanto, mi conocimiento y mi nivel de confianza en mi conocimiento se encuentran más o menos alineados. Leo algo sobre física de vez en cuando, así que quizá crea saber un poco más de lo que sé en realidad, pero en general no hay una brecha excesiva entre mi conocimiento objetivo y mis suposiciones sobre mi nivel de conocimiento. No me voy a ir al Departamento de Física de la universidad a discutir con un catedrático sobre los matices de la teoría de cuerdas. Veamos ahora un ejemplo en el otro lado del espectro: las cosas sobre las que sé un montón. Resulta que sé mucho sobre la naturaleza de la deshonestidad y sobre los mecanismos por medio de los cuales la gente hace pequeñas trampas sin dejar de sentirse bien consigo misma. Si entro en una discusión sobre este tema, sé lo mucho que sé, de manera que aquí tampoco hay una desconexión entre mi conocimiento objetivo y mis suposiciones sobre mi conocimiento.

Te habrás percatado de que, en estos ejemplos, he pasado de un tema del que no sé nada a otro tema del que sé mucho sin haberme detenido en lo que hay en el medio. ¿Qué pasa en este nivel de conocimiento medio? Pues justo ahí es donde el problema asoma su complejo rostro.

En las ciencias sociales, este problema al que me refiero se denomina «efecto Dunning-Kruger» y se basa en la observación de que nuestro conocimiento y nuestra confianza en nuestro conocimiento no tienen por qué ser iguales. De manera más específica, este efecto confirma lo que ya he contado sobre mí mismo: que, cuando no sabemos mucho sobre un tema concreto, solemos saber que no sabemos, mientras que, cuando sabemos mucho sobre un tema concreto, solemos saber que sabemos mucho. Ahora bien, cuando estamos entremedias y sabemos algo sobre un tema, pero no tanto, solemos pensar (erróneamente) que sabemos mucho más de lo que en realidad sabemos. En estos casos, sí hay una brecha, quizá peligrosa, entre nuestro verdadero conocimiento y nuestra confianza en nuestro conocimiento. Estos son los casos en los que somos unos ignorantes que no son conscientes de su ignorancia y, por tanto, podemos actuar con gran confianza, pero equivocarnos con frecuencia.

Mi experiencia me dice que esto les suele pasar a los universitarios en su primer año de facultad. Al final del primer y el segundo semestre, cuando ya han recibido las clases introductorias sobre una materia concreta, piensan: «He terminado esta asignatura con nota. Si he terminado el libro de texto preliminar y he sacado un sobresaliente en el examen, ¿hay algo que no sepa? Tengo la sensación de saberme la materia de pe a pa. Vamos, que la domino tanto que hasta podría dar clases».

Yo mismo viví esa sensación cuando era un universitario y tuve una asignatura de Fisiología del Cerebro. Al terminar el semestre, me había leído el libro entero, había sacado buenas notas y tenía la sensación de poseer un profundo conocimiento de la fisiología cerebral. Me daba la impresión de dominar la materia, por lo que, si me hubiesen pedido que puntuara cuánto sabía, me habría puesto un 9 sobre 10. Desde entonces, no me ha dado por especializarme en la fisiología del cerebro, pero sí leo artículos sobre el tema de vez en cuando o participo en algún proyecto de investigación relacionado con ello. Cada texto que leo y cada proyecto de investigación en el que participo han incrementado mi conocimiento objetivo de la fisiología cerebral, pero con cada año que pasa desde que terminé la carrera, tengo más claro lo poco que sé sobre el tema. Es más, mi confianza en mi conocimiento de la fisiología del cerebro tocó techo al terminar aquella asignatura de primero. Desde entonces, mi confianza en mi conocimiento ha ido disminuyendo de manera sistemática año tras año. Mi exceso de confianza al terminar aquel curso introductorio es el desajuste básico que genera el efecto Dunning-Kruger.

Ahora bien, si el efecto Dunning-Kruger se limitara a nuestro propio conocimiento, tampoco sería tan malo, pero no termina ahí. ¿Por qué? Porque la brecha entre el conocimiento real y la confianza abre la puerta a unas consecuencias en absoluto deseables. Básicamente, genera un exceso de confianza. Alguien que piensa que entiende cómo funciona la motivación más de lo que en realidad comprende podría montar su empresa y diseñar un plan de incentivos para aumentar la motivación de sus empleados, pero acabar disminuyéndola. Alguien que piense que comprende el funcionamiento de los cambios de conducta, cuando en realidad no sabe mucho al respecto, podría crear una aplicación para el móvil diseñada para ayudar a la gente a perder peso que acabara teniendo escaso efecto. Y alguien que crea que entiende cómo funcionan los virus y el sistema inmune, cuando en realidad no lo comprende tanto, podría tomar todo tipo de decisiones sobre las vacunas, medicaciones y tratamientos que no estén respaldadas por las pruebas.

El efecto Dunning-Kruger confirma lo que escribió una vez el poeta Alexander Pope: «Un poco de saber es algo peligroso». Quizá pensemos que eso no va con nosotros porque sabemos algo más que un poco, ¿verdad? ¿O no? ¿De verdad sabemos tanto como creemos?

La ilusión de la profundidad explicativa

Otra peculiaridad psicológica relacionada con el efecto Dunning-Kruger recibe el nombre de «ilusión de profundidad explicativa». Antes de entrar en mayor detalle, comencemos con un ejercicio basado en el trabajo de Rebecca Lawson.

Conocimientos sobre la bicicleta

Por favor, marca tu respuesta a cada una de las siguientes preguntas. Una vez más, por favor, no te limites a hacerlo mentalmente.

1. ¿Has visto alguna vez una bicicleta? Sí/No
2. ¿Sabes cómo se usa una bicicleta? Sí/No
3. ¿Entiendes cómo funciona una bicicleta? Sí/No
4. ¿En qué grado entiendes cómo funciona una bicicleta? (Utiliza una escala de 0 = ninguna seguridad a 100 = lo entiendo perfectamente):___
5. Observa esta bicicleta y piensa en el aspecto que debería tener una bicicleta. Después, dibuja el cuadro, los pedales y la cadena en su sitio.

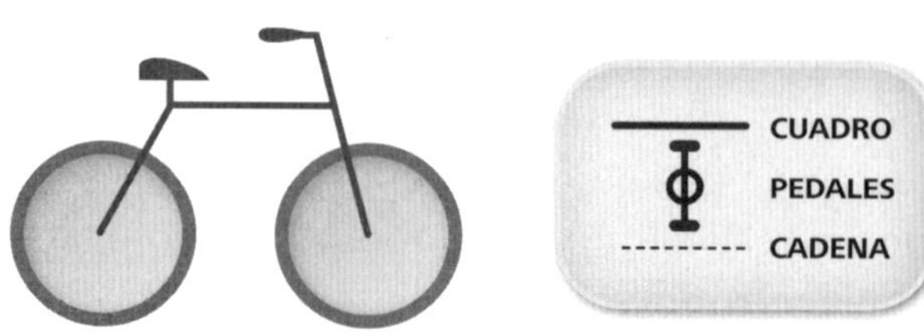

6. Veamos ahora la misma pregunta, pero centrándonos en las piezas de una en una. Fíjate en las cuatro imágenes siguientes: ¿cuál de las bicicletas muestra la ubicación real del cuadro? (Rodea con un círculo tu respuesta.)

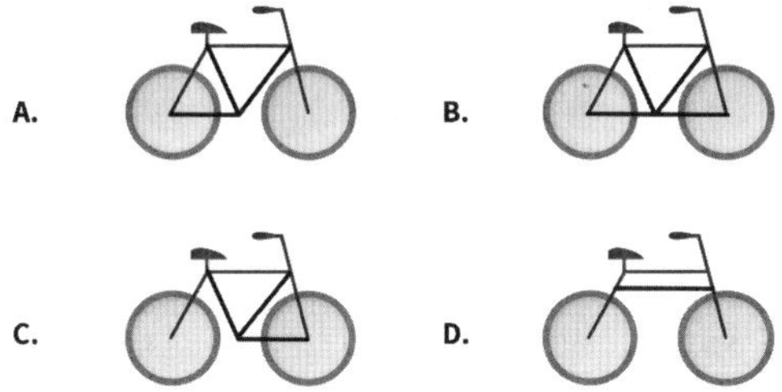

7. Fíjate en las cuatro imágenes siguientes: ¿cuál de las bicicletas muestra la ubicación real de los pedales? (Rodea con un círculo tu respuesta.)

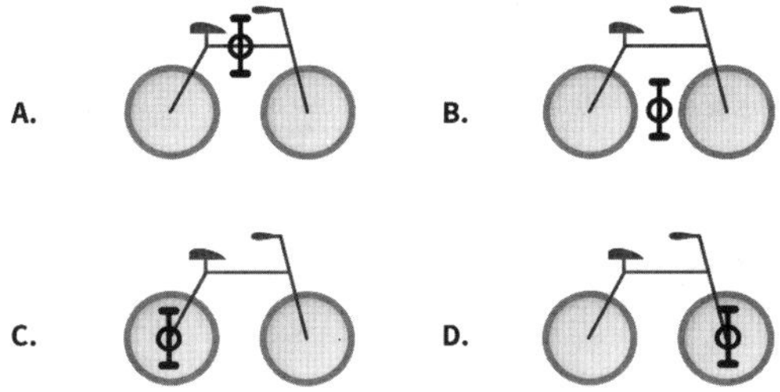

8. Fíjate en las cuatro imágenes siguientes: ¿cuál de las bicicletas muestra la ubicación real de la cadena? (Rodea con un círculo tu respuesta.)

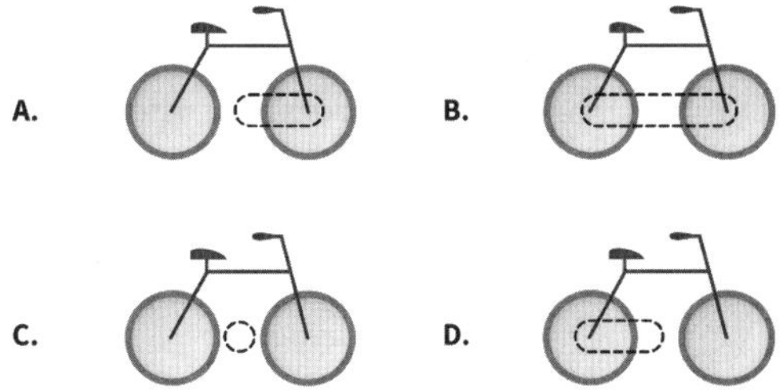

Observa la colocación de las piezas en esta bicicleta. ¿Qué tal lo has hecho tú? ___________________________

Ahora que tienes el ejemplo del verdadero aspecto que tiene una bicicleta, calcula tu resultado:

En tu respuesta a la pregunta 5, ¿has puesto el cuadro en su sitio? (1 punto si es así)

En tu respuesta a la pregunta 5, ¿has puesto los pedales en su sitio? (1 punto si es así)

En tu respuesta a la pregunta 5, ¿has puesto la cadena en su sitio? (1 punto si es así)

¿Es correcta tu respuesta a la pregunta 6? (1 punto si es así)

¿Es correcta tu respuesta a la pregunta 7? (1 punto si es así)

¿Es correcta tu respuesta a la pregunta 8? (1 punto si es así)

Puntuación total:___/6 puntos

Después de completar el ejercicio, vuelve a hacerte las preguntas 3 y 4:

3. (Actualizada) ¿Entiendes cómo funciona una bicicleta? Sí/No
4. (Actualizada) ¿En qué grado entiendes cómo funciona una bicicleta? (Utiliza una escala de 0 = ninguna seguridad a 100 = lo entiendo perfectamente):___

Anota tus respuestas a estas preguntas en la siguiente tabla:

	Respuesta antes del ejercicio	Respuesta después del ejercicio
3. Lo entiendes (Sí/No)		
4. Lo entiendes (0-100)		

¿En qué medida has cambiado de opinión? (Utiliza una escala de 0 = nada, a 100 = muchísimo):___

¿En qué medida crees que hay otras cosas de tu entorno cotidiano que creías entender, pero ahora no lo ves tan claro? (Utiliza una escala de 0 = no creo que haya nada más en lo que haya sobrestimado mi conocimiento) a 100 = seguro que hay muchas cosas más en las que he sobrestimado mi conocimiento):___

Quizá te haya parecido revelador este test que hemos hecho, o quizá no. Tal vez tengas pericia en la mecánica de las bicicletas, hayas contado con la ayuda de internet o te hayas pasado por el garaje de tu casa para recordar el aspecto que tiene una bicicleta. Así pues, vamos a ver los resultados de un experimento real llevado a cabo en condiciones controladas y con el mismo planteamiento fundamental.

Leonid Rozenblit y Frank Keil se propusieron explorar la ilusión de profundidad explicativa: la tendencia del ser humano a sentir de manera intuitiva que entiende los fenómenos complejos con una profundidad y precisión mucho mayores de las que realmente tiene. Para empezar, los investigadores entregaron a los participantes una lista de 48 elementos muy comunes: objetos, procesos y fenómenos naturales que iban desde un abrelatas hasta un hígado, una fotocopiadora o las elecciones presidenciales. Pidieron a los participantes que repasaran la lista y puntuaran su nivel de comprensión de cada uno en una escala del 1 al 7, donde el 1 era el nivel más bajo de comprensión y el 7 el más alto. Entonces, les dijeron que eligiesen cuatro de esos elementos (acotados por los investigadores) y escribiesen una explicación informal pero detallada, paso a paso, de cómo funcionaban. Por ejemplo, a un participante le podían pedir una explicación detallada del funcionamiento de la cisterna de un retrete, un helicóptero o una máquina de coser.

Después de redactar sus descripciones, los participantes revisaron las puntuaciones de su conocimiento de los elementos concretos que habían tratado de explicar en detalle (igual que te he pedido a ti que revisaras tu conocimiento de la bicicleta). Entonces, los investigadores fueron un paso más allá: hicieron a los participantes una pregunta de diagnóstico relacionada con cada uno de esos mismos cuatro elementos, el tipo de pregunta que solo podrían responder correctamente si de verdad entendían el mecanismo. Si el objeto era, por ejemplo, un helicóptero, pedían a los participantes que explicaran cómo pasa de estar suspendido en el aire a avanzar. Después de responder a esta pregunta adicional, volvieron a pedir a los participantes que revisaran las puntuaciones de su conocimiento. A continuación, les dieron unas descripciones de esos objetos redactadas por expertos y, después de haberlas leído, les pidieron que revisaran las puntuaciones una vez más.

Los resultados muestran que los participantes comienzan con bastante confianza en sus conocimientos, pero esta cae después de que les pidan una descripción detallada y cae todavía más después de responder a la pregunta de diagnóstico. Sin embargo, su confianza se mantiene igual (baja, pero igual) después de leer las descripciones de los expertos.

La primera parte de estos resultados muestra que en general pensamos que sabemos más de lo que realmente sabemos, hasta tal punto que incluso pensar de un modo más específico nos hace reconocer lo poco que sabemos. Otra cosa sería que nos diésemos cuenta de ello al aprender cosas, pero la primera parte del experimento sobre la ilusión de profundidad explicativa evitaba a propósito facilitar cualquier información nueva a los participantes. Solamente les pedían que reflexionaran de un modo más explícito y concreto sobre su conocimiento y comprensión, y eso bastó para generar un ajuste mucho mejor entre lo que sabían en realidad y lo que creían saber.

La segunda parte de los resultados, el hallazgo de que no hay ningún cambio después de haber tenido delante las descripciones de los expertos, muestra que, en el momento en que los participantes llegan a ese punto, su baja percepción de su conocimiento ya era bastante precisa y no podía bajar más, ni siquiera al enfrentarse al conocimiento de un experto.

Otro descubrimiento interesante de ese estudio fue que el exceso de confianza no se da en el mismo grado para todos los objetos y que es particularmente elevado en los que tienen una mayor proporción de piezas ocultas respecto de las que están a la vista (como un ordenador). Con este tipo de objetos nos resulta más fácil creer que entendemos el funcionamiento y, por tanto, mostrar un exceso de confianza. Ahora piensa en el significado que tiene esto en el caso de aparatos, objetos, fenómenos o procesos invisibles, como los virus, el sistema inmune, las vacunas, el calentamiento global, los chips 5G, etcétera. En lo que respecta al covid, prácticamente todo era invisible, de manera que era probable que el exceso de confianza de la gente, su ilusión de profundidad explicativa y su capacidad para mantener esa confianza fuesen elevados.

Inspirado por este experimento, decidí realizar mi propio estudio con la cisterna de un retrete. Imagínate que participas en él. Cuando llegas al laboratorio, una persona encantadora con una bata blanca te pregunta si sabes cómo funciona un retrete. «Claro», respondes, y pasas a puntuar tu nivel de conocimiento en una escala del 1 al 7 (de media, los participantes se puntuaron con un 5,1). Acto seguido, te dan un papel y un lápiz y te piden que dibujes un diagrama con el funcionamiento de la cisterna. Cuando has terminado, te dan la opción de revisar tu nota. En general, nuestros participantes tuvieron la sensación de haber pecado de un ligero exceso de confianza y, después de haberlo pasado mal para dibujar su retrete, se bajaron la nota hasta una media de un 4,2. Después, te acompañan hasta una mesa donde están desplegadas todas las piezas de la cisterna de un retrete. Te aseguramos que son nuevas y están limpias y te pedimos que montes el retrete. Después de jugar un rato con las piezas tratando de montar el retrete (nadie fue capaz de hacerlo bien), la puntuación media de su conocimiento descendió hasta un 2,7.

Quizá te estés preguntando si de verdad importa que no sepas cómo funciona un retrete, una cremallera o una máquina de coser, y es cierto que tal vez tu vida no se vea afectada negativamente si no entiendes por completo el funcionamiento de todos esos objetos, pero la cuestión aquí era sacar a la luz el problema más general del exceso de confianza. La brecha entre lo que sabemos y lo que creemos saber puede ser peligrosa, incluso poner en peligro tu vida. Uno de estos ejemplos extraído de mi propia vida se refiere a la capacidad para conducir. En un momento dado, realicé un curso de conducción de dos días, y esto me generó una sensación de confianza extrema en mi capacidad al volante. En cuestión de dos semanas, sufrí un accidente de coche, y estoy bastante seguro de que se debió a mi exceso de confianza, cortesía del curso que había recibido. Cuando tomamos decisiones que no se basan en nuestro conocimiento real o en nuestra verdadera capacitación, sino en el conocimiento o nivel de capacitación que creemos tener, se genera una brecha peligrosa, una en la que podemos caer si no nos andamos con cuidado.

OJALÁ SEA ÚTIL...

La persuasión paradójica

Dada la asombrosa flexibilidad del sistema cognitivo y nuestra capacidad para defendernos de inmediato de la información que nos llega y desarmarla, ¿qué tipo de persuasión tendría efecto? Un planteamiento eficaz es el de mostrarse más que de acuerdo con la gente a la que quieres persuadir: no solo darle la razón, sino adoptar una perspectiva más extrema que la suya. Con frecuencia, como ya hemos visto, las personas adoptan confiadas una postura y dan por sentado que entienden sus implicaciones sin pensarlo a fondo. Cuando tú te tomas sus ideas mucho más en serio que ellas mismas, dejas expuesta la banalidad de su postura. ¿Que alguien te dice que todas las farmacéuticas son el mal? Dale la razón, pero además sugiérele que no vuelva a tomar ningún fármaco y que cancele su seguro médico ahora mismo. ¿Que alguien te dice que el 5G es peligroso? Dale la razón, pero además sugiérele que tire el móvil de una vez a la basura y solo utilice el teléfono fijo. Aunque tal vez eso no sea suficiente: debería plantearse el mudarse a vivir a Green Bank, en el estado norteamericano de Virginia, un lugar donde no hay wifi y los móviles están prohibidos para proteger el telescopio gigantesco que se encuentra en la localidad. Muéstrale algunas ofertas inmobiliarias. Claro, lo de vivir en una zona sin tecnología tendrá sus pegas, pero seguro que merecerá la pena si es que el 5G nos va a matar a todos, ¿no?

Este planteamiento resulta bastante eficaz a la hora de hacer que la gente se replantee sus posturas extremas.

OJALÁ SEA ÚTIL...

Cuestionar la ilusión de profundidad explicativa en tu propio entorno

Siéntate un rato con el tío Joe y pídele que te explique en profundidad de qué va su convicción infundada preferida. ¿Cómo está haciendo el 5G, exactamente, para alterar las células de las personas y en qué se diferencia del microondas de la cocina? ¿Cómo es que las Naciones Unidas, una organización que no ha podido frenar la guerra en X (pon aquí el ejemplo que más te guste), se las apaña para dirigir el mundo? ¿Cómo está controlando el Gobierno la meteorología? Se trata de intentar seguir el mecanismo del test de la ilusión de profundidad explicativa y conseguir que el tío Joe se dé cuenta de que no sabe tanto como él pensaba acerca de su convicción antes de que tú abrieses la boca.

¿Y si el tío Joe no está dispuesto a hablar sobre su convicción infundada preferida, o si su convicción infundada es un tema tan candente que no te sientes a gusto mencionándoselo en el breve rato que pasáis juntos, o si la última vez que le sacaste el tema os enzarzasteis en una discusión tan desagradable que no tienes fuerzas para ir otra vez por el mismo camino? Pues parece que hay un modo de gestionar estas sensibilidades y rebajar la ilusión de profundidad explicativa. Tal y como demostraron Ethan Meyers y sus colegas, reducir la ilusión de profundidad explicativa en un dominio puede servir para reducirla también en otros. Por ejemplo, expusieron que, después de demostrar a la gente que en realidad no sabía cómo funcionaba una cremallera, esas mismas personas también comenzaban a dudar de su propio conocimiento de cómo se forma la nieve. Y, aunque Meyers y sus colegas no estudiaron hasta qué punto se puede producir esa transferencia de una sana duda de uno mismo en el caso de unas creencias arraigadas muy fuertes —como suele ser el caso de las convicciones infundadas—, sus resultados indican que esto es posible. De esta manera, si la conversación con el tío Joe sobre su convicción infundada preferida no es demasiado prometedora, tampoco pasa nada si empiezas con su conocimiento de otros temas más mundanos y menos controvertidos, como la explicación de que la cremallera de su cazadora se mantenga cerrada.

La persuasión no siempre funciona

Las ideas que hemos obtenido de la investigación sobre la ilusión de la profundidad explicativa me hacen pensar en Maya, a quien conocimos en el capítulo anterior, y el modo en que compartió conmigo la teoría conspirativa de los imanes. Estoy bastante seguro de que, si le preguntáramos a Maya si sabe cómo funciona un imán, ella se pondría una nota bien alta. Es posible que dijera, incluso, que sabe cómo funciona eso que suena tan misterioso como la magnetofección. ¿Que cómo estoy tan seguro, y más en un capítulo que trata sobre el exceso de confianza de la gente en lo que cree saber? Pues bien, en este caso se debe a que hablé con Maya sobre este tema e intenté cuestionar su creencia con unos principios básicos de física. Tal y como pensaba, se mostró mucho más segura de lo que justificaría su nivel de conocimiento. Por desgracia, aunque la gente razonable suele cuestionarse sus niveles de confianza en experimentos como los que hemos descrito antes, los convencidos, como Maya, no tienen esa costumbre. Su razonamiento, según hemos analizado, lo guían sus convicciones, y esto hace que su exceso de confianza tenga una solución mucho más difícil.

Empecé preguntando a Maya si sabía cómo funciona un imán. En su respuesta mostró una confianza moderada en su propio conocimiento, que acto seguido cuestioné con varios datos, incluido el hecho de que haría falta un imán muy grande para sostener un iPhone o incluso una moneda, mucho más grande de lo que cabría por la aguja de una jeringuilla. También le informé de que las monedas estadounidenses que se ven en algunos de los vídeos están hechas con metales no magnéticos. Además, señalé lo siguiente: «Algunos de esos vídeos son incompatibles con otros vídeos. La fuerza magnética puede estar en el interior del cuerpo o en el exterior, pero no en ambos sitios a la vez». Si Maya hubiera participado en alguno de los experimentos de estudio de la ilusión de profundidad explicativa, en ese momento del proceso habría cabido esperar que el hecho de recordarle cómo funcionan los imanes provocara un fuerte descenso de la nota que le ponía a su propio conocimiento, pero Maya no tenía el menor interés por los datos, así que volvió sin más sobre la prueba social, otra vez: «Yo misma lo he visto —afirmó—. Mi amiga ha compartido unas fotos con utensilios de cocina pegados al cuerpo magnéticamente».

La capacidad de Maya para aferrarse a su convicción, a pesar de las clarísimas pruebas en contra de esta teoría en particular (y ya es bastante raro encontrarte con una teoría conspirativa tan fácil de refutar), da a entender que, si se celebrara un combate de boxeo entre dos leyendas, teniendo en un rincón la capacidad para pensar mejor las cosas y combatir la ilusión de profundidad explicativa y, en el otro rincón, el razonamiento motivado, sería este último el que vencería, hasta con una mano atada a la espalda.

Al darme cuenta de eso, cambié de estrategia y pregunté a Maya si me podía poner en contacto con su amiga para que yo viese también las *pruebas* en persona. Prometió hacerlo, pero nunca lo hizo. Tal vez se percató de que yo me ceñía a mis ideas erróneas con tal tozudez —a pesar de las claras pruebas de vídeo y la información facilitada por Stew Peters y su doctora invitada de impecables credenciales— que no tendría razón ninguna para perder más tiempo tratando de convencerme.

El exceso de confianza y las noticias falsas

En un apartado anterior del libro, cuando hablábamos del programa *The Stew Peters Show* o de la web de la Asociación de Médicos y Cirujanos Estadounidenses, es probable que pensaras que tú habrías distinguido con facilidad que no se trataba de fuentes fiables, y tal vez estuvieras en lo cierto, aunque quizá fuese muestra de un exceso de confianza. Es difícil de decir en tu caso concreto, pero el exceso de confianza sí es un gran problema en lo que a las noticias falsas se refiere. Un grupo de investigadores quiso entender la relación entre el exceso de confianza a la hora de valorar las noticias y la susceptibilidad a las noticias falsas. Benjamin Lyons y sus colegas realizaron unos estudios a gran escala y tuvieron unos resultados perturbadores. Primero, descubrieron que el 75 por ciento de los estadounidenses sobrestimaba su capacidad para detectar las noticias falsas (de media, un 22 por ciento más alto de lo que se consideraría justificado). Es más, observaron que los individuos con un exceso de confianza tenían más probabilidades de errar cuando les pedían que distinguiesen entre unos enunciados verdaderos y falsos acerca de sucesos actuales, una prueba más de la relación entre un nivel de conocimiento más bajo y un exceso de confianza más elevado. Aún peor, se encontraron con que las personas con un menor conocimiento real tenían una disposición mayor a compartir contenidos falsos en las redes sociales. Dicho de otro modo, las personas con escasos conocimientos son las que tienen una mayor confianza en su valoración de las noticias, son más susceptibles a las noticias falsas y tienen más probabilidades de continuar difundiéndolas.

En resumen...

La historia interconectada de la mente humana y la información que esta busca y procesa es de todo menos simple. Solemos pensar que somos máquinas de procesamiento que reciben la información de forma objetiva y aséptica, la almacenan, la analizan y llegan a una serie de conclusiones lógicas, pero esto no podría distar más de la realidad. El ser humano ha desarrollado un conjunto complejo de atajos, a veces sofisticado, a veces imperfecto y otras directamente defectuoso, para procesar el mundo tan abrumador en el que vivimos. Estos mecanismos de comprensión nos resultan útiles... hasta que dejan de serlo. En el mundo actual, asediados por todas esas formas de estrés que ya hemos visto, nos enfrentamos a un amplio mar de información y desinformación que nos llega a través de unos canales que, a veces, tratan de aprovechar nuestros sesgos sin que nosotros nos percatemos. Y eso no es todo. La mente humana tiene la extraordinaria capacidad de crear un relato que encaje con la conclusión a la que queremos llegar. Y, si no nos gusta una conclusión, reescribimos el relato.

Además, el mundo es complejo, y nosotros, como seres humanos, nos solemos contentar con unas explicaciones excesivamente simples. No procesamos la información muy a fondo y a la mayoría de nosotros nos basta con tener la sensación de que estamos entendiendo algo. Todos estos factores contribuyen a crear la convicción infundada. Cuando estos factores se agravan a causa de las dificultades emocionales, como un estrés impredecible y la sensación de que carecemos de control, pueden generar unas fuertes convicciones, que será muy difícil desplazar. ¿Significa eso que cualquiera que piense de este modo se convierte en un convencido? No necesariamente. Como veremos enseguida, la forma de ser desempeña un papel importante. Algunos rasgos de la personalidad hacen que ciertos individuos sean más susceptibles que otros a la influencia de la convicción infundada. Vamos a ver más de cerca estos rasgos en los dos capítulos siguientes y, después, estudiaremos el modo en que la convicción infundada se vuelve más profunda y se refuerza gracias a los círculos sociales de los convencidos y a la influencia social que mantiene a la gente firme en su lealtad a las teorías conspirativas y a las comunidades que las difunden.

FIGURA 6. Los elementos cognitivos del embudo de la convicción infundada

- Cuando el estrés nos hace caer por el embudo y empezamos a buscar respuestas y un villano al culpar, los elementos cognitivos nos sumergen todavía más en la convicción infundada.
- Las estructuras cognitivas defectuosas del ser humano nos vuelven susceptibles a la desinformación, igual que nuestras preferencias evolutivas nos vuelven susceptibles a la comida rápida.
- Cuando buscamos información, el sesgo de confirmación nos orienta para que busquemos lo que confirma nuestras sospechas más que lo que las refuta.
- Cuando ya creemos algo, nos esforzamos mucho con tal de convencernos de que es cierto en un proceso conocido como «razonamiento guiado». A veces, nuestro miedo a ciertas soluciones implícitas de un problema nos conduce a negar la existencia de dicho problema, un sesgo conocido como «aversión a la solución».
- Las teorías conspirativas están pensadas para sacar partido de nuestros sesgos cognitivos.
- Todo esto se agrava a causa de la idea errónea que tenemos de nuestra propia forma de pensar y somos víctimas del exceso de confianza en nuestro conocimiento de cómo funcionan las cosas.

Cuarta parte

LOS ELEMENTOS PERSONALES Y LA HISTORIA DE NUESTRAS DIFERENCIAS INDIVIDUALES

7

Las enseñanzas de los abducidos sobre la personalidad

> Todos los días conocemos a algún extraño que tiene algo que ofrecernos. Llegan a nosotros en forma de gente que opina distinto.
>
> William Shatner

La pérdida de Saul

Jamás conocí a Saul y, por desgracia, jamás lo conoceré. Aun así, en algún momento de los últimos años, comenzó a salirme tanto en las sugerencias de Facebook que lo seguí. Pensemos en un hombre fornido, sexagenario y con calva en la parte superior que se está grabando con la cámara frontal del móvil mientras pasea frente a su casa y comparte con su público real e imaginario sus opiniones y reflexiones sobre lo que está sucediendo *realmente* en el mundo. Muchas mañanas, al conectarme, empezaba a sentir cierto afecto por Saul: el mismo que sientes por tu vecino jubilado que pasa todos los días por delante de tu casa, un hombre bienintencionado y amable, pero con el suficiente tiempo libre como para asomarse por encima de la valla y contarte su filosofía de vida.

En mi grupo personal de convencidos, Saul era uno de los personajes más encantadores, claramente motivado por la compasión y el deseo de ayudar a los demás, por errado que fuese. Se presentaba como una especie de patriarca tribal con aires de suficiencia que parecía esforzarse mucho con tal de transmitirnos a nosotros, sus seguidores, que él era alguien a quien deberíamos prestar mucha atención. A juzgar por el número de reproducciones de sus vídeos, mucha gente lo hacía; igual que yo..., aunque no por las razones que él hubiera deseado.

En una mañana en particular, Saul adoptó un tono muy serio mientras soltaba su discurso diario. El tema era el Event 201, del que hemos hablado en el capítulo 5. Como recordarás, en noviembre de 2019, la Universidad Johns Hopkins, el Foro Económico Mundial y la Fundación Gates organizaron un ejercicio de simulación de una pandemia por un coronavirus. ¿Qué mayor prueba necesitabas, preguntaba Saul, de que el covid era una plandemia (una pandemia planificada)? ¿Habría sido una coincidencia? Obviamente no. Para Saul, eso era prueba irrefutable de que aquellos diabólicos personajes habían puesto en marcha la plandemia.

Con el paso del tiempo, Saul comenzó a grabarse en manifestaciones. Entraba en Facebook Live mientras se manifestaba contra las restricciones o las vacunas del covid. Entre protesta y protesta, Saul se iba volviendo más beligerante; primero, en forma de ataques verbales y, después, en forma de violencia física contra la policía. Comenzó a parecerse cada vez menos a ese vecino que se pasea inofensivamente de aquí para allá y, cada vez más, a ese tipo que va despotricando por la calle y te hace cruzar de acera para evitarlo. Mientras veía su evolución con el paso de los meses, solía preguntarme: ¿qué le ha pasado a Saul?, ¿cómo ha llegado hasta aquí? Para mí, estaba claro que tenía que haber perdido algo muy importante en los primeros meses de la pandemia del covid y, por eso, buscaba atención y conexión social. Que necesitaba que le hiciesen caso era algo palpable en sus charlas matinales, en sus transmisiones en directo desde las protestas y en la creciente intensidad con la que trataba de conseguir el liderazgo entre los convencidos.

En un momento dado, Saul recibió su sello de calidad genuina procedente de un origen inesperado: lo detuvieron por su conducta violenta en una manifestación. Después de pasar la noche en la cárcel, fue como si le hubiera tocado el gordo de la lotería. Ya sí que era un verdadero forajido, con antecedentes y todo. Después de eso, era como estuviera intentando que lo arrestaran en cada manifestación, y siempre delante de la cámara. Cada vez que lo ponían en libertad después de pasar la noche en una celda, contaba que la policía lo había maltratado. Cualquiera diría que se veía como una especie de Nelson Mandela, luchando por la libertad y los derechos humanos contra el conciliábulo globalista.

Saul siguió subiendo sus vídeos y yo continué viéndolos. En otra de sus grabaciones durante un paseo matinal, se refirió al incremento de los índices de hospitalización entre las personas más mayores. Aquello no era una noticia falsa, según afirmaba, era real. Ahora bien, él te explicaba que los informes mencionaban una razón engañosa del incremento de las hospitalizaciones y añadía que los medios lo sabían. ¿Qué estaba pasando, entonces? Saul citaba un informe que mostraba que el uso de la tecnología por parte de las personas mayores era más elevado desde el comienzo del covid. Que usaran más la tecnología era la verdadera causa de que hubiese más hospitalizaciones, según afirmaba. Su argumento se basaba en la mayor fragilidad del sistema inmune, por lo que las personas más mayores eran más susceptibles a las radiaciones dañinas de los aparatos tecnológicos. En otras palabras, que el auge de las hospitalizaciones de las personas mayores era culpa de las restricciones impuestas por el Gobierno y del aumento del uso de la tecnología, y no tenían nada que ver con la pandemia.

Un día, hice clic en el vídeo de Saul y me sorprendió ver que no estaba dándose uno de sus habituales paseos ni tampoco asistiendo a una manifestación. Estaba sentado en la cama de un hospital: le habían puesto un suministro de oxígeno y estaba claro que le costaba respirar. Aun así, transmitía en directo para sus fieles seguidores. Nos contaba que había dado positivo en covid y que estaba ingresado en un ala específica para estos enfermos. Aun así, él insistía en que no tenía covid. Lo habían detenido en una manifestación unos días antes y estaba seguro de que la policía lo había envenenado cuando estaba en la celda. Describía los efectos del veneno, incluida la gran dificultad para respirar. Llegaba a la conclusión de que su envenenamiento debía de significar que la policía empezaba a estar desesperada. Para terminar, rogaba a sus seguidores que continuaran luchando y no abandonaran su importantísima tarea.

Saul murió unos días después en la misma ala de covid del hospital. No sé cuántos de sus seguidores fueron a su funeral ni si la afligida familia los recibió con los brazos abiertos, pero su página de Facebook se llenó de mensajes de amor y admiración, así como de promesas de que iban a exigir que se investigara su envenenamiento.

¿Cómo es posible que Saul mantuviera sus convicciones ante tal cantidad de pruebas en contra, incluso cuando dio positivo en covid y apenas podía respirar? ¿Cómo es posible que alguien que parecía tan amable se volviese tan agresivo, primero verbal y después físicamente, con la policía? ¿Cuáles fueron las fuerzas que lo llevaron a establecer unas conexiones tan creativas y, aun así, tan erróneas? ¿Qué sucedió en un principio que lo hizo convertirse en un convencido y mantener sus creencias con tal intensidad?

Por supuesto, es muy difícil saber qué se le pasaba en realidad por la cabeza a Saul y, a causa de su prematura muerte, nunca lo sabremos con seguridad. Ahora bien, el hecho de haberlo observado durante tantas horas me indicaba que su forma de ser había desempeñado un papel importante en el proceso. Por un lado, teníamos una constante necesidad de reconocimiento y aprobación por parte de los demás, lo cual se hacía evidente en sus innumerables directos de Facebook, su agresividad creciente con el paso del tiempo y el papel de mártir encarcelado que adoptó para lograr mayor influencia entre los convencidos. También tenemos sus interminables monólogos, en los que mostraba su propensión a conectar unos puntos que no estaban relacionados o que ni siquiera existían. Y, por supuesto, estaba su falta de pensamiento crítico, que se volvió más obvia cuando le diagnosticaron el covid y él se negó a verlo. ¿Explicarían esos rasgos que hubiese caído en la convicción infundada? No por sí solos, pero sí nos proporcionan otra perspectiva importante desde la cual entender qué es lo que hace que la gente sea más susceptible al embudo de la convicción infundada.

Yo imagino que Saul —como Sara, Jenny, Brad, Richard, Eve, Maya y todos nosotros en cierta medida— sufrió un estrés inusual e impredecible a comienzos de 2020. Entonces, comenzaría a buscar respuestas y a alguien a quien culpar. Con la ayuda de sus sesgos cognitivos y su particular combinación de rasgos de la personalidad, su camino de descenso por el embudo de la convicción infundada ya estaba bien engrasado. En esta parte del libro, vamos a ver con más detalle el papel que desempeña la personalidad y cómo nos prepara para la convicción infundada. De manera específica, en este capítulo, vamos a intentar entender la delicada interacción entre las estructuras de la personalidad y la susceptibilidad a las convicciones infundadas.

Unas palabras sobre la personalidad en general

Antes de meternos de lleno en los tipos de personalidad con más probabilidades de llevar a alguien hacia el embudo de la convicción infundada, vamos a comentar algunas generalidades sobre la personalidad. Dicho de un modo más sencillo, la personalidad se refiere a la particular combinación de los rasgos que forman la manera de ser característica de una persona y la cualidad esencial que nos convierte a cada uno de nosotros en quienes somos. Es algo así como añadir unas gotas de color a una fotografía en blanco y negro. Hasta ahora, en nuestro recorrido nos hemos centrado en las cosas en las que todos nos parecemos, y sin duda hay muchos aspectos similares en nuestra humanidad, desde nuestras respuestas emocionales hasta el estrés y nuestros sesgos cognitivos; sin embargo, es importante reconocer que no somos exactamente iguales y que cada persona reacciona de modo diferente ante la misma situación y la misma información.

Por ejemplo, en nuestro análisis del estrés, ha quedado claro que la estructura de la personalidad influye en nuestra manera de experimentarlo, y de ahí nuestra susceptibilidad a este. Es posible que dos personas expuestas a los mismos elementos estresantes reaccionen de forma distinta. Tú solo intenta ponerte en mi piel e imagina cómo reaccionarías si te encontraras con que eres objetivo del odio y de las teorías conspirativas en internet. ¿Lo sentirías tú con más intensidad que yo mismo o te lo tomarías más a la ligera? Esperemos que nunca lo descubras, pero intenta imaginártelo y, después, compara el modo en que crees que reaccionarías con el que tendría tu pareja o alguno de tus mejores amigos. Lo más probable es que percibas que, si bien el estrés es malo para todos, su grado de influencia varía de un individuo a otro. Por tanto, podemos considerar que el estrés es una fuerza externa significativa. También deberíamos pensar en la susceptibilidad al estrés como una diferencia individual relevante. Lo mismo podemos decir de la necesidad de interpretar el mundo: esta motivación para encontrar el sentido se manifiesta con una intensidad distinta en cada individuo y, dado que es un elemento importante en el embudo de la convicción infundada, explica en parte por qué hay personas más susceptibles que otras.

Hay ocasiones en nuestra trayectoria personal o general (la pérdida de un trabajo, una enfermedad en la familia, el covid) en las que cualquiera de nosotros se puede volver más susceptible a los efectos dañinos del estrés. Jenny, por ejemplo, estaba sufriendo el estrés general de su entorno y el estrés específico de su situación personal (tanto en el trabajo como en la familia). Este se vio agravado por su particular manera de ser y así comenzó su caída por el embudo de la convicción infundada.

Obviamente, la personalidad es algo mucho más complejo e interesante que la simple susceptibilidad al estrés, de modo que en este capítulo y el siguiente vamos a intentar desvelar algunas de las complejidades que entraña la personalidad.

Descifrar la personalidad

En los ejemplos que acabamos de citar, hay dos tipos de constructos de la personalidad: los rasgos y los estados. Solemos referirnos a *los rasgos de la personalidad* cuando describimos la forma de ser de alguien: Sally tiene una mayor empatía, Bill es un poco narcisista, Julio es un tacaño. En la particular mezcla de rasgos de la personalidad de Saul, mi reportero andante de Facebook, había cierto grado de narcisismo, la tendencia a ver patrones donde no los hay y la capacidad para establecer conexiones muy creativas. Estos rasgos son diferencias individuales que la gente como Saul lleva consigo dondequiera que vaya y son relativamente estables y constantes a lo largo del tiempo, por lo que se convierten en una lente a través de la cual cada persona experimenta todo en su vida.

Sin embargo, tampoco hace falta tener un título en Psicología para saber que la gente no siempre es coherente. Hay ocasiones en las que nos comportamos de un modo que no es propio de nosotros y contrasta con los rasgos que mostramos la mayor parte del tiempo. Aquí es donde el concepto de los *estados de la personalidad* se convierte en una forma mejor de describir a la gente. Los estados son alteraciones temporales en la personalidad que se producen en unas circunstancias concretas y nos cambian durante un periodo breve, pero de manera sustancial. Pensemos en la agresividad al volante. Tal vez la hayas vivido tú en algún momento. Ibas conduciendo tranquilamente por la calle con tus seres queridos cuando, de repente, viene alguien disparado y te adelanta a una velocidad de riesgo, cortándote el paso y poniéndoos en peligro a ti y a los tuyos. Apostaría a que, en ese momento, te convertiste en una persona ligeramente (o no tanto) distinta. Si el coche imprudente se hubiera detenido justo a tu lado en el siguiente semáforo, es probable que le hubieras dado al conductor tu modesta opinión sobre su persona y su familia en unas palabras no muy halagadoras. Los que hemos experimentado la agresividad al volante casi siempre nos sorprendemos ante la persona en la que nos convertimos en esos episodios, y nuestros familiares se sorprenden todavía más. ¿No me crees? Ve y pregúntale a algún familiar o amigo íntimo acerca de un episodio en el que te enfurecieses de ese modo.

Este tipo de cambio a corto plazo es un ejemplo de un estado de la personalidad, una situación en la que nos convertimos temporalmente en una persona distinta. Si de verdad no te identificas con el ejemplo de la agresividad al volante porque siempre mantienes la calma cuando conduces, piensa en alguna vez en que te hayas enamorado hasta las trancas. Seguro que, al sentir esa embriaguez, has hecho cosas que te parecían muy distintas a las propias de tu personalidad cotidiana. Tal vez tuvieras mayor disposición a las muestras de afecto en público, cuando por lo general sueles tener más reservas. O tal vez te diese por una exagerada generosidad y le hicieses regalos caros a tu persona amada, cuando tu yo habitual controla más los gastos. Unos cambios similares se pueden producir en una situación de emergencia repentina o en un desastre natural: no es raro que la gente tímida exhiba un valor inusual y que aquella que tiende a ser más pasiva o a seguir a los demás de pronto dé un paso al frente y adopte una actitud de liderazgo. En todos estos ejemplos al estilo del doctor Jekyll y Mr. Hyde vemos que los cambios en el entorno pueden causar en nosotros unos cambios temporales lo bastante fuertes para que parezca que no son algo propio de nosotros.

Los temas relacionados con la personalidad que hemos tocado en los capítulos anteriores pertenecían, sobre todo, a la categoría de los estados, pero en este vamos a tratar los rasgos de la personalidad, aunque no de forma exclusiva. Por aclararnos, estos dos constructos de la personalidad están estrechamente relacionados. Por ejemplo, si nos encontramos con que hay gente más sensible al estrés (como rasgo) y, por eso, es más proclive a descender por el embudo de la convicción infundada, esto indicaría que es probable que el estrés temporal (del tipo capaz de provocar un cambio en el estado de la personalidad) influya en esa caída. A la inversa, si descubrimos que el estrés temporal cambia el modo en que la gente desciende por el embudo de la convicción infundada, también es probable que la gente que tiene como rasgo propio la sensibilidad al estrés se vea más afectada.

Otra cuestión que merece la pena mencionar hace referencia al modo en que interpretamos la noción de personalidad. Cuando oímos que un individuo tiene tal o cual personalidad, es muy tentador pensar que eso significa que dicha personalidad causa su conducta general en muchas circunstancias diferentes. Alguien generoso lo será allá donde tenga la oportunidad de serlo. Alguien creativo expresará la creatividad en todas sus actividades. Quien sea un narcisista exhibirá su suficiencia allá donde vaya. ¡Pues no! La personalidad es como una pequeña corriente en un río. Sí, ayuda a empujar un objeto en cierta dirección, pero solo es una parte del todo. Es más, su fuerza es más bien pequeña en relación con la magnitud de la corriente del río y va a actuar de un modo distinto sobre cada objeto en función de su peso, forma, flotabilidad, etcétera. Por ejemplo, en una ocasión, hice un ensayo con personas que practicaban deportes extremos, el tipo de gente que se tira por una montaña en bicicleta, que escala paredes de roca de lo más precarias o que sale volando con esos trajes de salto que le dan el aspecto de una ardilla voladora; resumiendo, verdaderos temerarios. Era obvio que esa gente se arriesgaba muchísimo en sus actividades deportivas, por lo que podríamos entender que el hecho de asumir riesgos elevados se encontraba entre los rasgos de su personalidad. Ahora bien, ¿se arriesgaban tanto en general? ¿Su querencia al riesgo se extendía a otras actividades?, ¿a sus inversiones?, ¿a su vida laboral?, ¿a su vida personal? La respuesta era que no: en esas otras áreas no destacaban en absoluto en cuanto a los riesgos que corrían. Es decir, aunque eran personas arriesgadas, sin duda ninguna, no lo eran en todas las situaciones.

¿Qué significa esto en cuanto al papel que desempeña la personalidad en la convicción infundada? Pues bien, igual que ha sucedido con cada uno de los factores considerados hasta ahora, digamos que es complicado. El simple hecho de que alguien tenga un alto grado de narcisismo (y menciono mucho el narcisismo porque, como veremos enseguida, está fuertemente conectado con las convicciones infundadas) no significa que vaya a caer por el embudo. Tampoco es que una persona con un nivel bajo de narcisismo esté del todo a salvo de descender por esa pendiente. Al fin y a la postre, no hay un rasgo de la personalidad, ni siquiera un conjunto de rasgos, que se baste por sí solo para convertir a alguien en un convencido. El embudo está hecho de múltiples elementos, y la personalidad solo es una parte, por importante que sea.

Algunas dificultades a la hora de experimentar con los convencidos

Una observación más sobre el estudio de la personalidad y las convicciones infundadas. En condiciones normales, para hacer un estudio social con el objetivo de comprender el papel de la personalidad en ciertas conductas, se utilizarían escalas detalladas de personalidad en la investigación. Al escribir este libro, intenté llevar a cabo este tipo de investigación sobre la personalidad de los convencidos en cuestiones relativas al covid, pero ha resultado ser increíblemente difícil. Tal vez debería haber sido algo evidente para mí desde el principio, pero conseguir que la gente que desconfía de lo oficial participe en lo que sea, incluso en un estudio bien simple, es algo que, bueno, dista mucho de ser simple.

Comencé con algunas de esas personas a las que, con todo mi afecto, consideraba mis guías espirituales por este universo desconocido para mí, los convencidos que hablaron conmigo y me ayudaron a entender mejor su mundo. Les pregunté si estaban dispuestos a ayudarme con una investigación. Al principio, se mostraron escépticos, pero abiertos a conocer los detalles del estudio. Así, les envié un enlace de internet a un cuestionario que comenzaba mostrando una larga lista de teorías conspirativas (véase la página 211) para que valorasen en qué medida creían cada una. La idea de esto era medir la aceptación general en las teorías conspirativas. A continuación, se pedía a los participantes que respondieran al menos a una de varias escalas que medían muchas características diferentes de la personalidad: la soledad, la ansiedad, el escalafón social, la confianza, el optimismo, el maquiavelismo, el narcisismo, etcétera.

Tenía la esperanza de poder medir la intensidad de la creencia de cada participante en las teorías conspirativas y sus evaluaciones en algunas escalas de personalidad para determinar qué rasgos tenían un vínculo más fuerte con la convicción infundada y cuáles más débil. Por ejemplo, ¿estaría vinculado el optimismo con una creencia fuerte en las teorías conspirativas o con una débil? ¿Estaría relacionado siquiera? ¿Y la confianza? ¿El escalafón social? ¿La humildad intelectual? ¿El pensamiento crítico?

La lista de teorías conspirativas que incluí en mi escala general de convicción conspirativa

Si quieres rellenar esta escala tú también, anota tu grado de convicción junto a cada uno de los enunciados de esta lista en una escala de 0 (seguro que es falso) a 100 (seguro que es cierto). Al final, calcula la media de todas las puntuaciones y obtendrás tu nivel de convicción conspirativa.

- El covid fue creado como un arma biológica en un laboratorio chino o americano:____
- En realidad, fue Donald Trump quien ganó las elecciones de 2020:____
- La llegada del hombre a la Luna en 1969 fue una escenificación de la NASA filmada en un estudio:____
- La gente fallecía por otras causas, pero las contabilizaban como muertes por covid:____
- El covid es un virus falso:____
- El covid no es un virus tan grave como se nos hizo creer:____
- El Gobierno oculta pruebas de la existencia de vida extraterrestre:____
- Los funcionarios del Gobierno amenazan o asesinan a los testigos de la existencia de ovnis o vida alienígena:____

- Están ocultando los efectos secundarios de las vacunas del covid:____
- Los argumentos científicos alrededor del calentamiento global son un invento o se han manipulado por motivos ideológicos o económicos:____
- Un grupo de élites internacionales controla los Gobiernos, los medios de comunicación y la industria con el fin de crear una hegemonía global. Entre estas organizaciones, están el Banco Mundial, Naciones Unidas, la Unión Europea y el Sistema de la Reserva Federal estadounidense:____
- Los tiroteos en masa y otros sucesos trágicos a gran escala suelen ser escenificaciones y las víctimas y sus familiares en realidad son actores:____
- Los atentados del 11 de septiembre de 2001 fueron una demolición controlada del World Trade Center:____
- La muerte de varios personajes famosos son bulos en realidad; por ejemplo, la de Lady Di, Martin Luther King, Notorious B.I.G., Kurt Cobain, Mozart o John Lennon:____
- Las compañías de combustibles fósiles están impidiendo el avance del coche eléctrico. Además, las instituciones gubernamentales, ciertos grupos de interés o inventores fraudulentos impiden el desarrollo de la tecnología del movimiento perpetuo y la fusión fría:____
- Los chips de identificación por radiofrecuencia (RFID, por sus siglas en inglés), como los que pone la gente a sus mascotas, también se están implantando en humanos:____
- Los Illuminati fueron una sociedad secreta que se formó en los tiempos de la Ilustración y provocó la Revolución francesa:____

- Hay fechas y datos de sucesos históricos que se han manipulado de manera deliberada:____
- Por obra de una serie de decisiones gubernamentales secretas, las estelas de condensación de agua generadas por los aviones o bien son agentes químicos o biológicos, o bien contienen una mezcla tóxica de aluminio, estroncio y bario:____
- El mundo está controlado por un conciliábulo secreto de pedófilos de un culto satánico y Donald Trump lucha para frenarlo:____
- En los países donde la población blanca es históricamente mayoritaria se fomenta la inmigración, la integración, los bajos índices de fertilidad y el aborto para convertir a los blancos en minoría:____
- Los países ricos de la Organización para la Cooperación y el Desarrollo Económico (OCDE), que son un pequeño porcentaje de la población mundial, suponen la mayor parte del producto interior bruto (PIB) global y las personas más ricas son responsables de más de la mitad de las emisiones de carbono del mundo:____
- Naciones Unidas establecerá un nuevo orden mundial por medio de los objetivos de su Agenda 21 y su Agenda 2030 para el Desarrollo Sostenible:____

Cuando mis guías espirituales vieron la lista, contestaron alarmados a mi correo electrónico. ¿Qué pretendía estudiar yo? ¿Acaso quería reírme de ellos? ¿Cómo podían saber ellos que la investigación se iba a realizar como es debido? Richard era el más influyente entre todos los demás, así que fijé una cita para hablar con él primero.

—¿Te das cuenta de que quieres estudiar a una gente que no se fía de las instituciones oficiales, que no se fía de ti y que no se fía de casi nada en general? —me preguntó.

—Me doy perfecta cuenta —respondí—, y por eso me he puesto en contacto contigo. Tengo la esperanza de que, si eres tú quien les pide que participen, confiarán en ti.

—Pero ¿qué pretendes estudiar? —exigió saber, pasando al tema siguiente.

—Intento entender la estructura de la personalidad en general y la relación que tiene con las personas que manifiestan un nivel bajo de confianza en el Gobierno y en la sociedad. Quiero ver qué rasgos de la personalidad están más marcados y cuáles menos entre ellas —intenté explicarle (lo cierto es que sí quería estudiar los vínculos entre los rasgos de la personalidad y la creencia en las teorías conspirativas, pero también intentaba formularle el estudio de la manera más positiva posible).

—A mí me parece que lo que quieres es reírte de nosotros —protestó Richard con suspicacia.

—En absoluto. Solo quiero saber qué rasgos de la personalidad son más pronunciados y cuáles menos entre los individuos con un nivel bajo de confianza. Aquí no hay juicio de ninguna clase y estos rasgos de la personalidad no son necesariamente malos, solo son características de la forma de ser. Te prometo que no hago esto para juzgar a nadie, tan solo para medir variables. ¿No sientes tú curiosidad por qué es lo que hace que este grupo sea distinto del resto de la gente? ¿En serio no quieres saberlo? Aquí tienes la oportunidad de investigarlo.

Ahí estaba, la palabra mágica: *investigar*. Esa era mi arma secreta para motivar a Richard, y me sentí muy complacido conmigo mismo. Después de hablar tanto sobre hacer una investigación, estaba seguro de que Richard no iba a rechazar la oportunidad de llevar a cabo una de verdad con un investigador de verdad.

—Pero ¿cómo me voy a fiar de los resultados? —me preguntó.

—¿Por qué no te unes tú a la investigación y la hacemos juntos? Si terminamos publicándola, figurarías como uno de los autores del artículo. Y, para que estés seguro de los resultados, te daré acceso a una base de datos por internet: así los puedes verificar todos. ¿Qué me dices?

En ese momento, Richard cambió de planteamiento. Si me ayudaba con la investigación, según me dijo, empañaría su reputación dentro del grupo, y no estaba dispuesto a correr el riesgo. Era un argumento que ya había utilizado antes, más o menos cuando llevábamos un año de trato el uno con el otro, cuando le pregunté si me ayudaría a limpiar mi nombre dentro de su grupo, ya que me había reconocido que él ya no pensaba que yo formara parte del conciliábulo. En aquel momento, me respondió con tono de disculpa y me dijo que no podía arriesgar su estatus dentro de la comunidad y que defenderme supondría un coste social demasiado alto para él. Y, en esos momentos, estaba utilizando el mismo argumento para negarse a ayudarme con la investigación, pero esta vez sin tono de disculpa.

Mis conversaciones con otros convencidos a los que conocía no dieron mejores resultados, así que tuve que cambiar de método. Seguía teniendo muchas ganas de entender la relación entre las diferentes escalas de la personalidad y la creencia general en las teorías conspirativas, así que, armado de una esperanza poco realista y una buena dosis de confianza, me embarqué en el proyecto con Nina Bartmann y Shaye-Ann McDonald, de mi laboratorio en la Universidad de Duke, el Centro para la Retrospectiva Avanzada (tal y como se hará evidente enseguida, el hecho de conocer bien —como en mi caso— el razonamiento guiado y el exceso de confianza no es ningún antídoto para estos sesgos). Comenzamos con la web de David Icke. A modo de recordatorio, David Icke (quien, curiosamente, cumple años el mismo día que yo) era un deportista profesional y locutor de deportes que, en algún momento, comenzó a creer en que hay una raza interdimensional de reptilianos, los arcontes, que controlan la Tierra. Según Icke, los arcontes crearon una raza de reptilianos híbridos de arconte y humano, genéticamente modificados, capaces de cambiar de forma. Afirma que estos híbridos ocupan puestos de poder en numerosas profesiones con el fin de dominar el mundo y crear un nuevo orden mundial. La buena noticia sobre la web de Icke es que es posible pagar por espacios publicitarios que va a ver todo aquel que la visite, y eso fue lo que hicimos. Después de gastarnos miles de dólares en anuncios, conseguimos seis (sí, seis, no es un error tipográfico) participantes para nuestra encuesta. Tuvimos una experiencia similar en Reddit, esta vez con ocho participantes, y en Truth Social, la red social de Donald Trump, que nos aportó siete. Estaba claro que mi confianza había salido desorientada y cara.

Por supuesto, estas dificultades a la hora de realizar investigaciones con convencidos no las sufro solo yo. Prácticamente, todos los estudios sobre los conspiranoicos y los convencidos se topan con este problema y, en consecuencia, gran parte de ellos se centran en personas con convicciones infundadas leves a moderadas, y no en los más extremistas. ¿Qué problema supone esto? Vamos a ver la siguiente ilustración (la figura 7, en la página 217). En el eje horizontal, tenemos la intensidad de la convicción conspirativa en una escala de 0 a 100. En el eje vertical, tenemos cierto rasgo de la personalidad, digamos la tendencia a confiar en nuestras intuiciones, también de 0 a 100.

Para realizar este estudio como es debido, sería ideal contar con personas que puntuaran a lo largo de todo el eje horizontal: gente con un nivel muy bajo de convicciones conspirativas, otra que quedase en la zona media y otra con una puntuación muy alta para sus convicciones conspirativas. Si contáramos con ese rango, obtendríamos una distribución de puntos como la del gráfico A, que revela una relación muy clara y fuerte entre la tendencia a creer en nuestras propias intuiciones y la intensidad de las convicciones conspirativas.

Ahora bien, ¿y si los investigadores se encontraran con las mismas dificultades que yo al tantear a los convencidos? ¿Y si, al final, los participantes en el estudio fuesen únicamente los que tienen unas convicciones conspirativas medias y bajas porque no quiere participar ninguno de los extremistas? En tal caso, veríamos solo una parte de los datos (la zona sombreada del gráfico B), tendríamos un rango truncado en el eje horizontal y, por tanto, un rango truncado también en el eje vertical, lo cual nos impediría entender por completo la relación entre la creencia en nuestras propias intuiciones y las convicciones conspirativas.

FIGURA 7. El problema de una muestra sesgada

Una ilustración de las dificultades que se presentan al estudiar la relación entre dos variables cuando la gente que tiene las opiniones más extremas no participa en el estudio. El gráfico A representa la gama completa de convicciones conspirativas y la correlación resultante. El rectángulo ensombrecido del gráfico B representa el aspecto que tendrían los resultados si se basaran únicamente en los participantes que solo tienen unas convicciones conspirativas medias y bajas. Esto es lo que se obtiene cuando los extremos no participan.

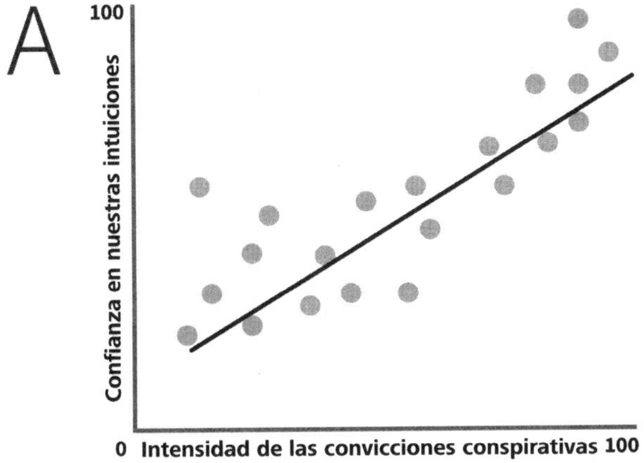

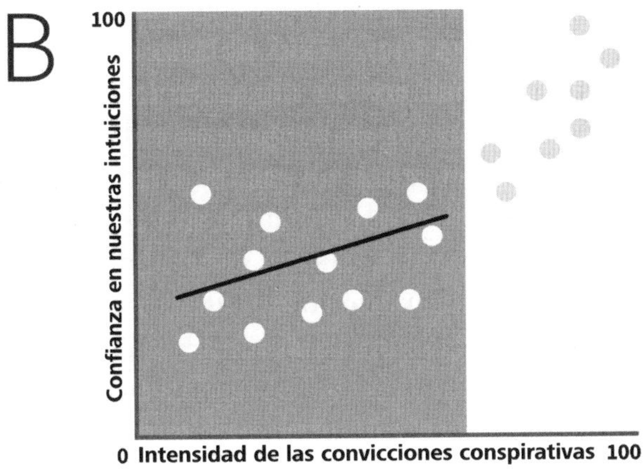

A pesar de estas dificultades, comprender la personalidad es, sin duda, clave para entender la convicción infundada. De esta manera, vamos a tener en cuenta la dificultad de este tipo de investigaciones y a considerar que, en el embudo de la convicción infundada, la personalidad es una de las fuerzas más importantes, así como a tratar de entender por todos los medios cuál es su papel en el proceso.

Mi convicción infundada preferida

Dadas las dificultades que acabamos de describir, vamos a tomar un desvío para explorar el papel que desempeña la personalidad en el embudo de la convicción infundada. Este camino también me ofrece la oportunidad de contarte mi convicción infundada preferida, que te voy a presentar pidiéndote que te imagines el siguiente supuesto.

Estás en plena noche. De pronto, te despiertas y te alarmas al ver que no te puedes mover. Tienes las extremidades paralizadas y empiezas a sentir una presión tan fuerte en el pecho que te cuesta respirar. Quieres gritar, pero no se te abre la boca, ni tampoco puedes hacer ningún ruido. A pesar de esta parálisis, continúas teniendo sensibilidad: percibes un cosquilleo por todo el cuerpo, como si lo tuvieras conectado a una corriente eléctrica. Es una sensación tan potente que casi te parece capaz de elevarte de la cama. A tu alrededor, donde cabría esperar que vieses las familiares siluetas del mobiliario de tu dormitorio, hay unas luces intermitentes. ¿Estoy soñando?, te preguntas, pero tu corazón desbocado te hace comprender que no es así y tus ojos desorbitados van de un lado a otro intentando entender dónde estás. Por mucho que lo intentes, no puedes escapar de esta aterradora experiencia. Se oye un fuerte zumbido en la estancia. Sin embargo, lo más aterrador de todo es que ves unas extrañas figuras contrahechas alrededor de tu cama. Están muy concentradas en tu cuerpo y no puedes hacer nada para impedir que te exploren con un instrumental desconocido. Justo cuando te parece que ya no vas a poder soportar más esas sensaciones y el pánico, las figuras se desvanecen, las luces se esfuman y percibes el peso de tu cuerpo, que vuelve a descansar sobre el mullido colchón. También recuperas la capacidad para mover las manos y los pies, así que te levantas de un salto para encender la luz y todo está justo como debería.

Si te pasara a ti algo como esto, ¿qué creerías? Tal vez pensaras que tenía que haber sido un sueño, aunque quizá llegases a una conclusión distinta: que te habían abducido unos alienígenas. Sí, tú ríete, pero resulta que hay un sorprendente número de personas que cree justo eso. Lo que resulta más extraño de esta convicción infundada es que todas las personas que creen que las abdujeron unos extraterrestres cuentan una historia muy similar, en la línea de la que he contado yo. Entre los detalles que no varían, está la incapacidad para moverse, la sensación de un cosquilleo eléctrico por todo el cuerpo y de estar levitando, sonidos fuertes, como un zumbido, luces intermitentes y, lo más asombroso, las figuras de unos alienígenas alrededor de la cama examinando su cuerpo. Muchas veces, quienes han pasado por esto creen que los han teletransportado a una nave extraterrestre para someterlos a unos experimentos médicos invasivos y, luego, los han llevado de vuelta a su casa.

A primera vista, es muy tentador desdeñar a esa gente y llamarla loca, pero son muchas personas las que describen unas experiencias muy similares y, al someterlas a una evaluación psiquiátrica, suelen dar unos valores de cordura bastante normales. Por último y, quizá, más importante, llamarlas locas no nos va a servir de absolutamente nada para entender qué es lo que está pasando. Si lo hacemos, perdemos la oportunidad de aprender algo de ellas. En muchos casos, estudiar las experiencias extremas supone una oportunidad de arrojar luz sobre otras experiencias cotidianas. Por ejemplo, cuando estudiamos a los corredores de maratón y a los montañeros profesionales, sus motivaciones nos enseñan mucho sobre las motivaciones del resto de los mortales que no tienen una proximidad tan cercana con el dolor y la congelación. Yo también lo he experimentado. Las situaciones extremas en las que me vi envuelto cuando estaba hospitalizado tras mi accidente me han servido de lupa con la que observar ciertas cosas, como el dolor, la indefensión aprendida y el miedo, de un modo aplicable a la vida cotidiana.

Volvamos con los abducidos por extraterrestres. ¿Podemos aprender de su experiencia algo aplicable a la convicción infundada en general y a la relación entre la convicción infundada y la personalidad en particular? La respuesta es que sí.

Un grupo de investigadores liderado por Susan Clancy examinó la experiencia que suelen contar los abducidos (cuando nos reunimos, Susan me dijo que estos preferían que los demás se refiriesen a ellos como «abducidos» por alienígenas, no como «personas que creen haber sido abducidas» por alienígenas). Los investigadores se percataron de que lo que describían (cosquilleo eléctrico, sensación de levitar, un zumbido fuerte, luces intermitentes, estar rodeados de figuras extraterrestres) se parecía mucho a lo que sucede en la conocida situación fisiológica denominada «parálisis del sueño».

¿Qué es la parálisis del sueño? Durante los periodos del sueño en los que estamos soñando (conocidos como la fase REM, por sus siglas en inglés, o de movimiento rápido de los ojos), nuestro cerebro se encuentra activo y envía órdenes al cuerpo para que haga distintas cosas: «Camina hacia delante», «Agáchate a coger una flor», «Desenvaina la espada», «Salta por encima del coche», «Pégale un puñetazo al malo», «¡Vuela!». ¿Y cómo es que no solemos llevar a cabo las órdenes que nos da el cerebro durante la fase REM? ¿Cómo es que no cruzamos corriendo la habitación para tirarnos por la ventana? Porque, por fortuna, el organismo humano se ha adaptado para evitar estas situaciones tan peligrosas. Durante la fase REM, el cerebro se desconecta del cuerpo, básicamente, lo cual significa que el cuerpo no responde a las señales del cerebro.

En ocasiones, sin embargo, las cosas no funcionan como deberían y el cerebro se despierta de la fase REM mientras sigue activo el mecanismo que paraliza el cuerpo. En estos casos, durante un brevísimo lapso, la persona, hasta cierto punto, se encuentra despierta, pero no se puede mover. Es entonces cuando experimenta el cosquilleo eléctrico, la sensación de estar levitando, el fuerte zumbido, las luces intermitentes y las alucinaciones. Curiosamente, en periodos anteriores de la historia y en otras culturas, las alucinaciones durante esta experiencia adoptaban formas distintas. La gente hablaba de demonios, brujas o fantasmas que se les sentaban sobre el pecho y no les dejaban moverse. Está claro que las imágenes a las que hace referencia cada uno están relacionadas con una época y cultura, lo cual se refleja en su interpretación de la experiencia.

Llegados aquí, cabría esperar que los investigadores cantaran victoria. Al final, resulta que la parálisis del sueño y lo que cuenta la gente abducida por alienígenas es increíblemente similar, de manera que quizá quienes sufren parálisis del sueño la malinterpreten como una abducción alienígena: caso cerrado. No tan rápido. ¿Por qué? Porque, según la Sleep Foundation, no menos del 8 por ciento de la población experimenta la parálisis del sueño en algún momento (y, por cierto, el estrés aumenta las probabilidades de sufrirla), pero la gran mayoría de estas personas nunca afirman que las hayan abducido alienígenas. ¿Cómo es posible? ¿Qué es lo que diferencia a quienes interpretan su experiencia como una abducción alienígena de quienes se levantan de la cama y siguen con su vida con las mismas convicciones que tenían acerca del mundo antes de acostarse? Al tratar de responder a esta pregunta es cuando la cosa se pone interesante, para lo que hemos de regresar a la relación entre la personalidad y la convicción infundada.

Susan y su grupo de investigadores examinaron varias diferencias fundamentales en la personalidad que podrían influir de alguna manera en la convicción de que a uno lo han abducido extraterrestres. Comenzaron con dos anuncios: uno que pedía gente que se apuntara a hacer un test de memoria (el grupo de control) y otro que pedía gente que hubiera tenido algún contacto con alienígenas o la hubieran abducido y quisiera participar en un estudio sobre la memoria. Eso generaba dos grupos: el de control y el de los abducidos (el artículo original diferencia entre distintos tipos de abducción, pero no tiene relevancia para nuestros fines).

Una vez establecidas las dos condiciones, estaban preparados para estudiar algunas de las diferencias personales. Primero, examinaron ciertos aspectos de los fallos de memoria. Por supuesto, todo ser humano pasa por algún problema de memoria de vez en cuando, pero hay más tendencia en unos individuos que en otros. Dicho de otro modo, se puede considerar que algunos de los aspectos de los fallos de memoria son rasgos de la personalidad. Los investigadores querían saber si estos rasgos relacionados con la memoria eran más pronunciados en las personas que afirmaban haber sido abducidas por alienígenas.

Imagínate que participas en este experimento (no sé si crees que te han abducido alienígenas o no, así que, por ahora, vamos a decir solo que participas). Cuando entras en el laboratorio, recibes una serie de instrucciones. En tu primera tarea, vas a oír veinte listas de palabras relacionadas por temas, cada una de las cuales contiene entre tres y quince palabras que vas a oír reproducidas por un altavoz con un intervalo de tres segundos entre cada una. Te piden que prestes mucha atención porque tienes que recordar las palabras. Después de reproducir cada lista, te piden que resuelvas cuatro problemas de matemáticas muy sencillos: por ejemplo, ¿cuánto son 16 + 52? Cuando terminas esta tarea, te dan noventa segundos para escribir en un cuaderno todas las palabras que recuerdes de la lista. Después, reproducen la siguiente lista; luego, el conjunto de cuatro problemas simples de matemáticas; a continuación, te piden que escribas las palabras que recuerdas de esa lista, y así con las veinte listas.

Por ejemplo, esta sería una de las listas: agrio, caramelo, azúcar, amargo, bueno, sabor, diente, rico, miel, refresco, chocolate, corazón, tarta, tartaleta, pastel.

Una vez acabadas las veinte listas, te han presentado ciento ochenta palabras en total. Tal vez pienses que la principal medida de interés es el número de palabras que recuerdas correctamente, y esto, sin duda, es interesante como medida de tu capacidad de memoria, pero la investigación no va sobre recordar cosas, sino sobre recordarlas mal. La cuestión eran las trampas de nuestra memoria y la posibilidad de que haga más trampas a unos que a otros. La medida específica era el número de palabras que los participantes recordaban mal, palabras que no figuraban en la lista, pero que aun así los participantes aseguraban haber oído. Por ejemplo, si has escrito la palabra *sirope* o *galleta* después de haber oído la lista anterior, esas dos palabras las has recordado mal, ya que no estaban en la listas. Oficialmente, esta medida se conoce como «falso recuerdo».

El falso recuerdo no era el único fallo de la memoria en el que los investigadores tenían puestas sus miras, sino que también les interesaba el *falso reconocimiento.* Así sería el test que te harían: después de pasar por el proceso que hemos descrito antes con las veinte listas, te darían una lista maestra con un total de ochenta palabras. Cuarenta de ellas las has visto antes, pero las otras cuarenta no figuraban en ninguna de las listas. Mientras te fijas en esas palabras de una en una, te piden que indiques cuáles estaban en las listas y cuáles son nuevas. Al finalizar el ejercicio, los investigadores tenían otra medida de los defectos de la memoria: el falso reconocimiento, representado por el número de palabras que no habías visto antes, pero que, cuando te las han puesto delante, has pensado que sí.

En resumen, hay dos medidas distintas aunque relacionadas de los fallos de la memoria y ambas cuantifican la frecuencia con la que nuestra mente confunde las palabras que le han expuesto y aquellas que no. La primera medida, el falso recuerdo, solo se basa en una búsqueda defectuosa de la memoria, mientras que la segunda, el falso reconocimiento, se basa en la reacción a unas palabras escritas en un papel (no es necesario hacer ninguna búsqueda).

¿Y cuáles fueron los resultados? Las puntuaciones de ambas, tanto el falso recuerdo como el falso reconocimiento, eran mucho más elevadas en los miembros del grupo de los abducidos. El falso recuerdo era más o menos el doble de alto y el falso reconocimiento, un 50 por ciento más alto. Juntos, estos resultados mostraban que los participantes del grupo de los abducidos decían recordar más fragmentos que no formaban parte de la experiencia original, pero, aun así, se habían introducido en su memoria. Dicho de otro modo, les costaba más separar las cosas que habían vivido de las que no. Esta pieza concreta del rompecabezas podría explicar por qué alguien que se despierta en un estado de parálisis del sueño y, además de esa sensación tan extraña, ve todo tipo de imágenes de los instantes en que estaba soñando puede llegar a crear una imagen de su experiencia que incluya elementos falsos y tener la impresión de que son parte de su recuerdo real y de su experiencia real.

Este parece un buen momento para cerrar la investigación sobre el rapto alienígena y celebrar la resolución del misterio, pero los investigadores no se detuvieron en la memoria, sino que continuaron explorando otros elementos de la personalidad y, por ese motivo, su estudio nos resulta útil para explorar el fenómeno más amplio de la convicción infundada. Eso sí, antes de entrar en ello, ahondemos un poco más en el tema del falso recuerdo.

Los peligros reales del falso recuerdo

¿Qué papel desempeñan en la vida cotidiana unos recuerdos confusos como los que acabamos de describir? ¿Y qué papel tienen los recuerdos falsos a la hora de llevar a la gente hacia el embudo de la convicción infundada? Me alegro de que me lo preguntes. Déjame que te cuente una historia sobre una conversación con una mujer que se llamaba Jaime.

Jaime era la líder de un grupo muy influyente de convencidos que se suponía que estaba recopilando los testimonios de personas que afirmaban haber padecido efectos secundarios de las vacunas del covid. Me reveló que ya contaba con 5.500 testimonios de unos efectos secundarios terribles que iban desde problemas musculares hasta enfermedades crónicas o la muerte, todos ellos asociados a la vacuna del covid. No solo recogía aquellos testimonios, sino que les daba voz y los difundía allá donde podía. En mi opinión, estaba empujando a la gente a creer que los efectos secundarios eran mucho más graves y habituales de lo que eran en realidad. También pensaba que, con toda probabilidad, su relato incluía todo tipo de efectos secundarios de la vida en general y de estar viviendo una pandemia (el aumento de la ingesta de alimentos por ansiedad, más soledad, un mayor estrés, más inactividad, etcétera) que, en realidad, no estaban provocados por la vacuna. Sin embargo, yo no pretendía hablar con Jaime para cuestionar sus actividades ni para señalarle el daño que estaba causando, sino más bien para tratar de entender cómo había llegado a dedicarse a hacer eso. ¿Qué proceso la había conducido a convencerse de manera tan infundada hasta el punto de dedicar gran parte de su tiempo a documentar los efectos secundarios y distribuir su información? Antes del covid, Jaime trabajaba en una compañía tecnológica analizando las tendencias de los mercados. Se mire por donde se mire, pertenecía a la clase dominante; sin embargo, apenas dos años después, era una de las más extremas difusoras de noticias falsas sobre la vacuna del covid y sus efectos secundarios.

—¿Cómo has llegado hasta aquí? ¿Cuáles fueron los primeros pasos que diste? —le pregunté.

También le pedí que intentara recordar cuáles fueron las primeras *señales de alarma* que habían despertado en ella la preocupación por que las cosas del mundo no fueran lo que parecen. Me contó que, al comienzo de la pandemia, como todo el mundo, esperaba a que aprobasen la vacuna que nos salvase a todos. Se imaginaba que tardaría años, así que se emocionó mucho al ver que el proceso se aceleraba tanto. En cuanto se aprobó la vacuna, se metió en la web de la FDA para leer sobre ella, pero lo que leyó la dejó preocupada. Reparó en ciertas deficiencias en el modo que la FDA había realizado el ensayo clínico de la vacuna. Sobre todo, le preocupaba un grupo de control al que se había dejado a un lado sin informar sobre ellos (una afirmación sobre la que yo no fui capaz de dar con ninguna prueba). En ese momento, según me dijo, resolvió que aquella vacuna no era la que ella esperaba.

Entonces, sondeé un poco sus recuerdos:

—¿Cuándo leíste, exactamente, toda esta información en la web de la FDA? ¿Habías leído alguna vez algo sobre la FDA?

—Lo leí el día en que la FDA anunció que se había aprobado la vacuna —respondió con seguridad—. Estaba todo allí, en su documentación.

Le solicité los enlaces, por supuesto, pero nunca llegó a enviármelos.

—¿Y qué pasó luego? —le pregunté.

—Unos días después, escuché una conferencia de una doctora muy famosa, una experta en estos temas que sabe mucho de vacunas y sus efectos secundarios. En su charla, esa doctora desmenuzó la metodología de Pfizer y describió todos los motivos por los que el ensayo clínico era deficiente, además de asegurar que estaba ideado para obtener los resultados que se querían sin haber ensayado la vacuna realmente.

—¿Y esta doctora mencionó también el grupo de control al que habían quitado de en medio? —le pregunté.

—Sí, y dijo que no había un verdadero grupo de control y que el único que se había formado de la manera correcta se había dejado fuera del análisis.

Entonces, insistí en sus recuerdos:

—¿De verdad leíste lo del grupo de control en los documentos de la FDA o fue esa doctora la que te contó todo eso de los defectos y el grupo de control desaparecido?

Jaime parecía confusa.

—No me acuerdo. A lo mejor, fueron las dos cosas.

Este es el tipo de confusión memorística que hemos visto antes: algo que no ha sucedido (leer algo sobre un grupo de control apartado en la documentación de la FDA en referencia a la aprobación de la vacuna de Pfizer) se confunde con algo que sí pasó (oír a alguien hablar sobre fallos en la investigación). Yo imagino que Jaime nunca leyó ninguno de los documentos originales en la web de la Administración de Alimentos y Medicamentos, aunque sus recuerdos de haberlo hecho y haber reparado en los problemas fuesen tan vívidos como si se hubiera leído los informes de pe a pa. Al oír las afirmaciones de aquella doctora, creó un falso recuerdo, del mismo tipo que los que hemos visto en los abducidos por alienígenas.

Lo que hace de esto un problema serio es que la tendencia a recordar mal y a confiar en nuestra memoria de manera incuestionable no se limita a unas listas de palabras. Como hemos visto con los abducidos, se puede extender a sucesos que causan un daño muy serio en la vida o la reputación de una persona. Como resulta obvio en el caso de Jaime, se puede extender a unos datos importantes sobre la eficacia y los efectos secundarios de una vacuna, y, dado que Jaime se convirtió en una de las figuras más respetadas dentro de la comunidad de convencidos, en un núcleo de recolección de información y difusión para mucha gente, los efectos de sus fallos de memoria fueron sustancialmente mayores y tuvieron unas consecuencias devastadoras para ella y para la gente que la escuchaba.

OJALÁ SEA ÚTIL...

Evaluar el riesgo en tus amigos

Dado que es difícil cambiar la forma de ser, es importante ser consciente de la personalidad de los que nos rodean y prestar una especial atención a quienes son más susceptibles de caer por el embudo de la convicción infundada (en el siguiente capítulo, veremos más ejemplos sobre los rasgos que hacen que la gente sea más susceptible). Aquí, la recomendación no es evitar trabar amistad con la gente que muestre estos rasgos; al fin y al cabo, las características de la personalidad que vuelven más susceptible a la gente pueden ser muy positivas. Algunas son en gran parte negativas, como el narcisismo o la tendencia a los fallos en el recuerdo, pero hay otras que resultan útiles y son incluso deseables, como las maneras creativas de pensar y establecer conexiones, o incluso la tendencia a la suspicacia. Estos rasgos comienzan a actuar de un modo más negativo únicamente cuando hay otros factores, como el estrés, que llevan a la persona hacia el embudo de la convicción infundada.

De tal manera, si te das cuenta de que un ser querido parece tener unas características de la personalidad que suponen un riesgo elevado de caer por el embudo, préstale más atención e intenta esforzarte al máximo para prevenir que caiga por el embudo. Cuanto antes intervengas, mejor.

La personalidad de los abducidos en mayor detalle

Hemos establecido que la gente con una personalidad más propensa a confundir los recuerdos puede ser más susceptible a la convicción infundada, pero ¿qué hay de los demás rasgos? Los investigadores que estudiaban a los abducidos pidieron a los participantes que rellenaran otras muchas escalas de personalidad. El objetivo era averiguar qué tipos de personalidad son más habituales entre las personas que creen haber sido abducidas por alienígenas. En este ejercicio, destacaron tres rasgos fundamentales de la personalidad: la *ideación mágica*, la *disposición a la sugestión* y la *percepción aberrante*. En general, estos rasgos de la personalidad miden hasta qué punto cree la gente en formas de causalidad no convencionales, la facilidad con la que se abstrae en sus fantasías y su imaginería mental, si es más o menos fácil hipnotizarla y si cree que ciertas personas tienen poderes especiales.

He aquí algunos ejemplos de las herramientas para evaluar estos tipos de personalidad. También puedes probarlas tú. En cada una de las preguntas, puntúate en una escala de 0 (no me describe en absoluto) a 100 (me describe muy bien). Cuanto más elevada sea la media de tus respuestas, mayor será tu nivel en estos rasgos de la personalidad.

- Hay personas que reclaman mi atención con solo pensar en mí:____
- A veces, me ha dado miedo pisar las grietas de la acera:____
- El horóscopo acierta demasiadas veces como para que sea una coincidencia:____
- Hay ocasiones en que parece que las cosas se han cambiado de sitio cuando llego a casa, incluso cuando no ha estado nadie más allí:____
- Los números como el 13 y el 7 tienen un poder especial:____

- He tenido la sensación de que había algún mensaje para mí en el modo en que estaban colocadas las cosas; por ejemplo, en el escaparate de una tienda:____
- Los amuletos de la buena suerte funcionan:____
- Se puede hacer daño a alguien con solo pensar algo malo sobre esa persona:____
- A veces, he sentido una presencia maligna a mi alrededor, aunque nunca la he visto:____
- En ocasiones, me da la sensación de perder fuerzas o de recibirlas cuando me miran o tocan ciertas personas:____
- A veces, hago pequeños rituales para ahuyentar las influencias negativas:____
- A veces, he tenido la impresión de ser capaz de provocar algo si me concentro mucho en que suceda:____
- Mi puntuación media de todas estas preguntas es: ____

¿Qué nos dice, entonces, toda esta investigación? En conjunto, revela un mecanismo interesante que comienza con un ancla en la realidad (la experiencia real de la parálisis del sueño) y, a partir de ahí, se desarrolla con la ayuda del estrés que sienten ciertas personas al vivir esta parálisis en combinación con algunos rasgos de la personalidad que toman esta experiencia tan compleja y la convierten en el recuerdo de una abducción alienígena.

Los hallazgos de los estudios con abducidos por extraterrestres son de una importancia increíble porque nos proporcionan un mecanismo claro para un fenómeno que antes parecía un absoluto sinsentido. ¿Sirvió este estudio para convencer a todos esos abducidos de que los hombrecillos verdes nunca pisaron sus dormitorios? No. La gente se aferra a sus convicciones infundadas, por lo que hace falta algo más que una explicación racional respaldada por un estudio para desengañarla.

Ahora bien, para quienes tenemos interés en comprender el fenómeno de la convicción infundada, este estudio es muy esclarecedor. Y aquí no acaba la historia. A lo largo de los siguientes años, numerosos investigadores han examinado todo tipo de rasgos de la personalidad relacionados con diversas creencias y convicciones infundadas. Este será el tema de nuestro siguiente capítulo.

8

Un intento de clasificar el papel que ejerce la personalidad en el embudo de la convicción infundada

> Los seres humanos son animales buscadores de patrones que prefieren incluso una mala teoría o una teoría conspirativa antes que no tener ninguna teoría en absoluto.
>
> CHRISTOPHER HITCHENS

¿Te has tumbado alguna vez en un campo una tarde de verano a mirar sin más las nubes que flotan en el cielo? Yo diría que, después de pasar así unos minutos, comenzarías a buscar una causa que describiese lo que está pasando en lo alto. «Mira qué nubecita tan alegre y tan mona, pero ¿por qué la persigue esa otra tan grande? ¡Corre, corre! ¿Por qué no la ayudan las demás nubes?, ¿es que les da igual? Quizá esa otra nube que va hacia ella sea su amiga y acude en su ayuda. Qué más da, la nubecita es tan lista que ha conseguido escapar.»

Si alguna vez te has montado historias como esta, no te preocupes: hay más gente que lo hace. Lo que has vivido es la tendencia tan común del ser humano a buscar patrones donde no los hay, una característica que Michael Shermer, escritor y editor de la revista *Skeptic*, llama «patronicidad».* Igual que en el caso de los errores al recordar que hemos visto en el capítulo

* Muchos autores utilizan el término acuñado por Shermer como sinónimo de *apofenia. (N. del T.)*

anterior, la patronicidad es una característica general de la naturaleza humana y también una diferencia en la personalidad en el sentido de que ciertas personas muestran una propensión mucho mayor a ver patrones que otras, en especial cuando están sometidas a estrés. Antes de echar un vistazo a la patronicidad como un rasgo de la personalidad, vamos a familiarizarnos con ella como característica humana general.

Quizá no suelas tumbarte en la hierba a contemplar las nubes y no te identifiques con mi ejemplo. Si es así, imagínate el siguiente estudio que realicé con unos alumnos de un máster en Administración de Empresas (MBA, por sus siglas en inglés). Invitamos a los alumnos al laboratorio para que participaran en un juego de simulación del mercado de valores. Les pedimos que se imaginaran que la bolsa acababa de cerrar y, después, les mostramos el comportamiento de un valor a lo largo del día; el precio de la acción subía en unos casos y bajaba en otros. Después, les enseñábamos la opinión de un analista bursátil muy seguro de sí mismo, al estilo de Jim Cramer. Ahora viene la parte importante del estudio: a la mitad de los participantes, el analista les dio el motivo «X» para el comportamiento del precio de la acción, mientras que a la otra mitad le dio el motivo «no X», que era lo contrario de «X». Por ejemplo: «IBM ha subido porque acaba de recomprar parte de sus propias acciones y el mercado ha reaccionado de manera positiva ante la noticia». El analista dio a los otros participantes la razón contraria para el mismo comportamiento; por ejemplo: «IBM ha subido porque acaba de vender parte de sus propias acciones y el mercado ha reaccionado de manera positiva ante la noticia».

El proceso se repitió con muchos participantes, utilizando muchos valores y muchos análisis *a posteriori* del comportamiento de los precios de esos valores. Entonces, los participantes del máster puntuaban cuánto sentido tenían los motivos para ellos, ¿y sabes qué? Se mostraron igual de impresionados con la lógica de un motivo que de su contrario. Por supuesto, es fácil reírse de los expertos bursátiles que te cuentan las cosas con una confianza inquebrantable justo después de que se cierre el mercado, pero esa no es la cuestión. La cuestión es que nuestra mente no deja nunca de buscar relatos, y esto nos pasa a todos, también a los expertos. En el momento en el que uno de estos relatos comienza a elaborarse (IBM recompró parte de sus propias acciones), no pensamos de forma crítica y nos ponemos a buscar otros elementos que encajen con él (más pruebas de que nuestra nubecita es muy mona y de que la grande es la mala). Sentimos el impulso de buscar historias por donde vamos. Hay que dejar claro que el hecho de que nuestra mente funcione de este modo tiene unos beneficios muy importantes. Estamos programados para encontrar conexiones y es así, en gran medida, como aprendemos sobre el mundo que nos rodea: al ver un patrón, sospechamos que existe una relación causal y, a veces, descubrimos cosas nuevas.

Así es como la ciencia y la tecnología nos hacen avanzar. Alguien se percata de un vínculo entre la levadura y una placa de petri olvidada durante un tiempo, y poco después tenemos antibióticos. Alguien se da cuenta de que el funcionamiento de la mecloretamina, un agente químico utilizado como arma, consiste en adherirse al ADN, generar un ligamiento cruzado de dos hebras de ADN e impedir la duplicación de la célula, y ahora tenemos un medicamento de quimioterapia para combatir el cáncer de pulmón, la enfermedad de Hodgkin y el linfoma no hodgkiniano. Los investigadores crean el citrato de sildenafilo porque piensan que servirá para tratar la hipertensión y la angina de pecho, un dolor asociado con la enfermedad coronaria, pero, al fijarse en los efectos secundarios, resulta que tenemos la Viagra. Y, cuando los viticultores de cierta región francesa intentan producir un vino de igual calidad que el de Burdeos, pero no lo consiguen porque las temperaturas más bajas detienen la fermentación de manera prematura, se dan cuenta de que está sucediendo algo muy interesante y producen un tipo nuevo de vino al que dan el nombre de su región: Champagne.

Lo que también debería resultar obvio a partir de los experimentos con el mercado de valores es que esta capacidad para ver patrones y establecer conexiones tiene un precio sustancial: a veces, encontramos conexiones que no existen y, a veces, estamos tan seguros de que las hay que no dejamos de insistir en los vínculos a pesar de todas las pruebas disponibles que dicen lo contrario.

Ahora que hemos constatado la propensión humana a ver patrones, ¿qué hay de las diferencias individuales? ¿Qué es lo que hace que haya unas personas con más probabilidades de ver patrones que otras, en especial cuando no existe ninguno? ¿Y qué decir del vínculo entre el pensamiento conspirativo y la observación de patrones imaginarios? Esto era, exactamente, lo que pretendían estudiar Jan-Willem van Prooijen, Karen Douglas y Clara de Inocencio.

En uno de sus experimentos, los investigadores mostraron a los participantes una secuencia aleatoria de cien lanzamientos de una moneda representados con una H para cara [*heads* en inglés] y una T para cruz [*tails*] (por ejemplo, HTHTHHTTHHHTTHTHHTTT... T). Acto seguido, pidieron a los participantes que indicaran en qué medida pensaban ellos que la secuencia era aleatoria o predeterminada. El resultado le daba a cada persona una puntuación sobre su capacidad para ver patrones donde no los hay o, abreviando, un nivel de patronicidad.

También pidieron a los participantes que respondieran a numerosas preguntas, entre ellas sobre una serie de hechos ficticios sobre la bebida energética Red Bull (se los inventaron para minimizar la posibilidad de que tuviesen alguna convicción previa al respecto). Pidieron a los participantes que puntuaran el grado en que creían que era verdadero cada uno de aquellos enunciados.

Pruébalo tú ahora: indica el grado en el que consideras probable que cada una de las siguientes afirmaciones sea verdadera o falsa en una escala de 0 (seguro que es falso) a 100 (seguro que es cierto).

- Red Bull contiene sustancias ilegales que elevan el deseo de consumir el producto:____
- El inventor del Red Bull paga 10 millones de euros todos los años para comprar el silencio de los organismos de control de alimentos:____

- Si se calienta una lata de Red Bull a 40 °C, libera sustancias peligrosas para la salud:____
- Los mensajes subliminales en los anuncios de Red Bull en televisión hacen creer al consumidor que el producto mejora la salud:____
- El eslogan «Red Bull te da alas» se utiliza porque, en unos experimentos con animales, a las ratas les salieron unas alas rudimentarias:____
- El consumo habitual de Red Bull eleva los niveles de dopamina, que provoca daños a largo plazo:____
- Al principio, el Red Bull estaba prohibido para los menores en Estados Unidos, lo cual plantea ciertos interrogantes al respecto de su legalización:____
- Los anuncios en las retransmisiones deportivas dan la imagen de que el Red Bull es saludable:____
- El extracto de *testiculus taurus* que lleva el Red Bull tiene unos efectos secundarios desconocidos:____
- Mi puntuación media de todas estas preguntas es:____

A continuación, los investigadores generaron una «calificación conspirativa Red Bull» de cada participante con la media de sus respuestas a las preguntas sobre la conspiración de Red Bull y examinaron su correlación con la puntuación de patronicidad. Tal y como cabría esperar (a veces, cuando la mente no deja de buscar patrones, nos conduce en la dirección correcta), encontraron una correlación muy sustancial. Esto demuestra que la mente menos confiada, representada por los más suspicaces ante el Red Bull (y también la menos confiada, presumiblemente, ante cualquier cosa o persona), tiene también más probabilidades de ver patrones allá donde no los hay, como en una secuencia aleatoria de lanzamientos de una moneda al aire.

De un modo más general, estos resultados revelan que las mentes con mayor probabilidad de ver patrones donde no los hay son también más suspicaces. Sin embargo, antes de empezar a sentirnos mal por las personas a las que les ha tocado este rasgo, digamos una cosa clara: ver patrones inexistentes (patronicidad) y ser más suspicaz no es algo negativo ni positivo en sí ni de por sí. Lo único que podría influir positiva o negativamente son las decisiones que toma la gente sobre la base de estas percepciones, y en ocasiones no es tan obvio de forma inmediata qué es bueno y qué es malo.

Pensemos en mi bisabuela Mina. Era una mujer muy suspicaz que veía patrones por todas partes. Estaba tan segura de las cosas terribles que estaban a punto de suceder que se empeñó en que su familia más inmediata hiciese las maletas y se marchara a vivir a otro país... ¡dos veces! ¿Es bueno o es malo? Bueno, vamos a ver algunos detalles más: mi bisabuela nació en Rusia en 1890. Cuando comenzó la Revolución rusa de 1917, aterrorizó a mi bisabuelo para marcharse del país, cosa que hicieron. ¿Adónde escaparon? A Alemania, nada más y nada menos. Unos años después, durante el ascenso de Hitler al poder, Mina cayó en tal estado de temor que convenció a su familia de que empaquetara todas sus pertenencias ese mismo día y se marchara de Alemania de la noche a la mañana. Es muy probable que, por segunda vez, salvara a todos sus familiares cercanos. Esa propensión tan elevada a ver patrones y a la suspicacia fue una verdadera bendición. A pesar de todo, estos rasgos de la personalidad pueden tener consecuencias positivas o negativas dependiendo del uso que se haga de ellos y con qué propósito. Yo estoy muy agradecido por esta patronicidad de mi bisabuela y, al mismo tiempo, contrariado por la gente que me acusa de generar un bulo sobre el covid.

Un último apunte sobre la suspicacia y la patronicidad: resulta muy complicado decir cuál de las dos provoca la otra. ¿Será que la gente más suspicaz no deja de buscar posibles amenazas y, en consecuencia, ve patrones por todas partes (es decir, suspicacia → patronicidad)? ¿O será que la gente que no deja de buscar patrones a su alrededor, sobre todo aquellos que los demás no ven, se vuelve más suspicaz a raíz de esto (es decir, patronicidad → suspicacia)? Es difícil de decir, aunque lo más probable es que suceda en ambos sentidos. Lo que está claro es que ambos rasgos actúan juntos para empujar a la gente a caer por el embudo de la convicción infundada.

Cómo se incrementa la patronicidad a causa del estrés

Ha quedado claro que la nefasta coincidencia de la suspicacia y la búsqueda de patrones inexistentes influye bastante en la aceleración de la caída por el embudo de la convicción infundada. También es relevante que hay otras fuerzas que potencian la patronicidad y la suspicacia, convirtiéndolas en algo aún más intenso y peligroso. ¿Qué fuerzas serán estas? Si nos remontamos a los capítulos sobre el estrés, probablemente nos demos cuenta de que una de las más importantes es la falta de control, que resulta que también conduce a una mayor patronicidad.

Para buscar los posibles vínculos entre la carencia de control y la patronicidad, Jennifer Whitson y Adam Galinsky realizaron varios experimentos fascinantes. Plantearon que, cuando la gente carece objetivamente de control a causa de factores de su entorno, intenta recuperar cierta sensación de control, lo que hará viendo patrones e incluso imágenes en una serie aleatoria de puntos, percibiendo conspiraciones y creyendo supersticiones. Antes de describir las demostraciones experimentales, su artículo enumera unas observaciones naturales fascinantes que respaldan los vínculos genéricos entre la falta de control y la patronicidad. Por ejemplo, en un texto clásico sobre ciencia y religión, Bronisław Malinowski describió las tribus de las islas Trobriand y sus rituales de pesca. Estas tribus pescan en dos entornos: en aguas profundas y en bajíos. Como cabría esperar, la pesca en aguas profundas es mucho más impredecible y depende en mayor medida de las condiciones meteorológicas, lo cual da a los pescadores más sensación de carecer de control. La pesca en bajíos es relativamente más constante y predecible, por lo que da a los pescadores más sensación de control. A ver si adivinas qué tipo de pesca tiene asociado un mayor número de rituales. Exacto: la pesca en aguas profundas. Es de suponer que una impredecibilidad elevada genera la necesidad de una sensación de control, de manera que los pescadores recurren a los rituales supersticiosos para contrarrestar su falta.

Otro ejemplo algo más entretenido nos lo ofrecen Pavel Simonov y sus colegas. Estudiaron una actividad que la mayoría de nosotros asociaría con una gran falta de control: el paracaidismo. En coherencia con lo que ya sabemos, descubrieron que los paracaidistas tienen más probabilidades de ver figuras en imágenes formadas únicamente por puntos al azar. Para reforzar este vínculo, también observaron que ven más figuras de estas justo antes de saltar de un avión, un momento de mucho estrés y escaso control.

En cuanto a los rituales supersticiosos, existen pocas actividades en las que haya tantos como en el querido deporte del béisbol, un mundo donde hay muchos y bien conocidos: negarse a lavar el uniforme durante una racha de partidos ganados, no pisar nunca las líneas del campo al entrar o salir del terreno de juego, abstenerse de mantener relaciones sexuales el día del partido, hacer dibujos con el bate antes de batear, utilizar el bate y los guantes de la suerte, etcétera. Lo que resulta en particular interesante es la observación de George Gmelch, que dice que, igual que los pescadores de las islas Trobriand, los jugadores que ocupan posiciones más impredecibles (por ejemplo, el lanzador y los bateadores) practican más rituales, mientras que los jugadores de posiciones más predecibles (por ejemplo, los de campo) tienen menos supersticiones.

Aunque es muy difícil que los experimentos de laboratorio resulten tan divertidos como estas observaciones naturales, Whitson y Galinsky se esforzaron mucho por darle interés a su estudio, y así funcionaba: imagínate que estás participando en un experimento. En tu primera tarea, te dicen que el ordenador que tienes delante ha elegido un concepto. ¿Cuál es ese concepto? No lo sabes. Tu tarea será averiguar de qué se trata en el transcurso de diez pruebas. Esto suena un tanto estresante, pero también te dicen que el único objetivo del experimento es entender tu juicio intuitivo, por lo que, con esta información adicional, te relajas y pulsas el botón de inicio.

En cada una de las diez pruebas, el ordenador te muestra dos formas, una en el lado derecho y otra en el lado izquierdo de la pantalla. Tu tarea es elegir la que tú crees que corresponde al concepto que tratas de identificar. Escoges y, al final de las diez pruebas, el ordenador elige el siguiente concepto y tú lo repites todo para un total de cinco conceptos y cincuenta pruebas.

Esta es la prueba de control, esto es, sin estrés. ¿Qué hay de la prueba experimental? En este caso, el experimento está diseñado para darte menor sensación de control. Si te destinan a este grupo, no te van a dar esa explicación tranquilizadora sobre el interés de los investigadores en tu juicio intuitivo. En cambio, te dicen que hay respuestas correctas e incorrectas y que tu tarea consiste en acertar. También te dicen que el ordenador te dirá si aciertas con la respuesta y que se supone que sus comentarios te ayudarán a responder mejor la próxima vez. Esto ya suena un poco más estresante, ¿no? Pero empeora. Lo que tú no sabes es que no hay ningún concepto, que las formas se seleccionan de manera aleatoria, igual que los comentarios del ordenador. El 50 por ciento de las veces te dice que has acertado y el otro 50 por ciento te dice que te has equivocado, pero ahí no hay nada que te ayude a averiguar el concepto... ¡porque no hay tal concepto! Conforme vas pasando cada prueba, sientes más el peso del fracaso, la confusión y la frustración. No es culpa tuya, por supuesto, pero tampoco lo sabes. Básicamente, el ordenador te está haciendo luz de gas.

Cuando finaliza esta tarea, pasas a la siguiente, que trata sobre la percepción visual y es la misma para todos los participantes. Te muestran un conjunto de imágenes computerizadas con mucho grano o nieve en las que es muy difícil distinguir una figura, si es que la hay. En esta prueba, te piden que identifiques la figura de cada imagen o, si no hay ninguna, que lo digas.

Como cabría esperar, había un motivo para que estas dos tareas formasen parte del mismo experimento y el orden era crucial. El objetivo del experimento consistía en examinar cómo influye el tener una sensación de control reducida durante la primera tarea en la necesidad de recuperar cierta sensación de control encontrando patrones en la segunda tarea, aun cuando no había ninguno. Ahora bien, hay que decir que la reducción de la sensación de control en ese experimento era bastante modesta en comparación con los niveles reales cuando esta reducción llega de la mano de situaciones de la vida cotidiana, como el covid, las enfermedades graves, la pérdida del empleo, etcétera. Sin embargo, es importante comprobar si una sensación relativamente leve de reducción del control tiene alguna repercusión. ¿Y la tuvo? ¡Desde luego que sí! Nuestra sensación de control es tan importante para nosotros que el simple hecho de alterarla un poquito ya nos afecta. Los participantes con menor sensación de control tenían una probabilidad mucho más elevada de ver patrones en las imágenes con grano o nieve. Después de pasar por la estresante situación de no lograr adivinar las cosas durante la tarea del concepto, tenían la necesidad de recuperar la sensación de que entendían el mundo, así que su mente hacía un sobreesfuerzo tal que llegaba a inventarse figuras.

Whitson y Galinsky realizaron muchos otros experimentos para continuar explorando este tema, incluido uno que demostraba que, después de recordar una experiencia personal que implicaba una menor sensación de control, los participantes se volvían más supersticiosos. En líneas generales, sus resultados muestran que la mente es un órgano de interpretación que busca patrones de forma constante y, por tanto, todos vemos patrones. Sin embargo, cuando percibimos un bajo nivel de control, nuestra mente trabaja con más ahínco para encontrar patrones que nos ayuden a interpretar el mundo, aunque se los invente.

La confianza y el exceso de confianza en nuestras propias intuiciones

«Desde el principio, ya sabía yo que algo iba mal. Lo presentí.» Así comenzaba uno de los mensajes de Jenny a sus seguidores en julio de 2022, unos dos años y medio después del inicio de la pandemia del covid. En ese momento, Jenny había pasado de centrarse en luchar contra la vacuna y las restricciones del covid a intentar asentar su liderazgo entre los convencidos. Con ese fin, hacía un gran hincapié en la fuerza de sus intuiciones.

> Tenía muchísima experiencia previa con la psicología y con la programación neurolingüística y es que presentía que algo iba mal —proseguía su publicación—. Primero, con las restricciones y las normas; después, con el trapo que obligaban a ponerse a la gente para entorpecer la entrada de aire limpio y la llegada de oxígeno al cerebro, y, más tarde, por supuesto, con la vacuna experimental del covid. No sé lo que fue exactamente, una especie de corazonada, pero muy fuerte, y supe que nadie debería recibir semejantes pociones experimentales. Confié en mí misma a la hora de seguir lo que me dictaba mi corazonada y muchos de vosotros lo hicisteis también. Sé que algunos despertasteis después de recibir un pinchazo y otros después de recibir dos o incluso tres pinchazos, pero todos sabemos lo que sentimos, confiamos en lo que sabemos y nadie nos puede decir que lo que sabemos no es la verdad.

Entre los convencidos, es común este tipo de convicción interna emparejada con un desprecio total por los datos externos. Uno de los falsos gurús sanitarios a los que escuché mientras intentaba entender su extraño universo (y el universo más extraño aún de sus seguidores) pedía a su público que se diese cuenta de que no tenían por qué ser expertos, médicos o biólogos para comprender lo que les estaba contando sobre la capacidad del cuerpo para curarse por sí solo y sobre los peligros de las medicaciones modernas. Lo único que tenían que hacer era escucharse y confiar en su intuición. Otra mujer, que afirmaba ser una experta en «astrología evolutiva», miraba sin pestañear a la cámara del móvil mientras explicaba a su público que aprender a fiarte de tu «sistema de orientación interior» requiere de una separación traumática del rebaño que se cree la opinión general, que obtiene típica seguridad de las ovejas al fiarse del Gobierno, los expertos, los famosos y los medios convencionales. Y no son solo los *influencers New Age* de las redes sociales los que hacen tales afirmaciones. Donald Trump habla de sus intuiciones, se refiere también a ellas como su «sentido común», «corazonadas» o «instinto», y les da preferencia sobre los datos que se le ofrecen. En sus propias y memorables palabras a *The Washington Post*: «Yo tengo mi instinto y, a veces, este me dice mucho más de lo que me pueda decir jamás el cerebro de otra persona» (aclaremos que todos sentimos de vez en cuando una gran confianza en lo que nos dice nuestro instinto, incluso cuando apunta en la dirección contraria de los datos disponibles, pero no siempre tenemos la confianza suficiente para decirlo en voz alta ni tampoco, esperemos al menos, para actuar basándonos ciegamente en nuestro instinto). Continué escuchando más afirmaciones de esta índole (uno de mis riesgos laborales mientras me documentaba para este libro) y, una noche, llegué a soñar incluso que un alumno al que había calificado en clase con un aprobado justito venía a verme para hablar de sus notas y me decía que él, por dentro, se sentía como un alumno de sobresaliente. Me desperté (en realidad no).

La humildad intelectual

Esta tendencia que muestran Jenny, la astróloga, Donald Trump y mi alumno imaginario ha recibido muchos nombres distintos con aire científico. Antes lo llamábamos «pensamiento intuitivo», aunque el término que ahora mismo está en boga es «humildad intelectual» (o, para ser más precisos en los casos que hemos mencionado, la falta de ella). Humildad intelectual suena mucho más políticamente correcto y, al mismo tiempo, un tanto crítico. La idea fundamental que hay detrás del término es que la gente que tiene un nivel elevado de humildad intelectual reconoce en gran medida que sus opiniones y convicciones podrían no ser acertadas.

Reconozcámoslo: todos vamos por el mundo con nuestras convicciones y opiniones sobre cuál es la mejor manera de invertir nuestro dinero, el partido político al que hay que votar, la manera correcta de educar a los niños, el mejor teléfono móvil y la dieta óptima. Como decíamos en el capítulo 6, nuestro elevado nivel de confianza suele ser gratuito (¿recuerdas el efecto

Dunning-Kruger y la ilusión de profundidad explicativa?). Los que tenemos un nivel alto de humildad intelectual (¿quién no prefiere verse como alguien con una gran humildad intelectual?) quizá vayamos por el mundo con las mismas creencias fundamentales, pero con una menor convicción y una mayor apertura a modificarlas.

Teniendo esto presente, vemos que la humildad intelectual nos describe una forma genérica de mentalidad o una característica de la personalidad que resulta evidente en numerosos aspectos de la vida y en muchas valoraciones y decisiones.

Aquí tenemos una manera de averiguar nuestro nivel de humildad intelectual. Valora los siguientes enunciados (basados en la escala exhaustiva de humildad intelectual) y, en cada uno de ellos, indica con sinceridad hasta qué punto te describen a ti en una escala de 0 (muy en desacuerdo) a 100 (muy de acuerdo). En este caso, una puntuación alta equivale a una humildad intelectual elevada (un término un tanto contradictorio, ya lo sé).

- Por lo general, mis ideas no son mejores que las de otras personas:____
- En gran medida, yo tengo más que aprender de los demás que los demás de mí:____
- Incluso cuando tengo total seguridad en una convicción, existe la posibilidad de que me equivoque:____
- Prefiero recurrir a los conocimientos de los demás antes que fiarme de lo que yo sé sobre la mayoría de las cuestiones:____
- Incluso en los temas importantes, es probable que los puntos de vista de los demás me hagan cambiar de opinión:____
- A veces, he cambiado de opinión en cuestiones que eran importantes para mí cuando alguien me ha demostrado que me equivocaba:____

- Soy capaz de cambiar de postura en cuestiones importantes cuando me dan buenas razones:____
- Puedo cambiar de opinión por una razón convincente:____
- Respeto que haya maneras de tomar decisiones importantes distintas de la mía:____
- Escuchar los puntos de vista de los demás me suele hacer cambiar de opinión en temas importantes:____
- Recibo con agrado las maneras de pensar diferentes sobre temas importantes:____
- Puedo sentir un gran respeto por alguien aunque no coincidamos en cuestiones importantes:____
- Aun cuando no estoy de acuerdo con otras personas, soy capaz de reconocer que tienen argumentos sólidos:____
- Cuando alguien discrepa de opiniones importantes para mí, no me siento como si me estuviesen atacando:____
- Que otros discrepen de mí en temas que me tomo muy a pecho no me supone una amenaza:____
- Muestro disposición a escuchar a los demás aunque esté en desacuerdo con ellos:____
- Me siento perfectamente bien cuando hay gente que discrepa de mí en temas que me tomo muy a pecho:____
- Cuando me dan una escala de humildad intelectual y siento unas verdaderas y profundas ganas de averiguar que, en efecto, soy una de esas personas con un intelecto más humilde, a pesar de todo, consigo resistir la tentación de inflar la calificación de las respuestas (en realidad, esta no forma parte de la escala; solo es para comprobar que estás prestando atención):____
- Mi puntuación media en estas preguntas es:____

En general, las personas con una puntuación elevada en humildad intelectual tienen más probabilidades de pensar que tal vez sus convicciones sean erróneas, prestan más atención a la solidez de las pruebas que les presentan, muestran más interés en saber por qué la gente discrepa de ellas y dedican más atención y tiempo a las opiniones contrarias a la suya. Con todas estas diferencias, es sencillo ver que aquellos con una mayor humildad intelectual están más abiertos a escuchar a los demás y tienen más probabilidades de replantearse sus convicciones, opiniones y conductas cuando alguien les da un motivo convincente para hacerlo. Al fin y al cabo, dado que son inherentemente más flexibles al respecto de sus opiniones formadas, se sienten menos apegados a esas ideas y abren la puerta a que se les persuada de que quizá tuviesen una idea equivocada desde el principio. Por supuesto, igual que con la mayoría de las cosas, la humildad intelectual también se puede llevar demasiado lejos. En una sociedad como la nuestra, cargada de un exceso de confianza, el increíble beneficio que nos aportaría una mayor dosis de humildad intelectual no es ninguna sorpresa, pero tampoco querríamos terminar viviendo en un mundo como el que describía William Butler Yeats en *La segunda venida*, donde «los mejores carecen de toda convicción, mientras que los peores / rebosan de una apasionada intensidad». Con esto en mente, deberíamos buscar el equilibrio entre la convicción y la humildad intelectual a lo largo del espectro de las creencias.

¿Y qué decir de la relación entre la humildad intelectual y el pensamiento conspirativo? Como cabría esperar, y como demostraron de forma empírica Shauna Bowes y sus colegas, la intensidad de la creencia en teorías conspirativas está relacionada en sentido negativo con la humildad intelectual. Es decir, que las personas con una mayor humildad intelectual tienen menos probabilidades de creerse cualquier clase de pensamiento conspirativo, noticias falsas, desinformación y pseudociencia, mientras que las personas con una baja humildad intelectual tienen más probabilidades de creerse todo lo anterior.

Hay un factor que supone una dificultad a la hora de entender a los convencidos, que suelen hablar en términos que parecen reflejar una humildad intelectual. Con frecuencia, en mis relaciones con los convencidos, oír afirmaciones como las siguientes me ha parecido interesante (además de enervante y preocupante):

> No estoy diciendo que el uso de mascarillas no reduzca la propagación de los gérmenes, yo solo digo que no tenemos datos suficientes.
>
> No estoy diciendo que el Gobierno organizara los atentados del 11 de septiembre de las Torres Gemelas, yo solo remarco que el combustible de los aviones no puede fundir el acero.
>
> No estoy diciendo que la vacuna esté modificando el ADN de la gente, es solo que pienso que tenemos que esperar hasta que estemos seguros.
>
> No estoy diciendo que la llegada del hombre a la Luna fuese un bulo con toda seguridad, pero ¿tú te has fijado en todos esos vídeos?, ¿no parece posible que los rodaran en un estudio?
>
> Bueno, tú tienes tu teoría y yo tengo la mía, ¿por qué tenemos que asumir que la tuya es más acertada que la mía?

Por supuesto, estas afirmaciones no son reflejo de ninguna humildad intelectual auténtica, sino que fingen serlo. Quienes dicen algo como eso tratan de parecer abiertos a otras opiniones y dar la impresión de participar en un debate intelectualmente sincero. Hacen uso del lenguaje de la humildad intelectual para disfrazar el hecho de que no tienen el menor interés en discutir el asunto. Si te ves inmerso en una conversación semejante, mi consejo es que cortes por lo sano y te marches, a menos que trates de entender la psicología del otro lado, en cuyo caso te olvidas del tema de la discusión y solo intentas comprender cómo ha llegado el otro a convencerse de lo que cree ahora mismo.

Llegados a este punto, es probable que estés pensando que, como tienes un alto nivel de humildad intelectual, serás inmune a la convicción infundada. Pues no (lo cierto es que el hecho de aceptar que todos somos vulnerables a la convicción infundada ya es muestra de mayor humildad intelectual). Aun a riesgo de ser pesado, quiero insistir en que, igual que en el caso de tantos otros rasgos de la personalidad que hemos examinado, por sólida que sea la correlación entre la convicción infundada y la baja humildad intelectual también es de una magnitud pequeña tirando a media.

Esto revela que un nivel bajo de humildad intelectual es uno de los componentes básicos importantes de la susceptibilidad al pensamiento conspirativo, pero tampoco lo es todo. Aun cuando alguien tiene un nivel bajo de humildad intelectual, es demasiado pronto para concluir que se va a convertir en un convencido de manera indefectible. Hay otra cuestión en el estudio de Bowes y sus colegas: descubrieron que el narcisismo también está relacionado con el pensamiento conspirativo, algo sobre lo que volveremos más adelante en este mismo capítulo.

OJALÁ SEA ÚTIL...

Practicar la humildad intelectual

El viejo dicho en inglés «Fake it till you make it» ('Fíngelo hasta que lo consigas') resulta muy útil para incrementar la humildad intelectual. El simple hecho de introducir ciertas frases en nuestras conversaciones ya es un buen comienzo. Prueba con «No lo tengo claro», «Quizá me equivoque», «No sé tanto del tema como me gustaría», «Hasta donde yo sé...». Es muy posible que al principio ni siquiera te las creas, pero el hecho de decirlas servirá de recordatorio de que tal vez no sepas tanto como crees, y estas afirmaciones también pueden cambiar el tono general de la conversación y suscitar una mayor humildad intelectual en los demás.

Otra manera de incrementar la humildad intelectual es, de vez en cuando, adoptar la postura contraria a esa convicción de la que estamos tan seguros y discutírnosla hasta donde seamos capaces. Una forma todavía más contundente de este planteamiento consistiría en presentar estas discusiones en voz alta delante de tus amigos, pero, si te parece demasiado vergonzoso, prueba a discutírtelo en privado para empezar.

Tenelle Porter y Karina Schumann realizaron un estudio para comprobar otro enfoque que implicaba adoptar la actitud de una mentalidad de crecimiento respecto de la inteligencia. En su estudio, los participantes a los que se animaba a ver la inteligencia como un constructo psicológico que se puede mejorar con el tiempo (mentalidad de crecimiento), en oposición a verla como algo estático que no puede cambiar a lo largo del tiempo (mentalidad fija), manifestaron una mayor humildad intelectual y se mostraron más abiertos a aprender de un punto de vista contrario.

El test de reflexión cognitiva

Otra medida interesante relacionada con el constructo general de la humildad intelectual es lo que Shane Frederick denomina «test de reflexión cognitiva» (TRC), que incluye tres preguntas sencillas de matemáticas. A modo de ejemplo, intenta responder rápidamente a esta pregunta:

> Un conjunto de bate y pelota de béisbol cuesta 1,10 euros. El bate cuesta 1 euro más que la pelota. ¿Cuánto cuesta la pelota?
> Rápido, ¿cuál es tu respuesta? ____

Si has dicho «10 céntimos», no te preocupes: es una respuesta muy habitual pero errónea. Es la primera que te viene a la cabeza, aunque no es la correcta. Con el 1,10 y el 1 rondándote la cabeza, tu intuición te pincha para que respondas «Diez céntimos». Hay gente que se queda con esa respuesta, aunque otras personas revisan su respuesta. Si eres de estas últimas, por simple seguridad, lo más probable es que hayas pasado por algo similar a este proceso mental: «Me parece que la respuesta correcta es 0,10 €, pero déjame que lo compruebe. Si la pelota costara 0,10 € y el bate cuesta 1,00 € más, entonces, el precio del bate sería de

1,10 €, que, sumado a la pelota, sería igual a 1,20 €, no 1,10 € [0,10 + (1,00 + 0,10) = 1,20]. Esto no es correcto. El conjunto del bate y la pelota tienen que ser 0,10 € más baratos, así que la pelota podría costar 0,05 € y el bate 1,05 €, ¿no? Vamos a comprobar esta opción: [0,05 + (1,00 + 0,05) = 1,10]. Sí, son 5 céntimos por un lado y 1,05 euros por otro. Voy a decir eso como respuesta».

Lo importante del TRC es que se trata del tipo de cálculo matemático que todo el mundo puede hacer si quiere. No se trata de un test de capacidad matemática, es una comprobación de hasta qué punto confiamos en nuestras intuiciones y permitimos que nos guíen en nuestras decisiones sin comprobar ni verificar nada.

Aquí tienes las otras dos preguntas del TRC (después de dar tus respuestas, comprueba la solución en la nota al pie):*

> Si 5 máquinas tardan 5 minutos en fabricar 5 aparatos, ¿cuánto tiempo tardarían 100 máquinas en hacer 100 aparatos?
> Respuesta:_____

> Una porción de la superficie de un lago está cubierta de nenúfares. Cada día, esa porción duplica su tamaño. Si los nenúfares tardan 48 días en cubrir el lago entero, ¿cuánto tardarían en cubrir la mitad de la superficie del lago?
> Respuesta:_____

En este momento, quizá te preguntes si el TRC sirve para predecir la creencia en el pensamiento conspirativo. En términos lógicos, parece encajar. Hay personas que tienen una profunda confianza en su intuición (recuerda la afirmación de Jenny en un punto anterior de este capítulo: «Confiamos en lo que sabemos y nadie nos puede decir que lo que sabemos no es la verdad»). Muy al estilo de quienes se aferran a la respuesta de los 10 céntimos en la primera pregunta del TRC en cuanto les viene a la cabeza, hay personas que tienen una fe tan pro-

* Las respuestas intuitivas que suele dar la gente a la segunda y la tercera pregunta del TRC son 100 minutos y 24 días, pero las respuestas correctas son 5 minutos y 47 días.

funda en sus corazonadas e intuiciones que no revisan sus respuestas. Esta hipótesis fue la que decidieron comprobar Gordon Pennycook y David Rand. Como imaginarás, descubrieron que una puntuación más baja en el TRC (confiar más en las respuestas intuitivas y comprobarlas menos) sí que está relacionado con un nivel más alto de convicciones conspirativas.

La capacidad para tomar decisiones

El éxito en la vida se basa, en gran parte, en asimilar la información a nuestro alrededor y combinarla de manera correcta para tomar buenas decisiones. Sin duda, hay mucho en la vida sobre lo que podemos pensar en términos de tomar buenas o malas decisiones y podemos evaluar prácticamente todo lo que hacemos desde la perspectiva de la toma de decisiones. Por ese motivo, en este breve apartado vamos a ver algunos temas sobre los que ya hemos hablado, pero lo haremos desde esa perspectiva de la toma de decisiones. ¿Qué relación hay entre la toma de decisiones y la personalidad? Bien, es una importante diferencia individual: hay personas a las que se les da mejor que a otras.

Resulta sencillo ver que ciertos rasgos de la personalidad que reflejan la capacidad para tomar buenas decisiones desempeñan un papel importante en el éxito general en la vida: a qué hora te levantas por la mañana, si paras el despertador o no, cuánto tiempo dedicas a lavarte los dientes, si te pesas o no, si te tomas la medicación o no, lo que desayunas. Y, después, tenemos las grandes decisiones, como con quién te casas, qué vivienda comprar, si tener hijos y cuántos, a qué distancia vas a vivir de la suegra, qué tipo de plan de pensiones vas a tener y quiénes serán los beneficiarios de tu testamento.

En cuanto a nuestras decisiones, rara vez consideramos todos los pros y los contras, los combinamos de manera óptima y llegamos a una decisión meditada. Incluso en los casos en que anotamos todos los pros y los contras, con frecuencia nos limitamos a hacer como si estuviéramos tomando todos los elementos en consideración. La mayoría de las veces tomamos nuestras decisiones con rapidez, basándonos en la heurística. ¿Y qué es la heurística? Un atajo. Tomar decisiones bien meditadas al respecto de todas las cosas nos costaría gran esfuerzo y mucho tiempo, así que la heurística supone una manera de tomar unas decisiones más rápidas que, en general, son aceptables, aunque estemos convencidos de que son fantásticas. Pongamos por caso que vamos a una tienda y echamos un vistazo a un par de bicicletas. La descripción técnica es demasiado extensa y compleja, y ni siquiera tenemos la seguridad de conocer todos los términos que aparecen en ella (*cassette*, desviador y Schrader, por mencionar solo tres). ¿Cómo vamos a elegir? Pues escogemos la marca que nos suena más o nos decantamos por la bicicleta más cara. En cuestión de quince minutos, nos hemos decidido, hemos salido de la tienda y, además, nos sentimos fenomenal por nuestra capacidad para tomar decisiones. Esto es la heurística: un mecanismo improvisado que nos facilita tomar decisiones rápidas sacrificando cierto grado de calidad en la decisión. Por supuesto, hay ocasiones en que la heurística nos permite tomar una decisión rápida sin tener que sacrificar demasiado en términos de calidad al decidir (por ejemplo, cuando la marca de la bicicleta es una buena indicación de su valor), pero hay otras veces en que nos causa algún problema (por ejemplo, cuando damos por sentado que la opción más cara es la mejor).

La heurística son unos atajos que utilizamos todos para tomar decisiones, pero también están vinculados con los rasgos de la personalidad, en el sentido de que hay gente que los utiliza más que otra, tanto para su beneficio como para su perjuicio. Como muestra del vínculo entre la heurística, los rasgos de la personalidad y un descenso más rápido por el embudo de la convicción infundada, vamos a ver tres tipos de errores en la toma de decisiones: la falacia de la conjunción, las correlaciones ilusorias y el sesgo retrospectivo. No se trata de una lista exhaustiva, sino que pretende ilustrar el argumento más general acerca de nuestras convicciones y las decisiones que tomamos.

La falacia de la conjunción

El ejemplo más conocido de esta falacia es el propuesto por Amos Tversky y Daniel Kahneman, y dice así:

> Linda tiene treinta y un años, está soltera y es muy inteligente y sin pelos en la lengua. Se tituló en Filosofía. Cuando estudiaba, estaba muy preocupada por el tema de la discriminación y la justicia social y también participaba en manifestaciones antinucleares.

Ahora que sabes algo sobre Linda, por favor, rodea con un círculo la frase que consideras que es la descripción más probable de Linda.

1. Linda es cajera en un banco.
2. Linda es cajera en un banco y es activa en el movimiento feminista.

La mayoría de la gente escoge la segunda opción. Sin embargo, desde un punto de vista estadístico, la probabilidad de que dos sucesos diferentes se produzcan al mismo tiempo (es decir, en conjunción) ha de ser igual o menor que la probabilidad de que se produzcan por separado. Piensa en la probabilidad de que caiga un rayo sobre tu casa en el mismo segundo exacto en que te quedas sin papel higiénico. Es obvio que la probabilidad de que sucedan las dos cosas en el mismo momento es menor que la probabilidad de que sucedan por separado.

¿Qué proceso lleva a la gente a cometer este error? Se conoce como «heurística de la representatividad». Fundamentalmente, no pensamos en la probabilidad, ni siquiera cuando nos lo piden (es demasiado difícil), así que nos preguntamos qué descripción cuadra mejor con la información sobre Linda que tenemos. La primera no parece encajar, pero la segunda, a pesar de su probabilidad más baja, da la sensación de ser más acertada, como si representara a Linda en mayor medida. ¿Y qué hay de un posible vínculo entre la falacia de la conjunción, los rasgos de la personalidad y la convicción infundada?

Robert Brotherton y Christopher French, igual que Neil Dagnall y sus colegas, descubrieron que algunas personas son más susceptibles a la falacia de la conjunción y que tienen más probabilidades de ser unas convencidas.

Las correlaciones ilusorias

Son muchas las cosas que cambian a nuestro alrededor y, cuando observamos que algunas de ellas lo hacen a la vez, lo natural es pensar que están relacionadas. Sin embargo, hay ocasiones en que las cosas no cambian juntas en realidad, sino que creemos que lo hacen: eso es una *correlación ilusoria.* Podríamos pensar, por ejemplo, que las personas más jóvenes son más egoístas o que nos sentimos más llenos de energía después de tomar vitaminas, no porque estas cosas sean ciertas, sino porque nuestro nivel de atención es diferente y tenemos expectativas distintas cuando vemos a gente más joven y cuando tomamos vitaminas (quiero dejar claro que no estoy afirmando de ninguna manera que la gente más joven sea más egoísta ni que las vitaminas hagan que nadie se sienta con más energías). La cuestión es que vemos patrones donde no los hay (sí, ya hemos mencionado este tema en muchas ocasiones en estas páginas, pero es importante entender las correlaciones ilusorias, no solo de por sí, sino también como parte de un conjunto general de heurística).

¿Qué hay del posible vínculo entre las correlaciones ilusorias y las convicciones infundadas? Como apuntaba Michael Shermer, quienes son más susceptibles a las correlaciones ilusorias tienen también más probabilidades de ser unos convencidos.

El sesgo retrospectivo

El nombre lo dice todo. Es la sensación de que ya lo sabíamos desde el principio. Imagínate, por ejemplo, que te pido que retrocedas cinco años en el tiempo y respondas a una serie de preguntas basadas en tus opiniones de entonces. Hace cinco años, ¿pensabas que Tesla iba a ser más o menos rentable que Ford? ¿Qué probabilidades pensabas que había de que Rusia invadiese Ucrania? ¿Qué probabilidades pensabas que había de que en los próximos cinco años se produjera una pandemia global que llegara a paralizar prácticamente el mundo entero? Por supuesto, todos conocemos lo que pasó en realidad con estos sucesos y esto nos hace sentir que, más o menos, habríamos salido bien parados con nuestras respuestas cinco años atrás. Esto es el *sesgo retrospectivo*. Esperemos que los siguientes ejemplos demuestren también lo fácil que es caer presa de este sesgo.

Bauticé mi laboratorio de investigación en la Universidad de Duke con el nombre de Centro para la Retrospectiva Avanzada y lo elegí porque, en los momentos iniciales de mi carrera, cuando presentaba los resultados de mi investigación, la gente reaccionaba como si fueran obvios, en absoluto sorprendentes. Nadie quería decírmelo a la cara, pero el tono de su voz daba la sensación de que me estuvieran preguntando algo como «¿Por qué dedicas el tiempo a estudiar algo tan obvio?». Para mí, ese nombre era una forma de prevenir a la gente de los peligros de la mirada *a posteriori*. También quería recordarme yo y recordar a mi equipo el riesgo de esa mirada *a posteriori*, el riesgo de que, en retrospectiva, nos convenzamos de que conocíamos desde el principio un dato particular sobre la conducta humana. El sesgo retrospectivo es muy básico y es difícil de vencer, así que tampoco creo yo que el nombre de mi centro sea un recordatorio suficiente, pero, bueno, espero que sea de alguna ayuda.

Por cierto, ahora tengo dos trucos para combatir el sesgo retrospectivo en mis charlas. El primero es que, además de los datos sobre lo que hace la gente en un experimento (digamos, por ejemplo, que estoy realizando un experimento para motivar el ahorro y compruebo qué condición lleva a la gente a ahorrar más), recojo también los datos sobre los resultados que la gente predice que obtendré con el experimento (lo que otro grupo de personas se imagina que nos lleva a ahorrar más). Primero, muestro los resultados de la predicción y (gracias al sesgo retrospectivo) la gente se dice: «Sí, eso ya me parecía obvio». Entonces, muestro los resultados reales, que suelen ser distintos de la predicción de la gente, por lo que esas personas que se acaban de convencer de que ya sabían desde el principio cuáles iban a ser los resultados (erróneos) no pueden volver a utilizar su sesgo retrospectivo, de manera que se sorprenden. Cuando no tengo un estudio de predicciones de este tipo, utilizo un planteamiento distinto y pido a la gente que vote cuál será el resultado. Cuando consigues que la gente se comprometa con el resultado —a menudo erróneo— votando a mano alzada, has ganado la batalla contra el sesgo retrospectivo, al menos en lo que respecta a esa cuestión específica.

¿Qué hay del posible vínculo entre el sesgo retrospectivo y la convicción infundada? Como apuntaba Shermer, las personas más susceptibles al sesgo retrospectivo también tienen más probabilidades de convencerse de cuestiones erróneas y sin fundamento.

Por supuesto, hay otros muchos errores en la toma de decisiones y mecanismos de la heurística, pero no pretendo elaborar aquí una lista exhaustiva, sino apuntar la importancia de observar los tipos de sesgos en la toma de decisiones que están relacionados con una mayor probabilidad de convencernos de teorías sin fundamento. ¿Cuáles son esos tipos? Entre ellos, vemos un nivel inferior de razonamiento estadístico (la falacia de la conjunción), una mayor tendencia a observar patrones donde no los hay (correlaciones ilusorias) y una inclinación más elevada a confiar en nuestras propias intuiciones, en este caso tener la sensación de que ya sabíamos algo desde el principio (sesgo retrospectivo). Esperemos que la reflexión sobre estos tipos de decisiones te ayude a observar otros mecanismos heurísticos de toma de decisiones y a evaluar la probabilidad de que estén o no relacionados con una mayor tendencia a caer por el embudo de la convicción infundada.

El argumento del narcisismo

El narcisismo no viene representado por una puntuación específica por encima de la cual uno es un narcisista y por debajo no lo es. Como todas las demás escalas de la personalidad, es un espectro donde cada punto adicional significa que una persona es ligerísimamente más narcisista. Hay personas con una puntuación baja en la escala del narcisismo y personas con una puntuación alta. Quizá puedas pensar en tus familiares y amigos y utilizar lo que sabes sobre ellos para puntuarlos en una escala de 0 (nada narcisista) a 100 (extremadamente narcisista). Adelante, dedícale un par de minutos y hazlo con varias personas de tu círculo más cercano.

Muy bien, ¿has terminado? Lo curioso es que, probablemente, ni siquiera conoces la definición exacta de narcisismo, pero aun así voy a asumir que no dudas de tus calificaciones.

Por poner cada cosa en su sitio, aquí tienes una breve definición del trastorno de la personalidad narcisista basado en la quinta edición del *Manual diagnóstico y estadístico de los trastornos mentales (DSM-5)*, el manual oficial de diagnóstico psicológico:

> Muestra un patrón constante de presunción. Necesita y exige una admiración excesiva. Tiene una pretenciosa sensación de suficiencia. Exagera su talento y sus logros. Espera ser reconocido como alguien superior sin unos logros acordes. Se obsesiona con la fantasía de un éxito sin límites. Se considera en situación de exigir. Carece de empatía. Se aprovecha de los demás para alcanzar sus propios fines.

Al leer esta definición, es probable que hayas pensado que cuadra con la idea general que ya tenías del narcisismo. Sin embargo, ahora quizá te parezca algo más serio y quieras volver a evaluar a tus familiares y amigos, a ver si puedes bajar las puntuaciones que les has asignado, pero recuerda que estamos hablando de un espectro y que esta definición corresponde a un trastorno extremo. Aunque utilizamos el término *narcisismo* con frecuencia en este apartado, es importante tener en cuenta que no se refiere a las personas situadas en el extremo de la escala del narcisismo, es decir, a una enfermedad. Hablamos de gente cuya puntuación es ligeramente superior de lo normal en el espectro del narcisismo. Si has ordenado a todos tus familiares y amigos en este espectro, estaremos hablando de los que se encontraban un poco más arriba que los demás. Eso no quiere decir que no sean unas personas adorables, inteligentes, generosas, etcétera, sino que se sitúan un poco por encima en la escala del narcisismo.

¿Qué tiene que ver el narcisismo con el proceso por medio del cual se convierte uno en un convencido? ¿Qué relación podría haber entre ambos? Al reflexionar sobre los convencidos a los que conozco, empecé a entender que el narcisismo y la convicción infundada podrían ir de la mano. Oye, que lo mismo me estoy montando una historia como la de las nubes, pero así es como he llegado a ver esa relación.

Imagínate a un narcisista que necesita un constante refuerzo de su propia grandeza. Nuestro narcisista se despierta una mañana y piensa que algo no va bien. Quizá haya estallado una guerra en alguna parte del planeta y todo el mundo esté muy ocupado con eso, quizá unos astronautas hayan llegado hoy a la Luna y eso es lo único de lo que habla la gente, del grandísimo logro que supone para la humanidad, quizá su pareja haya perdido su trabajo y esté pagando parte de su frustración con nuestro narcisista, quizá sus hijos estén estudiando en casa y requieran de absolutamente toda su atención. Con todo esto que está pasando, nuestro narcisista tiene la sensación de que no lo están valorando ni admirando como corresponde. Hay algo que va terriblemente mal y es obvio que no puede ser por su culpa (porque... es narcisismo, ¿recuerdas?), así que buscan a otro al que culpar. Y, mira qué suerte, encuentra a alguien o algo a lo que culpar por el inaceptable nivel de atención y reconocimiento que está recibiendo.

Ahora bien, no termina aquí la historia. Ya hemos mencionado el estrés en infinidad de ocasiones y, en el caso del embudo de la convicción infundada, el estrés y el narcisismo crean una mezcla peligrosa. El estrés, como ya he dicho, tiene un efecto negativo sobre todos nosotros y genera la profunda necesidad de hallar respuestas y recuperar cierta sensación de control. En el caso del narcisismo, esta necesidad es especialmente pronunciada. Podemos imaginarnos estas dos fuerzas amplificándose la una a la otra hasta el punto de que un estrés elevado en combinación con un narcisismo también elevado genera un nivel altísimo de malestar. El narcisista estresado tiene una necesidad muy fuerte de explicar lo que está pasando en general y, de manera específica, la falta de atención de la que está siendo objeto, y con esa necesidad viene una mayor tendencia a descender por el embudo de la convicción infundada.

OJALÁ SEA ÚTIL...

Prestar atención a tus narcisistas

¿Sabes esas personas de tu círculo cercano a las que les has asignado una puntuación un poco por encima del narcisismo normal? Ofréceles un poco más de amor, de refuerzo o de aliento, recuérdales su lugar en tu círculo social y el papel que desempeñan en la comunidad o dales un abrazo sin más. Eso podría evitar que su necesidad frustrada de atención las llevara por el mal camino.

EN RESUMEN...

Muchos de los mecanismos que llevan a la gente hacia el embudo de la convicción infundada son características humanas comunes. Aun así, no todos los seres humanos son igual de susceptibles, lo cual es lógico, porque no todos somos iguales. Nuestras diferencias individuales —nuestras formas de ser— influyen a la hora de determinar lo susceptibles que somos a todos los elementos que hemos explorado en estas páginas. ¿Por qué hay ciertas personas más susceptibles que otras? A este cuadro se suman las diferencias individuales y ciertos rasgos de la personalidad, como la tendencia a buscar patrones inexistentes, a confiar en nuestras intuiciones, ciertos sesgos en la toma de decisiones y el narcisismo. Con esto bien presente, vamos a abordar los últimos elementos del embudo, los que sentencian la cuestión, los elementos sociales.

FIGURA 8. Los elementos de la personalidad en el embudo de la convicción infundada

- La personalidad —entendida en sentido amplio como las diferencias individuales— influye a la hora de explicar por qué algunos somos más susceptibles que otros a las convicciones infundadas.
- Es muy difícil realizar investigaciones sobre los convencidos porque desconfían instintivamente de las intenciones de los investigadores. No obstante, se ha observado la existencia de ciertos rasgos comunes.
- Ser más propenso a recordar de forma errónea y a caer en la trampa de los falsos recuerdos y el falso reconocimiento alimenta la convicción infundada.
- Ver patrones donde no los hay está vinculado con la convicción infundada.
- El exceso de confianza en nuestras intuiciones está vinculado con la convicción infundada.
- Los sesgos en la toma de decisiones —como la falacia de la conjunción, las correlaciones ilusorias y el sesgo retrospectivo— son más pronunciados en los convencidos.
- El narcisismo interviene en la convicción infundada.
- La personalidad no es algo que se pueda cambiar fácilmente, pero saber qué rasgos guardan correlación con la convicción infundada nos sirve para identificar puntos de riesgo.

Quinta parte

LOS ELEMENTOS SOCIALES Y LA HISTORIA DEL TRIBALISMO

9

El ostracismo, la sensación de pertenencia y la atracción social de la convicción infundada

> Hay, por lo tanto, dos reacciones posibles ante el ostracismo social: un hombre puede mostrarse decidido a ser mejor, más puro y más amable, o bien puede echarse a perder, enfrentarse al mundo y hacer cosas todavía peores. Esta última es, con diferencia, la más común de las reacciones al estigma.
>
> JOHN STEINBECK,
> *Cannery Row* (o *Los arrabales de Cannery*, 1945)

Ni que decir tiene que, como seres humanos, una de las características que nos define es que somos inherentemente sociales. Es una parte de nuestra naturaleza como especie y también como individuos. Nos movemos por el mundo como miembros de incontables círculos sociales que se solapan, grandes y pequeños: familia, amigos, colegios, comunidades locales, grupos religiosos, equipos deportivos, clubes, empresas, partidos políticos, países y, por supuesto, hoy en día, numerosos grupos de internet y redes sociales. La gente que nos rodea influye en la forma que toman nuestra identidad, conducta y convicciones a lo largo de la vida, de manera que tampoco es una sorpresa que los elementos sociales desempeñen un papel importante cuando alguno de nosotros cambia de convicciones y comienza a descender por el embudo de la convicción infundada.

Si presento los elementos sociales como una cuarta categoría se debe al deseo de explorar las ideas con cierto orden, pero, en la realidad, los elementos sociales interactúan con todos los demás elementos y suelen estar presentes en todos y cada uno de los pasos que se dan en el descenso por el embudo. *Grosso modo*, podemos considerar que los elementos sociales son responsables de tres tipos de proceso que son independientes. El primero es un proceso que atrae a la gente hacia sus primeros pasos por el embudo de la convicción infundada; el segundo, uno que mantiene a la gente enganchada al embudo, y el tercero, que comentaremos en el siguiente capítulo, acelera el descenso por el embudo, refuerza el compromiso de la gente e incrementa su implicación en la subcultura de la convicción infundada.

La atracción social inicial

La primera parte del mecanismo social, la atracción, es lo que tira de la gente hacia el embudo de la convicción infundada. Este proceso inicial se alimenta de nuestra profunda necesidad de pertenencia social y del golpe que supone para nuestro bienestar psicológico que no percibamos esa pertenencia. ¿Alguna vez te han rechazado los compañeros de clase más populares o te preocupó que te escogieran en último lugar al hacer los equipos en algún deporte? ¿Alguna vez te has sorprendido haciendo algo que en realidad no querías hacer, como fumarte un cigarrillo o meterte con algún compañero de clase solo para que te aceptasen? En la edad adulta, ¿alguna vez has fingido que te caen bien tus compañeros de trabajo con la esperanza de que te inviten a salir con ellos a tomar algo? ¿O has publicado algo en redes sociales y te has sentido fatal al ver que tu único *like* era de tu madre? Si es así, conoces bien esa necesidad de pertenencia y ese temor al ostracismo social tan humanos. Las ciencias sociales han demostrado que es una fuerza muy potente. Dentro de unos instantes, echaremos un vistazo a unos estudios que arrojan algo de luz sobre esta cuestión, pero antes vamos a imaginarnos cómo afectarían las fuerzas opuestas de la pertenencia y el ostracismo a alguien que está iniciando su descenso por el embudo de la convicción infundada.

Imaginémonos a Chloe, una joven que se siente estresada y angustiada por la situación en el mundo y que quizá también esté sufriendo ciertas dificultades en su vida privada. Siempre ha sospechado de los Gobiernos (y con razón, como te contará ella) y piensa que todas esas restricciones durante la pandemia del covid son confusas y frustrantes. Entonces, un día ve un vídeo que ha compartido en Facebook una amiga de una amiga que da a entender que el Gobierno no nos ha contado toda la verdad sobre el asesinato del presidente John F. Kennedy. Siente curiosidad, pues, desde que tuvo noticia de la figura de Kennedy en el colegio, siempre le ha parecido un líder más adelantado que muchos de los presidentes que ha conocido ella. Se siente atraída por la juventud y el idealismo de JFK y le apena que no viviese para llevar a cabo unos cambios más radicales en el país. Ve más vídeos que cuestionan la historia que le enseñaron en el colegio. Ni siquiera había nacido cuando se produjo el asesinato, pero sus padres sí le han hablado de aquel día, cuando ellos eran pequeños, tan difícil de olvidar. Ellos, como tantos estadounidenses, recuerdan con exactitud dónde estaban cuando se enteraron de la terrible noticia. Ahora, Chloe se pregunta si sus padres y profesores no se limitarían a repetir la versión oficial que dieron en las noticias, una versión que ocultaba la verdad. ¿No sería un complot de la CIA o de algunos miembros conservadores del poder establecido a los que no les gustaban las ideas más progresistas de Kennedy? Chloe llega, incluso, a mencionar un par de veces esta teoría delante de familiares y amigos. La gente sonríe incómoda y algunos comienzan a tomarle un poco el pelo: «Cuidado, que terminas con el gorrito de papel de aluminio». Lo cierto es que el nivel de ridiculización por parte de su familia y amigos es bastante bajo, pero ella lo percibe con más fuerza, con mucha más intensidad de la que ellos pretenden. Nadie la trata con maldad ni le ha dejado de coger el teléfono, pero ha empezado a tener la sensación de estar quedándose al margen. Mientras tanto, en internet, está conociendo a gente que comparte sus ideas y la anima a explorarlas, gente que no va a despreciar sus preocupaciones ni se va a reír de ella a sus espaldas.

No es difícil ver que, en tal caso, Chloe comenzaría a redirigir sus energías sociales, tal vez distanciándose de sus familiares y amigos y pasando más tiempo con la gente que la refuerza en aquellas cosas en las que se siente insegura, esas cosas por las que su familia y amigos se ríen de ella. Sería comprensible que se sintiera atraída por un grupo de personas que comparten esas convicciones que ella se está empezando a formar. Es ahí donde va a hallar el tipo de respaldo social que le genera una sensación de pertenencia.

Chloe se encuentra en el centro de un tira y afloja metafórico entre dos bandos. En un extremo, están sus familiares y amigos, mientras que, en el otro, está el grupo de convencidos a los que acaba de conocer. Antes de empezar a caer por el embudo de la convicción infundada, la atracción de su familia y amigos era muy fuerte, cuando el otro lado ni siquiera existía, pero, al comenzar su descenso por el embudo (la sensación de estrés, de sufrir una injusticia, verse expuesta a una desinformación nueva e interesante), aparece una soga que la une con los convencidos. En este momento, debido a la sensación de ostracismo que tiene cuando sus familiares y amigos se ríen de ella o la desprecian, Chloe percibe que la atracción de ese bando se ha debilitado bastante. Lo más probable es que su percepción del rechazo sea excesiva, pero aun así le afecta en gran medida. Así, se siente inclinada hacia el lado que le resulta menos doloroso.

Sus nuevas amistades la hacen sentir inteligente, que tiene ideas propias y se enfrenta al sistema. Comienza a entablar con ellas conversaciones sobre la manipulación de los testigos, las muertes sospechosas, las pruebas falsas y las trayectorias de las balas. ¡Jamás se imaginó que iba a aprender tanto de historia y de balística! Tiene la impresión de haber obtenido una gran cantidad de conocimientos que otros no tienen y de que ella es una de las pocas personas que entienden la verdad de las cosas. Tiene un extraño atractivo para ella. La relación de Chloe con los convencidos se fortalece y ella se apoya en esas relaciones sociales para compensar el respaldo social que tiene la sensación de haber perdido por parte de su familia y amigos. Cuanto más se afianza su convicción infundada, más se separan sus familiares y amigos. Ahora, la percepción de Chloe no es ya tan exagerada. En este momento, ve a sus familiares y amigos verdaderamente frustrados e irritados con su fascinación por la historia de JFK y se indignan con ciertos materiales que ella comparte en internet. Además, no quieren pasar tiempo con ella ni saber nada de sus teorías.

En nuestra era de internet, ya nos podemos hacer una idea de cómo evolucionaría este proceso y de la rapidez con la que Chloe se vería inmersa en un nuevo universo social. Conforme sus publicaciones y opiniones van cosechando un apoyo cada vez menor entre su familia y amigos y va recibiendo más *likes* y comentarios de respaldo por parte de los convencidos, Chloe va cambiando poco a poco. Dedica más atención a sus nuevas amistades y más tiempo a las actividades que se premian socialmente en dichos círculos. Aunque las redes sociales pueden haberlo acelerado, el proceso en sí no es producto de internet. El mismo proceso general de cambio de lealtades se puede producir en un entorno donde las relaciones se mantienen cara a cara, aunque sería algo mucho más lento y menos intenso. En otra época, Chloe habría ido conociendo poco a poco a gente nueva y habría estado expuesta a nuevas ideas, pero habría tenido unas probabilidades mucho menores de cambiar de bar preferido para salir o de empezar a asistir a una iglesia distinta de la de sus familiares y amigos.

El dolor de la marginación

Los científicos sociales han estudiado la sensación de la exclusión, y la historia de cómo se materializó esta investigación es de por sí muy interesante. También sirve a modo de recordatorio de lo útil que es prestar atención detallada a las experiencias de nuestra vida cotidiana y al hecho de que nuestro entorno se puede convertir en una rica veta de nuevas ideas.

El científico social Kipling Williams estaba un día paseando al perro por el parque cuando cayó un frisbi a sus pies. Lo recogió y se lo lanzó de vuelta a uno de los chicos que estaban jugando con él. El joven sonrió de oreja a oreja y se lo volvió a lanzar a Williams, que de repente se vio metido en un improvisado triángulo de lanzamientos durante unos minutos. Entonces, los dos amigos que estaban jugando solos antes de que él se cruzara en su camino dejaron de lanzarle el frisbi a él y retornaron a lanzárselo el uno al otro. Williams se entristeció y se sintió excluido. Le sorprendió lo desilusionado que estaba al retomar su paseo con el perro. Al fin y al cabo, él ni siquiera los conocía; no tenían ninguna obligación con él y él tampoco tenía ningún interés en quedarse jugando al frisbi un rato largo. Aun así, estaba dolido.

Inspirado por esta experiencia, Williams decidió estudiar aquello que había sucedido en el parque y que había identificado con una sensación de exclusión. Ideó un experimento que recrease una experiencia similar a la que había vivido. En él, participaban tres personas, dos de las cuales trabajaban con Williams, a las que les pedían que esperasen a que comenzara el experimento. Una de las dos que estaban en el ajo cogía una pelota que había en el suelo y comenzaba a pasársela a las demás como si fuera un pasatiempo. La tercera persona no sabía que aquello formaba parte del experimento. En algunos casos, incluían en el juego al participante de principio a fin y recibía la pelota aproximadamente un tercio de las veces. En otros, después de habérsela pasado varias veces, el participante desprevenido no volvía a recibir la pelota y quedaba al margen, de un modo muy similar al que había vivido Williams en el parque. Al terminar de jugar, Williams fingía que comenzaba el experimento y pedía al participante que describiese cómo se sentía.

Williams descubrió que incluso una experiencia breve y poco importante de exclusión podía influir bastante emocionalmente en muchos aspectos de la vida. Lo más destacado era que, después de haberse visto marginados durante unos minutos por unas personas a las que no conocían y que tampoco les importaban en especial, los participantes reconocían una mayor sensación de tristeza y enfado, una rebaja en su autoestima, sensación de pertenencia y control e incluso un incremento en su nivel general de angustia.

A continuación, Williams quiso estudiar algo más que los sentimientos que reconocían los participantes. Tenía curiosidad por los cambios físicos que podrían observarse en el cerebro durante una experiencia de exclusión. El problema era que, para obtener imágenes cerebrales, se requiere que el sujeto se quede completamente inmóvil, no puede ir corriendo por un parque tirándose un frisbi ni una pelota. Así pues, trabajando con sus colegas Naomi Eisenberger y Matthew Lieberman, se le ocurrió un juego virtual llamado Cyberball al que se podía jugar mientras el participante estaba metido en una máquina de imagen por resonancia magnética funcional (IRMf). Con esa tecnología, los investigadores podían estudiar la actividad del cerebro del participante al excluirlo del juego.

A los sujetos se les decía que estaban participando en un estudio sobre los efectos de la visualización mental y que el juego de Cyberball se empleaba para ejercitar esas capacidades. Les informaban de que estaban jugando con otras dos o tres personas. En realidad, esas otras personas estaban programadas en el ordenador, pero los participantes no lo sabían. El experimento tenía tres partes. En la primera, se le decía al participante que no iba a poder jugar a causa de unas dificultades técnicas, pero veía jugar a los demás. En la segunda parte, parecía que los problemas técnicos ya estaban resueltos y el participante ya entraba a jugar y recibía la pelota con tanta frecuencia como los demás. En la tercera parte, después de haberse pasado la pelota varias veces, el participante quedaba excluido. Igual que los jugadores de frisbi habían hecho en el parque con Williams, los jugadores virtuales dejaban de pasarle la pelota al participante.

El estudio demostró que, cuando la gente se sentía excluida del juego, se encendían las mismas áreas del cerebro que al experimentar un dolor físico. Resulta que el dolor social comparte una base neuroanatómica con el dolor físico. Los resultados indican que la experiencia de vernos marginados —incluso en algo tan leve— es fundamental para la vivencia humana y nos afecta de un modo muy negativo. Esto explica por qué Chloe siente con tal intensidad incluso la menor de las burlas por parte de su familia y amigos y por qué se ve tan atraída hacia los convencidos, que no la desprecian ni la rechazan.

—¡Gracias por compartir!

—¡Gracias por alzar la voz!

—Agradezco tu valentía y franqueza.

—¡Sí!

Emoji corazón.

Emoji abrazo.

Qué experiencia tan singular, perturbadora e incongruente es leer decenas de comentarios como estos debajo de una entrada que pide que me juzguen por crímenes de lesa humanidad y me ejecuten en plaza pública. Aun así, los mensajes más gráficos y virulentos sobre mí (como el de Jon, del que he hablado en el capítulo 4, sobre el toro al que llevan al matadero) estaban envueltos por un asombroso sentimiento de amor y apoyo social, no hacia mí, por supuesto, sino hacia el que había hecho el primer comentario y los demás comentaristas. Esto no se da exclusivamente en los mensajes sobre mí. En general, y en mi experiencia, el volumen de aprecio y amor mutuo expresado en las conversaciones en las redes sociales entre los convencidos no tiene precedente. En los foros que yo he visitado, muestran un extraordinario grado de reafirmación mutua, se alaban y se felicitan efusivamente los unos a los otros. ¿Quién será esta gente tan amable y maravillosa que se profesa tanta admiración y se respalda entre sí, incluso cuando habla sobre complots perversos y élites malvadas y genocidas? De vez en cuando, veía incluso reacciones de personas tan emocionadas ante la mención de un nuevo complot o un villano que sugerían que se le concediera el Premio Nobel de la Paz o algún otro honor humanitario a quien hubiera hecho el descubrimiento. Te puedo decir que, entre los académicos, jamás he visto a nadie publicar ningún mensaje para decir que fulanito o menganito merezca el Premio Nobel de nada en absoluto; sin embargo, proponer premios y reconocimientos es algo que se da a menudo entre los convencidos.

Si cualquiera pudiese leer tan solo el tono emotivo de los comentaristas sin el contenido, pensaría que se trata del grupo de gente más amable sobre la faz de la tierra. Acto seguido, se preguntaría por la noble causa que ha congregado a tanta gente tan maravillosa. ¿Estarán intentando acabar con la pobreza en el mundo tal vez? ¿Estarán trabajando por la igualdad de oportunidades para que todos los niños del planeta accedan a la educación? ¿O estarán curando alguna enfermedad terrible? Lo que jamás se le ocurriría es que los temas que tienen entre manos son varios complots para acabar con la humanidad tal y como la conocemos.

¿Cómo es que son tan corteses los unos con los otros, incluso al hablar de unos temas tan sombríos y dolorosos? Yo creo que se debe a que tienen clarísimo que todos y cada uno de ellos, así como la gente que los rodea, necesitan apoyo y aprobación social. Con el paso del tiempo, han creado la norma social de proporcionarse ese respaldo los unos a los otros en abundancia, hasta tal punto que todos los demás círculos sociales palidecen en comparación (quizá con la excepción de las dos primeras semanas en que dos adolescentes se enamoran y no pueden dejar de decirse el uno al otro lo increíble e impresionantemente maravillosos que son).

OJALÁ SEA ÚTIL...

Comenzar por los puntos en común

En el universo social, las conversaciones o discusiones del estilo nosotros contra ellos son inherentemente improductivas. Cuando la gente adopta la mentalidad de soldado (como vimos en el capítulo 6), no presta atención, sino que está todo el tiempo replicando mentalmente, y me atrevo a decir que termina de perfilar su réplica incluso antes de que el otro haya acabado de hablar. Y, como a todos se nos da tan maravillosamente bien lo de argumentar para justificar cualquiera que sea nuestra postura, la conversación no va a ninguna parte. Por eso es tan importante, importantísimo, establecer antes unos elementos comunes, conexiones, intereses compartidos, etcétera, incluso con alguien cuyas convicciones son tan distintas de las nuestras.

En su libro *How Minds Change: The Surprising Science of Belief, Opinion, and Persuasion* [Cómo cambia la mente: La sorprendente naturaleza de las creencias, la opinión y la persuasión], el periodista científico David McRaney reflexiona sobre algunos de los métodos que han demostrado ser más efectivos a la hora de hacer cambiar de opinión a alguien, en especial en cuestiones controvertidas y enrevesadas. En todos los métodos que explora, que incluyen el *deep canvassing* o 'análisis en profundidad' (del capítulo 3), la epistemología callejera y la política inteligente, el primer paso siempre es establecer una buena comunicación. Dicho de otro modo, asegurarnos de que el otro sabe que eres un amigo, hacerle saber que no pretendes avergonzarlo y transmitirle que tienes interés en escuchar su historia y en mantener una conversación franca al respecto. En el contexto de esta parte, es una buena manera de asegurarte de que, sea quien sea la persona con la que hablas, ya sea una convencida o no, no se siente excluida y que te ve más como a alguien de su endogrupo que como a alguien de un exogrupo.

Buscar la manera de estar en el endogrupo de un convencido no significa que tengas que aceptar todo lo que te diga ni coincidir con ello. No pasa nada por considerar ofensivas o peligrosas algunas de sus convicciones. Ahora bien, igual que en esos diagramas de Venn, donde tenemos dos círculos que se solapan en el centro de la imagen, sí podrás hallar algún punto de encuentro. El esquema del endogrupo y el exogrupo es particularmente útil porque en un endogrupo podemos hablar de problemas y objetivos comunes. Para aplicar este enfoque, primero escoge un tema en que esté claro que tu interlocutor y tú tenéis cosas en común sobre las que trabajar: algo local, quizá, como el precio de la vivienda o los índices de criminalidad. O busca un aspecto más humano que ambos tengáis en vuestra vida, como educar a los hijos adolescentes. Así, le enviarás el mensaje de que las cosas en las que sois iguales son mucho más importantes que las que os diferencian.

El mantenimiento social

Cuando alguien entra a formar parte de los grupos sociales de los convencidos, se inicia un proceso distinto: el de mantener sus creencias y su sentido de la conexión con el grupo. Este proceso tiene dos grandes componentes, uno que hace que la gente refuerce sus convicciones infundadas y un segundo que hace que la gente refuerce sus círculos sociales. En este apartado, vamos a ver esos dos subcomponentes del mantenimiento social como si fueran dos mecanismos independientes, pero desde luego están conectados, y lo que mejor ilustra su conexión es lo que Robert Cialdini denominó «prueba social», así que vamos a tomarnos un instante para entender la prueba social.

La prueba social: el mantenimiento social en acción

Hay numerosas situaciones en la vida en que no estamos seguros de cuáles son las normas de conducta apropiadas, así que buscamos un ejemplo en otras personas. En el sentido más básico, esto es la prueba social. Imagínate que te invitan por primera vez al palacio de Buckingham para conocer al rey de Inglaterra y no sabes bien cómo te has de comportar. Mirarías a tu alrededor y seguirías al resto del rebaño: harías una reverencia cuando los demás la hagan, te moverías en la misma dirección que todos los demás y al mismo ritmo, etcétera. Lo mismo se puede decir, aunque en menor grado, si nos incorporamos a un lugar de trabajo, si asistimos al Burning Man en Nevada por primera vez o si acudimos a una reunión con los profesores de nuestros hijos en su colegio nuevo. En todos estos casos, intentamos que la prueba social nos diga cómo encajar. La prueba social también controla nuestra conducta en los grupos de internet, en especial en aquellos en los que somos unos recién llegados y donde no estamos seguros de cuáles son las normas imperantes.

Al recurrir a las personas a las que respetamos para deducir la manera correcta de hablar, lo que hay que hacer y lo que hay que creer, la prueba social vincula nuestros círculos sociales con nuestro comportamiento y convicciones, en particular en los casos de incertidumbre elevada. Uno de mis artículos favoritos sobre la prueba social procede del trabajo de Jessica Nolan y sus colegas. En uno de sus estudios, preguntaron a los californianos qué los motivaría para ahorrar energía. Los participantes respondieron que su mayor motivación sería la importancia medioambiental del ahorro de energía, seguida de los beneficios para la sociedad, la posibilidad de ahorrar dinero y, como el factor menos importante, el hecho de que los demás ahorrasen también energía. Fíjate en que eso es lo que dijo la gente que la motivaría, su ingenua psicología sobre sí misma, pero, cuando los investigadores midieron lo que motivaría en realidad a las personas, descubrieron que el factor más importante era lo que hacían los demás (prueba social), mientras que los factores restantes tenían menos relevancia. Estos resultados muestran que la prueba social es importante, pero no valoramos esa importancia y terminamos subestimándola porque no vemos cómo nos afecta.

Ahora que entendemos este vínculo tan importante entre los círculos sociales y las creencias, vamos a apartarlo y a hablar de los dos componentes por separado.

Los grupos sociales refuerzan las convicciones infundadas

¿Cómo nos empujan los grupos sociales a caer en la convicción infundada? Quizá hayas oído hablar de los clásicos experimentos de conformidad de Asch realizados en la década de 1950, consistentes en que los participantes observaban tres líneas en el lado derecho de una pizarra y una línea en el lado izquierdo. Entonces, se les pedía que dijeran cuál de las tres líneas del lado derecho (A, B o C) tenía la misma longitud que la línea de la izquierda. Lo interesante del experimento es que los participantes daban siempre la respuesta correcta cuando tomaban su decisión a solas, pero, cuando lo hacían con un grupo de cómplices (que trabajaban para Asch) que se mostraban llenos de confianza y elegían mal todos ellos (digamos que elegían la línea A cuando la respuesta correcta era la B), el participante real también elegía mal con mucha frecuencia. Es un ejemplo clásico de la presión que sentimos todos por estar en conformidad con la opinión de los que nos rodean.

Asch realizó muchas versiones más de este experimento básico. En una de ellas, comprobó lo que sucedería si los demás de la sala (los cómplices que trabajaban para Asch) fueran individuos con una posición social elevada. Dado que estos experimentos suelen tener lugar en universidades, imaginemos que los cómplices fuesen alumnos de clase alta de una de las fraternidades de élite, ya fuese masculina o femenina. ¿Qué crees que sucedía en esos casos? La presión social era todavía más alta y el número de decisiones influidas por la presión social se incrementaba por el atractivo social de pertenecer a ese grupo.

El experimento básico de Asch nos dice que nos vemos influidos por los demás en general. Tenemos la tendencia de seguir a la gente. Lo que muestra la versión de alta sociedad del experimento de Asch es que, cuando admiramos a alguien, sentimos una presión mayor aún por coincidir con sus opiniones. Volvamos a Chloe por un momento. Hace poco que se ha unido a unos grupos en las redes sociales atraída por la sensación de pertenencia que le producían en contraste con la marginación por parte de sus familiares y amigos. Admira a las personas que actúan como líderes de estos grupos: las que llevan activas en ellos desde hace mucho tiempo, esas a quienes siguen los demás claramente. Y, como las admira, es todavía más probable que sienta la presión de estar de acuerdo con ellas. Así es como actúa el proceso de refuerzo de las convicciones infundadas: cuando alguien se une a un grupo, la presión social conduce a una mayor coincidencia, que conduce a una mayor exposición, manteniendo la convicción infundada.

La convicción infundada refuerza los círculos sociales

Si los círculos sociales refuerzan la convicción infundada, lo mismo puede decirse a la inversa: la convicción infundada refuerza los círculos sociales. Encontré un ejemplo muy claro (y muy triste) de este proceso cuando fui a visitar a una pareja, Stacy y Ron. Antes del covid, Stacy era una personalidad de los medios de comunicación convencionales. Al comienzo de la pandemia, cambió de aires y creó su propio programa matinal con Ron por internet. En él, cuestionaban la lógica de todo lo relacionado con el covid, desde el modo en que los Gobiernos seguían las directrices de la ciencia oficial hasta la información y recomendaciones que llegaban de los CDC y la OMS. Al principio, se planteaban sobre todo preguntas razonables, pero también daban voz a un amplio abanico de invitados que se inclinaban más hacia las convicciones infundadas tanto en sus opiniones sobre el covid como al respecto de la vida en general. El programa no respaldaba explícitamente las opiniones de esos individuos, sino que, bajo la apariencia de la libertad de expresión y la inocente afirmación «Nosotros solo nos hacemos preguntas», Stacy y Ron permitían que sus invitados expusieran lo que creían, los escuchaban con escaso escepticismo y, después, mantenían una conversación abierta para entender mejor sus puntos de vista y opiniones. Con el paso del tiempo, fue cambiando la gente que seguía el programa, así que el contenido también lo hizo, y las convicciones de Stacy y Ron cambiaron con ellos.

Observé el proceso desde la distancia con cierta curiosidad, fascinado al ver un ejemplo tan público de la caída de dos personas en la convicción infundada. Cuando llevábamos un año de pandemia, le pedí a un amigo común que nos presentara. Después de varias llamadas de teléfono, fui a ver a Stacy y a Ron en el estudio de su casa. Lo primero que quisieron saber fue qué creía yo y qué no creía sobre el covid, pero redirigí la conversación de nuevo hacia ellos, pues quería hablar de lo que estaba sucediendo en sus círculos sociales; más concretamente, quería saber qué trato les daba su familia y amigos anteriores al covid.

No me sorprendió lo que me contaron, pero aun así fue muy triste oírlo. Pienso que aquello representaba una experiencia general compartida por muchos convencidos. Me dijeron que ninguno de sus amigos previos al covid, ni de Stacy ni de Ron, se había puesto en contacto con ellos para ver qué tal estaban ni para ofrecerles apoyo en el trabajo que hacían al ondear la bandera en contra del poder establecido. También me contaron que algunos de sus amigos previos al covid habían dejado de devolverles las llamadas y que la mayoría de ellos habían desaparecido de su página profesional de Facebook. Algunos, incluso, los habían llamado para acusarlos de difundir noticias falsas. Stacy me dijo que su hermana le había retirado la palabra y que la nuera de Ron no estaba dispuesta a recibirlo en su casa, así que llevaba un tiempo sin ver a sus nietos.

Viendo que, prácticamente, todos sus conocidos de la vida anterior a la pandemia habían abandonado su círculo social, me pregunté qué aspecto tendría ese círculo. Me hablaron en profundidad de las numerosas relaciones sociales que tenían en esos momentos, tanto por internet como en el jardín de su casa con sus nuevos amigos. ¿Cuál era el hilo conductor que unía a todas esas personas? Has acertado: la convicción infundada. De ese modo, las convicciones infundadas reforzaban sus nuevos círculos sociales. En sus reuniones sociales, se contaban en detalle la vergüenza social y la presión que estaban sufriendo y se compadecían los unos de los otros por todo aquello. También hablaban con sus nuevos amigos sobre las regulaciones gubernamentales que con toda seguridad se avecinaban, se lamentaban de la penosa situación del mundo y trazaban estrategias para ver cómo podían conseguir que hubiese más gente que viera la realidad tal y como ellos la veían. Es comprensible que se centraran exclusivamente en esos temas, ya que eran lo que había unido al grupo y conectaba a los miembros. Lo más probable es que compartir sus penas les sirviese para crear un grupo de apoyo, así como para generar un vínculo más profundo con los demás a fin de fortalecer su nueva estructura social y consolidarla. Así actúa el proceso de refuerzo de la estructura social cuando la gente se une a semejante grupo. Una mayor exposición conduce a una mayor coincidencia, que conduce a una mayor exposición, manteniendo la estructura social.

OJALÁ SEA ÚTIL...

Resistirnos a la tentación de excluir

Si te estás preguntando cómo podemos evitar que la gente a la que conocemos y queremos caiga en el embudo de la convicción infundada, aquí tienes un consejo importante: intenta no excluirla, ni siquiera de forma sutil. Al fin y al cabo, el aislamiento social comienza cuando quienes no son unos convencidos (¿los no convencidos?) se apartan del convencido. Si alguna persona en tu vida se ha contagiado de la convicción infundada, es probable que hayas tenido esta conducta tan comprensible pero tan poco útil. Al fin y al cabo, no es fácil mantener una y otra vez las mismas conversaciones sobre unas ideas que a todas luces parecen falsas e incluso ofensivas, por no mencionar que estas conversaciones pueden convertir las reuniones familiares en campos de batalla ideológicos. Es comprensible que resulte incómodo invitar a esa persona a una fiesta y encontrártela contándoles sus teorías a familiares, amigos o compañeros de trabajo. Es más fácil darte la vuelta, dejar que sus llamadas vayan al buzón de voz, no invitarla más, hacer caso omiso de sus publicaciones en internet o incluso bloquearla. Pero es peligroso. Los que tenemos familiares y amigos que comienzan a deslizarse por el embudo de la convicción infundada tenemos la capacidad y la responsabilidad de hacer algo al respecto. Podemos reconocer que incluso un leve aislamiento social tiene importantes repercusiones negativas, probablemente mayores de lo que el propio excluido se imagina o percibe. En lugar de esa marginación, es importante ofrecer respaldo social, aunque parezca difícil e incómodo.

¿Por qué la exclusión fue más pronunciada durante la pandemia del covid?

La exclusión es dolorosa en cualquier contexto, incluso en un juego amañado de ordenador con una pelota, pero, durante la pandemia del covid, la gente se sentía muchísimo más excluida. Cuando, a comienzos de 2022, el presidente francés Emmanuel Macron declaró que su estrategia era «fastidiar» a la gente que se negaba a vacunarse contra el covid, quedó claro que la temporada de marginación en masa iba viento en popa. Después, llamó «irresponsables» a las personas sin vacunar y afirmó que «ya no [eran] ciudadanas», y el dolor de los convencidos se hizo tan evidente que no hacía falta ninguna técnica moderna de neuroimagen para verlo. Ese nivel de aislamiento fue muy extremo, tal vez incluso sin precedentes, al menos en la época moderna. ¿Te imaginas a un líder mundial —o, ya puestos, a cualquier persona— expresándose de esa manera para referirse a alguien con unas convicciones religiosas, económicas o sociales diferentes? Yo no (tal vez con la excepción de ciertos brasileños con una opinión igual de negativa sobre la catadura moral de los hinchas de fútbol argentinos, y viceversa).

¿Qué tenían los convencidos del covid que provocaban unos sentimientos tan intensos? Para responder a esta importante pregunta, vamos a desviarnos un poco con el objetivo de aproximarnos a uno de mis paradigmas experimentales preferidos: el juego de los bienes comunes. Me gusta porque es un juego elegante, pero sobre todo porque incide sobre uno de los componentes básicos más importantes y aun así más olvidados de una sociedad humana funcional: ¡trabajar juntos!

Así funciona el juego. Imagínate que estamos jugando en la ciudad de Nueva York. Empezamos eligiendo al azar a diez personas que vivan allí. El primer día del experimento, las llamamos por la mañana y les explicamos las reglas del juego: «Enhorabuena, te han seleccionado como uno de los diez jugadores de esta partida. Tu identidad está a salvo con nosotros. Jamás le diremos a nadie que eres uno de los jugadores, ni tampoco te diremos a ti quiénes son los otros nueve (suena un poco al estilo de la serie televisiva de *El juego del calamar*, pero no lo es, créeme). Te vamos a llamar todos los días a las nueve de la mañana y te vamos a dar cien dólares. Con esos cien dólares, vas a poder hacer una de estas dos cosas: te puedes quedar el dinero para ti o lo puedes dejar en un fondo común. Si te quedas el dinero, te lo transferiremos de inmediato a tu cuenta bancaria, pero, si decides meterlo en el fondo común, transferiremos el dinero de inmediato al fondo y, una vez que todos los jugadores hayan tomado su decisión, multiplicaremos por cinco el importe común. Por la noche, dividiremos el dinero del fondo a partes iguales entre los diez jugadores, y así continuará el juego durante un tiempo».

¿Cómo saldría esto? El primer día, las diez personas reciben la llamada, les recuerdan las reglas y eligen. Los resultados demuestran que todos suelen decidir poner el dinero en el fondo común: diez personas aportan 100 dólares cada una, que hace un total de 1.000 dólares. Entonces, se multiplica el dinero por cinco, que hace un total de 5.000 dólares. Por la noche, los 5.000 dólares se reparten entre los diez jugadores y cada uno recibe 500 dólares. ¡Viva la vida! Cada uno de nuestros diez jugadores recibió un regalo de 100 dólares por la mañana y se ha ido a la cama con 500. Esto se mantiene durante un tiempo, hasta que uno decide quedarse con sus 100 dólares y no poner nada en el fondo común. ¿Qué pasa ahora? Ese día, nueve personas ponen sus 100 dólares, que suma un total de 900. Esta cantidad se multiplica por cinco y se convierte en 4.500 dólares, que por la noche se reparten por igual entre todos los participantes, incluido el %&$@ egoísta que no ha puesto nada. Todo el mundo recibe 450 dólares, pero el %&$@ termina el día con 550 dólares: 100 dólares por la mañana y los 450 del fondo común.

Vamos a desviarnos ahora del formato habitual del juego y le vamos a dar un giro relacionado con un rango más amplio de nuestra psicología. Lo vamos a llamar «juego de los bienes comunes con desquite». El juego comienza del mismo modo que hemos descrito antes, pero ahora imagínate que fueses uno de los nueve jugadores que han puesto su dinero en el fondo común por la mañana y, cuando recibes los 450 dólares por la noche, te das cuenta de que alguien del grupo se ha quedado con su dinero, de manera que tú has recibido menos y el %&$@ egoísta al final tiene más que el resto. ¿Cómo te sentirías? ¿Y si te dieran la opción de pagar 20 dólares para hacer que el %&$@ que ha traicionado al grupo pierda 400 dólares?, ¿lo harías?, ¿te desquitarías? Tal vez ahora, cómodamente en el sofá de tu casa e imaginándote sin más la traición, no piensas que fueras a hacerlo, pero yo creo que, si hubiera ocurrido de verdad, no tendrías problema en pegarte un tiro en el pie y sacrificar 20 dólares para castigar a ese %&$@. Por cierto, para conectar con las emociones que despierta la traición, basta con que pienses en una discusión fuerte en el trabajo o en una pelea con tu ex; con esa sensación fresca en la mente, vuelve a responder la pregunta: ¿pagarías 20 dólares para castigar al %&$@ que te ha traicionado?

Ahora que hemos dado este pequeño rodeo, vamos a regresar con la pregunta que titulaba esta sección: ¿por qué el aislamiento fue más acusado durante la pandemia del covid? Espero que hayan quedado claros los paralelismos entre los años de la pandemia y el juego de los bienes comunes con desquite. Durante el covid, la gente que obedecía las normas y las restricciones pagó un precio social y económico, mientras que quienes no las seguían ponían las cosas un poco más difíciles para todos los demás. En una pandemia es mucho más grave, pues el simple hecho de que un pequeño número de personas haga únicamente lo que es mejor para ellas en un momento dado, sin tener en cuenta el bien común, empeora mucho las cosas y prolonga el sufrimiento de todos los demás. Fue esta sensación —de que los convencidos estaban traicionando el bien común y causando un gran daño— lo que hizo que la gente que había cumplido las normas se enfadara tanto con los convencidos y sintiese el impulso de excluirlos y castigarlos.

Por desgracia, como ya hemos visto, la marginación y el deseo de castigar son contraproducentes. Solo sirvieron para empujar más hacia el embudo a unos convencidos movidos por unas intensas fuerzas sociales.

Un regalo envenenado que no deja de envenenar: los efectos de la exclusión en los demás

Como hemos visto, el aislamiento social tiene diversos efectos negativos sobre la persona excluida; entre ellos, la depresión, una actitud más negativa ante la vida y la necesidad de buscar apoyo emocional y social en otra parte. Por desgracia, la historia no se acaba con esas sensaciones negativas del excluido, también altera el modo en que actúa con los demás. En este sentido, la marginación es un regalo envenenado que no deja de envenenar.

Tal y como han demostrado Jean Twenge y sus colegas, la marginación lleva a la gente a ayudar menos a los demás, realizar menos donaciones económicas y a hacer menos voluntariado. Comenzaron sus experimentos haciendo que algunos de sus participantes se sintieran aislados y otros no. Lo consiguieron diciéndoles a algunos que, debido a su tipo de personalidad, era probable que terminaran quedándose solos más adelante en la vida, pues la mayoría de sus amigos y conocidos se habrían distanciado antes de que cumpliesen los treinta y, si se casaban, su matrimonio duraría poco, así que a la larga se encontrarían solos. Por el contrario, a los participantes no aislados, el grupo de control, les dijeron que, debido a su tipo de personalidad, era probable que tuvieran unas relaciones satisfactorias, que la mayoría de sus amigos y conocidos les iban a durar toda la vida, que cuando se casaran su matrimonio también sería duradero y que siempre tendrían a alguien que se preocupara por ellos y estuviese dispuesto a ayudarlos. Al final de ese breve proceso, había un grupo de gente que se sentía marginada y otro grupo que se sentía bien.

En ese momento, entregaban a todos los participantes un test para evaluar su conducta. Por ejemplo, en uno de los experimentos, la investigadora mencionaba que estaba haciendo una colecta para el Fondo de Emergencias del Alumnado. Añadía que era una magnífica causa y que sería maravilloso que donaran algo. También aseguraba que no pasaba absolutamente nada si no podían. Había una urna de donaciones sobre la mesa en la que decía: «Fondo de Emergencias del Alumnado: para ayudar a los alumnos con los gastos imprevistos». Entonces, la investigadora se marchaba de la habitación.

Como habrás imaginado, los participantes a los que habían hecho sentir aislados tenían menos probabilidades de donar. En otro experimento, después de que los hubieran hecho sentirse marginados o no, y como si fuera por casualidad, todos los participantes se topaban con una persona a la que se le habían caído unos lápices al suelo. ¿Le echaron una mano? De nuevo, los participantes a los que se había hecho sentir marginados mostraron menor probabilidad de echar una mano.

Estos experimentos demuestran los efectos posteriores del aislamiento, y la mala noticia añadida es que esos efectos no se limitan a unas emociones negativas, sino que también generan conductas sociales negativas. Kai-Tak Poon, Zhansheng Chen y C. Nathan DeWall querían determinar si la marginación social también incrementa la disposición a actuar de manera deshonesta. En su experimento, se remontaron a los fundamentos del aislamiento y pusieron a los participantes a jugar al Cyberball. Les decían que iban a jugar con otros dos jugadores durante un total de treinta pases de la pelota. En realidad, jugaban contra un ordenador que decidía de forma aleatoria si el participante recibía diez pases del total de treinta (la condición de inclusión) o si solo recibía dos de los primeros pases y ninguno más durante el resto del juego (la condición de marginación). En este momento, seguro que te estás preguntando qué clase de mente diabólica tienen estos tipos que se dedican a estudiar el aislamiento, pero déjame que te asegure que son personas de lo más encantadoras y afectuosas.

Acto seguido, presentaban a los participantes quince anagramas que tenían que resolver (por ejemplo, morada = armado; módica = comida; nogales = galenos) de uno en uno en la pantalla de un ordenador, para lo que disponían de quince segundos. Entregaban a los participantes un sobre con treinta dólares de Hong Kong y les decían que harían una breve pausa después de cada anagrama y, entonces, podrían coger dos dólares del sobre si estaban seguros de haber resuelto correctamente el anagrama que acababan de ver. Lo que no sabían es que solo tenían solución ocho de los quince anagramas, los otros siete no. De nuevo, y como habrás adivinado ya, probablemente, el hecho de sentirse excluidos hacía que los participantes afirmaran que habían resuelto más anagramas, incluidos algunos de los que no tenían solución. En síntesis, se comportaban de forma menos ética y hacían más trampas.

Resumiendo estos hallazgos, cuando una persona se siente más aislada, pierde algunos de sus criterios morales, tanto en términos sociales (ver irrelevante ayudar a los demás) como en términos individuales (considerar más aceptable llevarse más dinero del que se ha ganado). Tengo que reconocer que estos descubrimientos me generan una gran preocupación. Si los trasladamos al universo de las redes sociales, donde la gente se puede sentir rechazada y excluida con gran facilidad, empezaremos a entender por qué esto podría motivar, por ejemplo, unos criterios morales más bajos en lo referente a la veracidad de la información que se comparte o a la amabilidad que se muestra hacia los demás. Ya lo he dicho antes, pero merece la pena repetirlo: cuando veas que el embudo de la convicción infundada se está tragando a una persona cercana a ti, resiste la tentación de excluirla, pues el coste es demasiado elevado. Céntrate en ofrecerle apoyo social, a pesar de todas las dificultades que conlleva.

En este capítulo, hemos visto que las fuerzas opuestas del aislamiento y la pertenencia empujan a la gente hacia el embudo de la convicción infundada, y también hemos visto que esas mismas fuerzas incrementan las probabilidades de que esas personas no salgan de ahí, pero la convicción infundada rara vez se mantiene estable y sin cambios. Es un estado que se acelera, atrae a la gente más adentro del embudo y se vuelve cada vez más extremo. En el siguiente capítulo, vamos a ver qué papel desempeñan las fuerzas sociales en esta aceleración.

10

El acelerador social

> Brian: ¡Lo siento, estáis equivocados! ¡No tenéis por qué seguirme, no tenéis por qué seguir a nadie! ¡Tenéis que pensar por vosotros mismos! ¡Cada uno es un individuo!
> Multitud (al unísono): ¡Sí, cada uno es un individuo!
> Brian: ¡Todos sois diferentes!
> Multitud (al unísono): ¡Sí, todos somos diferentes!
> Hombre en la multitud: Yo no.
>
> *La vida de Brian* (1979)

¿Cómo es posible que esa persona se crea eso? Esta es la pregunta con la que comenzamos nuestro recorrido, y ya hemos explorado muchas razones por las que una persona por lo demás racional comienza creer en ideas que parecen bastante irracionales. No obstante, hay otras preguntas que cobran interés cuando investigamos el componente social de la convicción infundada: ¿y esa persona se lo cree de verdad? ¿Qué motivo tiene para adherirse a algo que no termina de creerse e incluso difundirlo? ¿Por qué la gente comparte información que se ha demostrado que es falsa? ¿Y por qué insiste en unas creencias que se han revelado equivocadas? ¿Por qué sus convicciones se vuelven cada vez más extremas? Para responder a estas preguntas, primero tenemos que fijarnos en el poder que tienen las fuerzas sociales dentro de un grupo y en las maneras en que los seres humanos tratan de demostrar sus lealtades, conseguir un estatus y mantener los vínculos.

Cuando una persona alcanza determinado punto dentro del embudo, se encuentra tan metida en unas redes de relaciones sociales con personas que comparten sus opiniones que dichas redes y las fuerzas sociales que actúan en ellas comienzan a influir desmesuradamente en la aceleración de la convicción infundada, haciendo que le resulte muy difícil escapar del embudo. En este capítulo, nos vamos a centrar en este último componente del elemento social: el modo en que las fuerzas sociales aceleran la convicción infundada.

Al centrarnos en la aceleración social, comenzaremos con una de mis fuerzas preferidas en la psicología, todo un clásico que ha alterado nuestra manera de entender el razonamiento humano. Estoy hablando nada más y nada menos que de la *disonancia cognitiva.* Estoy seguro de que ya sabes algo sobre la disonancia cognitiva, tal vez mucho, pero aun así merece la pena volver sobre el concepto básico debido al importante papel que ejerce en el embudo de la convicción infundada y, en particular, como acelerador social.

La disonancia cognitiva

Uno de los puntos de partida para entender la disonancia cognitiva es un estudio que realizó Leon Festinger con dos de sus amigos íntimos, Stanley Schachter y Henry Riecken. Para su estudio, aprovecharon un suceso un tanto inusual que se estaba produciendo en 1954 en la ciudad de Lake City, en Minnesota (un pseudónimo que se inventaron para publicarlo).

Esta es la descripción del suceso en el *Lake City Herald*:

> Profecía del planeta Clarion. Llamamiento a la ciudad: Espacio exterior a los barrios residenciales, huid de la inundación. Nos anegará el 21 de diciembre.
>
> Lake City quedará destruida por una inundación procedente de los Grandes Lagos justo antes del amanecer del día 21 de di-

> ciembre según la señora Marian Keech, ama de casa del 847 de la calle West School, que dice que la profecía no es suya. Es lo que afirman muchos mensajes que, según asegura, ha recibido por el método de la escritura automática [...]. Según la señora Keech, los mensajes se los envían unos seres superiores de un planeta llamado «Clarion». Estos seres han estado viniendo a la Tierra, según afirma, en eso que llamamos platillos volantes. Durante sus visitas, dice la mujer, han observado unas líneas de falla en la corteza terrestre que anuncian las inundaciones. La señora Keech afirma que le han comunicado que las inundaciones se van a extender hasta formar un mar interior desde el círculo polar ártico hasta el golfo de México. Al mismo tiempo, un cataclismo sumergirá la costa oeste desde Seattle, en el estado de Washington, hasta Chile, en Sudamérica.

No creo que hubiese mucha gente con ganas de ir a pasar las Navidades en Minnesota, y menos gente aún tendría deseos de pasarlas con una gente convencida de que el mundo está a punto de acabarse gracias a unos seres superiores del planeta Clarion, pero ese era justo el tipo de suceso que necesitaban Festinger, Riecken y Schachter para explorar su teoría de la disonancia cognitiva, que es el malestar que sentimos cuando nuestras creencias entran en conflicto con nuestra conducta y las curiosas maneras que tenemos de resolver ese malestar.

¿Cómo podría serles de ayuda ese extraño caso que, supuestamente, estaba sucediendo en Minnesota para entender la disonancia cognitiva? Primero, asumieron que la ciudad de Lake City no iba a quedar destruida por una inundación procedente de los Grandes Lagos justo antes del amanecer del día 21 de diciembre, ¡eso para empezar! Y, dado que Marian Keech tenía muchos seguidores que se creían sus afirmaciones, se preguntaron qué pasaría el día 22 de diciembre cuando se toparan con la inesperada realidad de que, en contra de sus convicciones, el mundo continuaba igual.

Poco después de que los investigadores llegaran a Lake City, Marian Keech recibió otro mensaje que decía que, gracias a su actividad y convicciones, ni ella ni sus seguidores iban a morir en las inundaciones. Un visitante extraterrestre acudiría a su casa en un platillo volante justo antes de la riada y se los llevaría para ponerlos a salvo en algún lugar del espacio exterior.

Muy bien, vamos a asumir que Marian Keech tenía dos tipos de seguidores: unos que creían más bien poco en sus predicciones y otros que creían mucho en ellas. ¿Cómo imaginas que afectaría la intensidad de la creencia en las predicciones de Marian Keech en su nivel de decepción al descubrir que no se acababa el mundo? ¿Cuál de los dos estaría más decepcionado y sería más probable que abandonara a Marian Keech y regresase a su casa?

Lo habitual sería pensar que los más comprometidos serían los más decepcionados porque experimentarían un nivel superior de desengaño con Marian Keech y, por tanto, serían los primeros en marcharse. Sin embargo, según la hipótesis de la disonancia cognitiva, sucedería justo lo contrario. La teoría de los investigadores era que los seguidores más serios tendrían más necesidad de justificar su dedicación inicial a Marian Keech y que esa presión los empujaría a insistir todavía más en seguirla. Eso fue justo lo que descubrieron. Los muy creyentes, que sufrían un mayor nivel de disonancia, iban más allá con tal de validar su decisión original y el crédito otorgado a Marian Keech. De hecho, incrementaban sus esfuerzos para convencer a más gente de que Marian Keech no era un fraude.

¿Cómo actuó la disonancia cognitiva para generar tal resultado? En el caso de los poco creyentes, estos sufrieron un conflicto entre su apoyo a Keech y la información recién obtenida de que no era una verdadera profetisa, pero, como su convicción era frágil, tampoco les supuso mayor problema. Aceptaron que había sido un error darle su apoyo y continuaron con su vida.

Por el contrario, los muy creyentes sufrieron un conflicto mucho más profundo entre su apoyo a Keech y la información recién obtenida de que no era una verdadera profetisa. Como eran muy creyentes y su apoyo había sido más sustancial (algunos le habían donado todo su dinero, habían dejado a su familia para estar con ella, etcétera), no podían limitarse a reconocer que estaban equivocados desde el principio. Así, su solución consistió en negarse a aceptar la información nueva. Cuando nuestros actos no cuadran con los datos de que disponemos, sentimos un intenso malestar y anhelamos la coherencia, lo cual nos empuja a distorsionar lo que sea más fácil de distorsionar, que suele ser la información recién adquirida. Conforme a ese planteamiento, los muy creyentes rechazaron la información nueva e incluso aumentaron su compromiso con Keech para convencerse aún más de que estaban en lo cierto desde el principio y de todo lo que habían hecho para apoyarla.

Tal vez pienses que la señora Keech y sus platillos volantes son un ejemplo marginal, pero es muy probable que te hayas encontrado con muchos casos de disonancia cognitiva en tu vida o en la de tus amigos. Ya hemos visto varios de estos casos en las páginas de este libro, incluido el ejemplo de Saul en el capítulo 7, que sufrió una disonancia cognitiva tan extrema al contraer justo la enfermedad que él creía que era un bulo que se inventó un relato más enrevesado aún para explicarla, aunque el covid lo estuviera matando.

De un modo muy similar al de otras fuerzas psicológicas, encontramos ejemplos de la idea fundamental de la disonancia cognitiva en el canon de la literatura y la filosofía. En las fábulas de Esopo, de la Antigua Grecia, el autor utiliza la idea de las uvas que están verdes para ilustrar el cambio de opinión de una zorra que se da cuenta de que no puede alcanzar el racimo que quería. Frustrada, la zorra soluciona su disonancia cognitiva convenciéndose de que las uvas no están aún maduras y de que, en realidad, nunca ha tenido interés en ellas.

Benjamin Franklin hizo una observación relacionada con la disonancia cognitiva, aunque dijo de su versión que era una «antigua máxima». La idea fundamental de Franklin era que «quien haya tenido contigo una cortesía estará más dispuesto a tener una segunda que aquel a quien le hayas ofrecido tú la cortesía». Dicho de otro modo, cuando hemos ayudado a alguien, nos decimos que esa persona nos ha de caer bien, así que continuamos tratándola bien en lugar de enfrentarnos a la disonancia cognitiva de que tal vez sintamos algo diferente. En su autobiografía, Franklin se extiende sobre esta idea y explica cómo gestionó la animosidad de un congresista rival:

> Al saber que él tenía en su biblioteca un ejemplar de cierto libro inusual y peculiar, le escribí una nota y le expresé mi deseo de leerlo con detenimiento y le solicité que me hiciera el favor de prestármelo unos días. Me lo envió de inmediato y se lo devolví en cuestión de una semana con una nota para expresarle mi profundo agradecimiento de su favor. La siguiente vez que coincidimos en la Cámara, habló conmigo (cosa que no había hecho nunca), y con gran cortesía, y a partir de entonces no dejó de manifestarme su disposición a servirme en todas las ocasiones, de manera que nos hicimos grandes amigos y nuestra amistad se mantuvo hasta su muerte.

Además de ayudarnos a predecir cuándo hay más o menos probabilidades de que alguien acepte una información nueva y modifique sus convicciones, la disonancia cognitiva arroja una importante luz sobre esa cuestión ancestral de si huimos porque tenemos miedo o si tenemos miedo porque estamos huyendo. Por lo general, hay dos formas de vincular la conducta y los estados internos. La primera (y típica) es que los estados internos provocan la conducta (huimos porque tenemos miedo) y la segunda es que la conducta provoca un estado interno (tenemos miedo porque estamos huyendo). Expresado en estos términos, el hallazgo de la disonancia cognitiva es que la conducta puede provocar un estado interno, pero eso no significa que lo haga siempre. Quiere decir que la influencia puede actuar en ambos sentidos. Los estados internos provocan conductas y las conductas provocan estados internos bajo unas circunstancias distintas.

En lo referente a la disonancia cognitiva y la convicción infundada, la relación debería resultar clara: los actos (dedicar tu tiempo y recursos a una causa, por ejemplo) pueden conducir a un cambio de opinión (creer con más firmeza en dicha causa, aunque resulte ser poco fiable). Ahora bien, en el caso de los convencidos, hay todo tipo de acciones, pero la amplia mayoría de aquellas posibles son sociales: hablar con otras personas, participar en protestas, publicar información sin verificar, responder en internet, discutir con quienes no están de acuerdo, romper los vínculos con la familia y las antiguas amistades, etcétera. Por este motivo, la disonancia cognitiva encaja tan bien en la parte social del embudo de la convicción infundada y es una fuerza muy potente que empuja a la gente con rapidez en su caída por el embudo.

¿Conspiración falsa, comunidad real?

Cuando Peter McIndoe se asomó a la ventana en Memphis y vio una marea de manifestantes y contramanifestantes abajo en la calle, tuvo la sensación de que el mundo había sucumbido en el caos. Estaban a comienzos de 2017, poco después de que saliese elegido Donald Trump, y la manifestación era una de las muchas marchas de mujeres que se habían convocado por todo el país ese día (¿te acuerdas de aquellos gorritos rosas con orejas?). Lleno de impotencia, McIndoe sintió el impulso repentino de responder al sinsentido de aquella situación con algo igual de disparatado. Arrancó un póster de la pared, cogió un rotulador y escribió tres palabras por la parte de atrás: «Birds Aren't Real» ('Los pájaros no son reales'). Acto seguido, bajó las escaleras para unirse a la contramanifestación.

La gente no tardó en empezar a preguntarle por su cartel, así que se le ocurrió una historia: los pájaros que vemos volar son en realidad drones de vigilancia. Hace décadas, el Estado profundo mató a todos los pájaros de verdad y los sustituyó por unos minúsculos pájaros robots con plumas.

Era una respuesta absurda a lo que parecía un mundo absurdo, el instante de una *performance* artística improvisada. McIndoe no tenía ningún plan cuando escribió ese cartel, pero encontró un hueco y fue adornando aquella historia con todos los elementos recurrentes de las teorías conspirativas más populares, la gente se fue congregando a su alrededor y alguien comenzó a grabar un vídeo. Cuando se quiso dar cuenta, ya se había vuelto viral y su broma se convirtió en una especie de movimiento. McIndoe les siguió el juego y creó una página web, vídeos (con actores y todo, que decían ser antiguos agentes de la Agencia Central de Inteligencia o CIA que manejaban los drones pájaro), productos promocionales y carteles publicitarios, y se convirtió en la cara visible de la Brigada de los Pájaros en el país. Mantuvo aquel personaje durante varios años e incluso lo entrevistaron en programas de orientación conservadora donde describía el genocidio aviar y las complejas maquinaciones del complot de la CIA.

Algunos cálculos hablan de cientos de miles de jóvenes que se han sumado a esta falsa conspiración. Lo más probable es que algunos (yo espero que la mayoría) sepan que nuestros amigos con plumas son, en realidad, de carne y hueso, pero han hallado una especie de consuelo de humor negro en esa broma compartida. Lo más interesante es que encontraron algo real en medio de aquella ficción: un sentido de comunidad. McIndoe se lo describió a *The New York Times* como «un espacio seguro para que la gente se congregue y procese la invasión conspirativa de Estados Unidos. Es una manera de reírte de la locura en lugar de sucumbir a ella».

Ojalá viviéramos en un mundo donde lo que creó McIndoe hubiera sido una comunidad segura e inofensiva, pero no es así lamentablemente. Tal vez no resulte sorprendente que tantos verdaderos convencidos se aferraran al lema de Birds Aren't Real y que McIndoe terminara sintiéndose en la obligación de salir de detrás del personaje. Ahora, los convencidos creen que es un espía de la CIA.

De cualquier modo, fuera el que fuese el resultado de Birds Aren't Real, es un estudio social fascinante. Por cierto, ¿te has dado cuenta de cómo te mira esa paloma de allí?

Utilizar el extremismo para potenciar la identidad

La disonancia cognitiva no es el único mecanismo de aceleración social. Otro mecanismo muy importante a la par que lamentable es el uso del extremismo para potenciar la identidad. La idea básica es esta: si formamos parte del grupo 2, ¿cómo van a saber sus miembros que somos leales al grupo? Podríamos tatuarnos un 2 en alguna parte del cuerpo bien visible, o podríamos expresar alguna opinión muy extrema en la línea de la ideología del grupo. Vamos a imaginarnos a un grupo de gente que ha decidido reducir su consumo de carne por motivos de salud, éticos y medioambientales. Los miembros de este grupo hacen lo que pueden con tal de consumirla solo de manera ocasional. Ahora, imagínate que hay una persona que quiere demostrar su lealtad al grupo y, tal vez, ascender en la jerarquía y convertirse en uno de sus cabecillas extraoficiales. A esta persona le dan miedo las agujas, así que lo del tatuaje no va a servir. El simple hecho de publicar un mensaje diciendo que no va a comer carne un día específico no va a provocar revuelo ni le va a despejar el camino hacia el liderazgo. Tiene que hacer ruido. Quizá pueda afirmar que detesta a todos los que comen carne, que también va a renunciar a todas las prendas de cuero, que no volverá a comer nunca en un restaurante que no sea vegetariano o que no va a asistir a ninguna cena en la que se sirva carne. Las opiniones extremistas son una de las claves para llamar la atención, mostrar lealtad y compromiso y ascender por la escala social real e imaginaria dentro del grupo. Este mecanismo tan triste explica bastante por qué el lenguaje del extremismo es la moneda de cambio en las redes sociales y por qué las redes sociales son semejante trampa de opiniones extremas.

Por supuesto, una vez expresadas las opiniones extremas, con el tiempo tienden a convertirse en la norma y, una vez convertidas en la norma, la gente necesita expresarse de un modo aún más extremo para destacar. Este mecanismo no es una excusa para la violencia verbal y el odio, pero sí que nos ayuda a entender un componente de su prevalencia.

OJALÁ SEA ÚTIL...

No tomarnos el extremismo al pie de la letra

Entender el papel social que desempeñan las opiniones extremas a la hora de definir la identidad y demostrar la lealtad resulta útil cuando la persona que las expresa es alguien a quien conocemos y queremos. Cuando tu mejor amiga de la facultad comienza a compartir su convicción de que los banqueros judíos dominan el mundo, es fácil ofenderse y dejar de cogerle el teléfono (en especial, si eres una persona judía, pero basta con tener empatía y rechazar los estereotipos de odio). Aunque tengas todo el derecho del mundo a sentirte así, como hemos analizado, retirarle la palabra a tu amiga no es que sea muy productivo, ya que puede servir para acelerar su descenso hacia la convicción infundada. La primera vez que exprese tales opiniones, quizá te des cuenta de que se encuentra en una situación peligrosa, deslizándose hacia el interior del embudo. Quizá sus palabras no tengan tanto que ver con sus verdaderas convicciones como con un enredo con una comunidad de convencidos. Cuando tenemos el aplomo para ver más allá de nuestros propios sentimientos ofendidos, a veces seremos capaces de tender una mano abierta antes de que el embudo engulla más a nuestra amiga.

La triste historia de la enfermera Nadine

Para contarte una historia concreta sobre el proceso de escalada del extremismo, permíteme que te presente a otra persona a la que me encontré en mis exploraciones del embudo de la convicción infundada: la enfermera Nadine. Nadine era (lo has adivinado) una enfermera que me llamó la atención no mucho después de haber iniciado mi recorrido por el universo de los convencidos. Me fijé en ella porque era un personaje extremo e interesante. Si alguien acudía a ella en su condición de enfermera por la vacuna del covid, Nadine le recomendaba que no lo hiciera. Se mostraba tajante cuando se trataba de niños y les hablaba a los padres sobre todos los efectos secundarios tan terribles de aquellas pociones experimentales y los daños irreversibles que iban a causar a sus hijos. Cada vez que conseguía convencer a unos padres, publicaba un comentario en internet sobre su éxito y recibía una gran cantidad de apoyo y reafirmaciones por parte de sus amigos de las redes sociales. Lo cierto es que era una especie de heroína en los círculos de los convencidos, y eso se debía, en parte, a que hacía algo más que hablar: ella actuaba. También se debía a que era una profesional sanitaria y, como tal, le daba una credibilidad médica a sus convicciones. Con el paso del tiempo, la enfermera Nadine expandió sus actividades y reclutó a otras enfermeras para que se uniesen a sus esfuerzos para convencer a más gente, en especial padres, de que rechazara la vacuna.

Algo cambió un día. Me di cuenta de que la enfermera Nadine estaba recibiendo ataques por parte de los convencidos, la misma gente que hasta entonces la alababa y alentaba. ¿Qué había sucedido? Resultó que alguien había encontrado una foto de Nadine (ay, madre) con ese diablo de dos caras y media barba que también andaba metido a medias en un rollo de los Illuminati con Bill Gates. La foto era después de una conferencia que había dado yo unos cuatro años antes del covid. En aquel entonces, la enfermera Nadine había asistido a mi conferencia, se había hecho una foto conmigo y la había colgado en Facebook. Seguramente, se olvidó de ella por completo, pero, cuando los convencidos la encontraron y empezaron a compartirla y comentarla, la lealtad de Nadine quedó en tela de juicio. Especulaban con la posibilidad de que fuese un agente doble que trabajaba conchabada conmigo al servicio del poder establecido. ¿Qué otra explicación podría tener esa foto?

Las acusaciones contra la enfermera Nadine aumentaron con rapidez. Un grupo de convencidos aseguró que todo lo que hacía ella era una fachada y que su verdadero propósito era destapar a todos los profesionales de la medicina que se oponían a la vacuna y pasarle después su lista al Gobierno. Como prueba de ello, presentaron un análisis de la frecuencia con la que habían suspendido su cuenta en todo tipo de redes sociales que mostraba que la habían suspendido con menos frecuencia que la de otras personas, algo que interpretaron como una señal evidente de su implicación con el poder establecido.

La enfermera Nadine dependía muchísimo de su estatus social dentro del grupo de los convencidos. ¿Cómo iba a limpiar su nombre? Utilizó varias estrategias, incluidos unos ataques cada vez más despiadados contra mí y un vídeo profesional para promocionar su causa y su organización de enfermeras contra la vacuna.

Los convencidos seguían sin creérselo. Su siguiente respuesta fue plantear otra pregunta: ¿de dónde había sacado Nadine el dinero para un vídeo de tal calidad? Nadine se defendió diciendo que todos los que la habían ayudado habían trabajado sin cobrar, incluidos los profesionales de la edición, el maquillaje y la peluquería. Mientras se desarrollaba todo aquello, uno de mis impulsos fue el de escribir un mensaje público en el muro de Facebook de la enfermera: «Nadine, lo hemos pasado bien un tiempo, pero vamos a reconocer públicamente que nos han pillado». Tenía verdaderas ganas de ver qué pasaría. He observado a muchos convencidos y sé lo rápido que recurren a las disputas internas. Me pregunté si sería una buena estrategia eso de dejar que se destrozaran los unos a los otros (si eres fan de *El Señor de los Anillos*, de J. R. R. Tolkien, tal vez esto te recuerde a los orcos, que a veces empiezan a matarse entre ellos en lugar de atacar a sus enemigos). Si era capaz de enfrentarlos entre sí y lograr que desviaran sus energías a sus luchas intestinas —pensé—, quizá frenara su capacidad para seguir difundiendo desinformación. Aunque sentía curiosidad por aquella estrategia, y la sola idea ya me divertía, no pude hacerlo, pues me pareció que la enfermera Nadine ya estaba sufriendo demasiado.

Unos días después, una de las personas ampliamente reconocidas como líderes de aquel grupo publicó un mensaje diciendo que había quedado con la enfermera Nadine y que estaba dispuesta a responder de sus intenciones y actos. Pidió a sus seguidores que confiaran en ella y retirasen sus acusaciones, y terminaron haciéndolo, pero ella nunca volvió a su nivel de actividad previo ni recuperó su prestigio social. En el transcurso de los meses siguientes, se fue apagando su actividad en las redes sociales. Al ver cómo sucedía aquello, entendí el motivo por el que Richard tenía tantas dudas sobre asociarse conmigo en mi investigación o sobre hablar en mi defensa aun después de haber reconocido que él ya no me consideraba parte del conciliábulo.

El caso de la enfermera Nadine es interesante porque ilustra la importancia de la jerarquía social dentro de los grupos de internet y el papel del extremismo como forma de ganar peso social y de vincular a la gente al grupo con más fuerza, y todo ello a la vez que el conjunto del grupo se hace más extremista. También ilustra que el temor al aislamiento social continúa influyendo. Salvo en esas situaciones, los convencidos temen que sus camaradas los marginen, de manera que buscan formas cada vez más extremistas de demostrar que ese es su sitio. Una última lección de todo esto: si pretendes unirte a un grupo de convencidos, asegúrate de que no tienes ningún esqueleto en el armario que levante sospechas. Al fin y al cabo, estás tratando con convencidos sin fundamento.

La identidad, la polarización y la aceleración de la convicción infundada

En algunos casos, las personas que expresan opiniones extremas empiezan a creerse las cosas que comparten aun cuando su objetivo inicial era únicamente incrementar su estatus dentro de un grupo, y después tenemos los casos en que las teorías que se comparten son tan descabelladas o increíbles que hemos de preguntarnos: ¿de verdad se creen esas cosas? Si sentáramos a uno delante del polígrafo y le preguntáramos si de verdad cree que la Tierra es plana, que los padres afligidos que han perdido a sus hijos en actos de violencia con armas de fuego son actores o que Hillary Clinton es una pedófila, ¿qué nos encontraríamos? ¿Nos revelarían (ellos o el detector de mentiras) que tal vez sus convicciones no sean tan literales? Si es así, ¿por qué difunden esas mentiras? Si entendemos la mecánica de los grupos sociales —en especial, los relacionados con unas creencias compartidas, como los grupos religiosos, las sectas y otros cultos—, nos servirá de ayuda para arrojar algo de luz sobre esta cuestión. Tal y como sugería Jonathan Haidt, la difusión deliberada de una mentira puede actuar a modo de *santo y seña*, una especie de contraseña lingüística que identifica a los que forman parte de un grupo.

> Muchos de los que estudian la religión han señalado que es la propia imposibilidad de una afirmación lo que la convierte en una buena señal del compromiso con la fe —escribió—. La fe no te hace falta para creerte lo que es obvio. Proclamar que las elecciones estaban amañadas tiene sin duda la función de hacer pública tu identidad en Estados Unidos hoy en día.

Michael Shermer lleva esa idea un paso más allá y sugiere que las afirmaciones extremistas y obviamente cuestionables de ciertos convencidos sirven a modo de portavoces de unas verdades más profundas que son sagradas para un grupo concreto hasta el punto de que están dispuestos a restarles importancia a las imprecisiones superficiales porque creen en la causa más profunda. Por ejemplo, si formas parte de un grupo que considera que el derecho a llevar armas es una verdad muy convincente y se dedica a protegerlo a toda costa, tal vez no tengas problema en adoptar la teoría, y difundirla, de que los tiroteos de masas son montajes escenificados por tus oponentes y decidas pasar por alto lo ridículo (y ofensivo) de tu afirmación. O, si sospechas de la medicina convencional y te preocupa mucho el poder de las grandes farmacéuticas, quizá no te parezca tan descabellado decir que el doctor Fauci (y Dan Ariely) está intentando matarnos a todos promocionando las vacunas.

Todo esto refuerza el profundo entramado de vínculos entre nuestras creencias y nuestros instintos y filiaciones sociales. Esto queda más patente en una época de profunda polarización cultural y política. Cuando la adhesión a una determinada ideología política se vuelve el motivo que se antepone a todo, los hechos se convierten en altavoces de una identidad en lugar de ser verdades objetivas.

Un ejemplo particularmente extraño se produjo durante la campaña electoral a la Cámara de Representantes y el Senado de mitad de la legislatura en 2022. En los eventos de campaña por todo el país, algunos candidatos republicanos clamaban contra una moda tan estrafalaria como perturbadora que se estaba dando en los colegios: decían que los profesores colocaban cajas de arena para los niños que se identificaban como gatos. Sí, lo has leído bien, gatos. No menos de veinte políticos, incluidos algunos congresistas, mencionaron la «creciente crisis» y desencadenaron una avalancha de mensajes en redes sociales, además de que se hablase de ello en un pódcast de gran audiencia. Antes de continuar, quiero asegurarte que no hay nada de cierto en esa afirmación, tal y como confirmó una extensa investigación de NBC News. Ahora bien, el modo en que se propagó la idea sí fue muy instructivo para entender cómo la identidad social impulsa la convicción infundada y la acelera.

Al parecer, el rumor se inició en las redes sociales entre los padres y muy probablemente comenzó siendo una exageración que pretendía argumentar algo sobre alguna cuestión de actualidad relacionada con las políticas de género en los colegios. No es difícil imaginarse a un padre que le dice a otro: «Ahora tienen aseos sin asignación de género para los niños que se identifican como no binarios. ¿Qué será lo siguiente, cajas de arena para los niños que se identifican como gatos?». Empezara como empezase, el rumor se propagó de manera descontrolada hasta que la gente comenzó a repetirlo como un hecho. Como tantas convicciones infundadas, en esta historia hay una pequeña verdad (recuerda la magnetofección del capítulo 5). En efecto, existe una subcultura de personas que se autodenominan «furries» (o «furros») a los que les gusta vestirse de animales, pero se trata más de un juego de rol que de una identidad. Y, no, no utilizan cajas de arena para gatos. Además, no hay ninguna prueba de que esta moda haya arraigado en los colegios ni de que los educadores la estén incorporando.

Para algunas personas de ideología de derechas, las modificaciones realizadas en los colegios para los alumnos de género no conforme son tan alarmantes y estrafalarias como la historia de la caja de arena para gatos. Y, si el electorado no está lo bastante impresionado con todo lo que está pasando, tal vez necesite de un ejemplo más extremo aún para espabilarlo y sacarlo de su sopor. ¿De verdad se creían esos políticos la historia de las cajas de arena o la utilizaban para movilizar a sus votantes en la lucha contra lo que, para ellos, eran unos planes moralmente peligrosos de los defensores de los derechos LGTBI+?

Muchos afirmaban haber oído a testigos directos o haber visto vídeos, un famoso presentador de un pódcast afirmó incluso que la mujer de un amigo le había contado que había visto con sus propios ojos una de esas situaciones, pero nunca se ha demostrado una sola de esas afirmaciones. Aun así, el mito continúa como un extraño testimonio de cómo la polarización impulsa la convicción infundada y la acelera.

En efecto, si echamos un vistazo a nuestro panorama político, tan partidista, veremos la esencia de la mentalidad del convencido. Todo se mira a través de la lente del «¿Cómo está conspirando el otro para sacar provecho? ¿Cuáles son sus intenciones ocultas?». En cierto sentido, cuando caemos en una forma de ver el mundo que es partidista por puro acto reflejo —y todos lo hacemos en un momento dado—, todos somos unos convencidos en mayor o menor grado. Al ver una información que viene del otro lado ideológico, asumimos de inmediato no solo que es incorrecta, sino que tiene la intención hacernos daño a nosotros y a nuestro lado. Dentro del alcance de este libro, no entra hacer un análisis serio del modo de combatir la polarización política, pero espero que cada uno haga en su vida un esfuerzo por controlar los impulsos de tribalismo partidista y frenarlos. No tengo la menor duda de que, si fuéramos más los que lo hacemos, influiríamos también en cuestiones como la desinformación, las convicciones infundadas y la cohesión social.

Qué menos que decir algo sobre las redes sociales

En buena parte, hemos pasado por alto el tema de las redes sociales a lo largo de todo el libro. Cierto, hemos analizado las convicciones infundadas que han circulado por ellas, pero no hemos explorado en profundidad los mecanismos que las convierten en algo tan potente, complejo y peligroso. Si tenías la esperanza de que por fin entrara en ello, lamento decepcionarte. Este libro trata sobre la psicología de la convicción infundada, no sobre las plataformas y los mecanismos que difunden la desinformación. No obstante, sí quiero mencionar un elemento de las redes con el objeto de ilustrar las diferencias entre nuestros métodos naturales de comunicación (los que se han desarrollado de manera evolutiva y encajan en líneas generales con nuestra naturaleza humana) y estas otras nuevas formas de comunicación artificiales. Ni que decir tiene que las redes sociales no se diseñaron para que encajaran con los métodos humanos naturales de comunicación, por lo que, en consecuencia, han dado lugar a unos resultados bastante indeseables. La buena noticia, como veremos, es que esto no significa que debamos abandonar categóricamente las redes sociales. Si adoptásemos un planteamiento distinto y nos imagináramos unas redes sociales que mejorasen la comunicación sin perder de vista la naturaleza humana, podríamos crear unas versiones diferentes de las redes que proporcionaran unas herramientas maravillosas para el desarrollo del ser humano. Pues bien, allá vamos.

En los primeros días de mi caída virtual en desgracia, no me podía creer que las redes sociales permitiesen que continuara este tipo de conducta sin ponerle freno. Al principio, intentaba denunciar todos los mensajes de odio con la esperanza de que las plataformas bloquearan a los convencidos, pero, una y otra vez, me respondían que esas conductas de odio no violaban las directrices ni los criterios de la comunidad. Me quedé bastante sorprendido al enterarme de que las amenazas de muerte y los vídeos que afirmaban que yo era un maniaco homicida y amargado se consideraban aceptables para su comunidad, pero esa era la respuesta que recibía una y otra vez. En un momento dado, decidí que tenía que hacer llegar este tema más alto en la cadena de mando, así que hice unas llamadas a algunas personas en puestos de responsabilidad dentro de una de las grandes redes sociales. Al final, conseguí reunirme con el grupo que se encargaba de poner freno a las noticias falsas.

Tras unas presentaciones rápidas, le conté un poco al equipo mi experiencia general con los convencidos en su plataforma y les mostré unos cuantos mensajes concretos sobre mí. Tenía la intención de establecer el marco de la conversación y conseguir que fueran conscientes de que las personas reales terminan sufriendo por lo que sucede en el espacio virtual que ellos gestionan. Enseguida, pasé a la cuestión más global: ¿qué vía sería buena para avanzar?

Les pedí que dejasen a un lado la forma exacta en que se había construido la plataforma y las funciones que tenía y que, en lugar de eso, se centraran en lo que sabemos sobre una buena comunicación para valorar lo que debería hacer la plataforma con el fin de convertirse en una herramienta útil de comunicación. Hubo cierta confusión en los rostros presentes en aquella sala de reuniones (virtual), así que me lancé de cabeza a mi primer ejemplo. En líneas generales, esto es lo que les dije.

Pensemos en las formas de comunicación que se dan en el reino animal. Uno de los principios más básicos de comunicación es el *principio del hándicap*, originalmente formulado por el biólogo Amotz Zahavi. ¿En qué consiste? El ejemplo clásico del principio del hándicap es la cola del pavo real. Un macho débil no puede sobrevivir con una cola muy pesada porque incrementa su vulnerabilidad ante los depredadores. Por el contrario, un macho fuerte sí puede sobrevivir con una cola pesada, de manera que esta es una buena señal que enviar a la hembra: «Eh, mírame. ¿Has visto qué portento de pavo soy?». ¿Y por qué es una buena señal? Porque tiene su coste. Un macho débil no vivirá mucho tiempo con una cola tan pesada, y eso convierte la cola del pavo real en un buen indicador de la fortaleza auténtica del macho. Así actúa el principio del hándicap. El macho envía una señal con el hecho de tener un hándicap (una cola más pesada) y, de este modo, se asegura de que cualquier macho impostor que, en realidad, sea débil no pueda comunicar que es fuerte (bueno, sí puede, pero no durante mucho tiempo).

Básicamente, la naturaleza no permite las palabras vacías. Un pavo no puede publicar en su página de Facebook que es muy fuerte, sino que tiene que sacrificar algo para demostrar que lo es y asegurarse de que la comunicación es real. El principio del hándicap ofrece una manera de fomentar la franqueza en la comunicación y eliminar la insinceridad (tal vez no del todo, pero sí bastante). Este principio es una versión extrema de una categoría más genérica denominada «señales costosas» (en general, cuanto mayor sea el coste que acarrea una señal, mayor será la probabilidad de que la comunicación sea franca). Imagínate que hay alguien que quiere transmitir que es muy rico. Decir eso de «Eh, tú, mira qué rico soy» podría ser simple palabrería. Lucir ropa elegante y conducir un coche caro podría ayudar, pero esas señales tienen un coste bajo, pues son objetos que se pueden alquilar. Sin embargo, cuando esa persona hace regalos caros y demuestra que tiene una casa llena de lujos, la señal se vuelve más costosa y más difícil de falsear, por lo que es más probable que la gente se lo crea.

El principio del hándicap incluye otro elemento interesante, que consiste en que la comunicación se inicia con el receptor, no con el emisor. Esto significa que, para que se desarrolle una señal de comunicación (la cola pesada, la casa lujosa), todo parte de la elección de una señal que el receptor se vaya a creer. Imaginemos que un pavo real macho con unos ojos bonitos y pestañas largas quiere convencer a una hembra de que a todas las hembras les deberían encantar los ojos bonitos y las pestañas largas. A partir de ese momento, las hembras del pavo real deberían juzgar a los machos por la belleza de sus ojos y la longitud de sus pestañas. No va a funcionar. ¿Por qué? Porque la comunicación ha de partir de algo que le parezca creíble al receptor (la hembra, en este caso), no de la señal que el emisor pretenda transmitir.

Es obvio que las redes sociales están diseñadas de un modo que no tiene nada que ver con el principio del hándicap. En general, estas idealizan la libertad de la comunicación sin consecuencias, lo cual suena muy bien hasta que nos damos cuenta de hacia dónde podría llevarnos una plataforma que celebra la palabrería. En las redes sociales, la gente puede enviar las señales que le dé la gana, sin que guarden ninguna relación con los hechos. No hay principio del hándicap ni hay selección de las señales que el receptor consideraría útiles. Las palabras vanas son una manera fácil de comunicarse en las redes sociales y, con el paso del tiempo, se han convertido en la norma.

En esencia, las redes sociales violan las normas básicas de la comunicación natural y, por tanto, son incompatibles con los instintos evolutivos que hemos desarrollado para tratar la información y reaccionar ante ella. En nuestra historia evolutiva, hemos aprendido a esperarnos unas señales sinceras que supongan un coste para el emisor (el principio del hándicap) y, en consecuencia, hemos desarrollado una confianza intuitiva en la información que recibimos. Al fin y al cabo, si los datos son en su mayoría precisos, confiar en ellos es una buena estrategia. Pero entonces llegaron las redes sociales y desapareció el coste de la comunicación. La realidad es que ya no podemos confiar en la mayoría de la información que nos llega por internet, pero aun así tenemos los mismos instintos evolutivos que nos llevan a creérnosla aun cuando ha dejado ya de ser fiable.

El equipo con el que me reuní se mostró muy interesado en la idea del principio del hándicap y en otros elementos fundamentales de la comunicación. Por un lado, aquello era muy buena noticia, pero por otro dejaba bastante claro que las personas responsables de controlar las noticias falsas en una de las mayores plataformas de internet no tienen muchos conocimientos sobre comunicación. Quisieron que volviésemos a vernos y, durante las semanas siguientes, estuvimos hablando de otros principios, como la reputación, la confianza, la sensación de anonimato, la voz de la mayoría silenciosa, las burbujas de información, el surgimiento de las normas sociales negativas, el extremismo, la desescalada de las reacciones en la agitación del momento y muchas otras cosas. En cada reunión, dedicamos un rato a debatir cómo integrar estos principios en una versión de su plataforma que cuadrase mejor con el modo en que ha evolucionado la mente humana y así tuviera unos efectos más positivos. Por ejemplo, buscamos maneras de añadir incentivos para decir la verdad y formas de activar el principio del hándicap.

Como cabría esperar, surgieron ideas y los presentes se llenaron de entusiasmo... hasta que alguien mencionó el modelo económico de la plataforma y todo aquel entusiasmo se desinfló. Lo dejamos unos meses después, cuando quedó claro que, por muy interesantes que fuesen nuestros debates, no iban a dar como resultado ningún cambio.

¿SON MENOS INTENSOS LOS *HATERS* EN LA VIDA REAL?

Las personas críticas con las redes sociales y con internet en general suelen aducir que el relativo anonimato y la ausencia de proximidad física que facilitan los espacios virtuales actúan como acelerantes del odio. Es más fácil caer en el odio cuando no tenemos que mirarnos a la cara los unos a los otros. No cabe duda de que hay algo de verdad en esto. Quizá los espacios virtuales se rijan por una serie de costumbres y convenciones sociales distintas de las de los espacios físicos. Cuando me vi en el punto de mira del odio de los negacionistas del covid, tuve la inesperada oportunidad de comprobar si en la vida real me tratarían mejor que en Telegram.

En una preciosa tarde otoñal, había quedado para tomar una cerveza en una terraza con Oded, uno de mis mejores amigos. Yo acababa de regresar de hacer senderismo durante varios días, así que disfrutaba de una serenidad muy superior a la de los meses anteriores.

Sin embargo, mi calma y tranquilidad no duraron mucho. Al oír los cánticos de una multitud que marchaba por la calle, alcé la mirada y, demasiado tarde, me percaté de que, sin saberlo, nos habíamos sentado en pleno recorrido de una manifestación de negacionistas del covid. Estaban lo bastante cerca como para leer las pancartas que llevaban: «No toquéis a nuestros hijos», «Nuestra salud no se vende», «Mi cuerpo, mi decisión», «La vacuna obligatoria es un paso hacia la dictadura», «¿Qué nos han lavado más en 2021, las manos o el cerebro?».

Bajé la cabeza sobre la bebida, bien consciente de lo llamativo de mi rostro con la media barba. Por fortuna, los manifestantes avanzaban por la acera de enfrente y había un autobús retenido en el tráfico entre ellos y yo. A ver si el autobús seguía sin moverse hasta que hubiesen terminado de pasar y continuaba ocultándome de ellos. A lo mejor no me veían. Sin embargo, dos hombres y una mujer se separaron del resto y vinieron hacia mí. La mujer se detuvo en seco, me señaló y se puso a gritar «¡Asesino! ¡Asesino! ¡Psicópata!». Se unió un hombre: «¡Te hemos visto! ¡Sabemos quién eres! ¡Sabemos lo que estás haciendo! ¡Llevo dos años sufriendo por tu culpa!».

Intenté responder, pero el hombre no me escuchaba. La gente que estaba sentada a mi alrededor se quedó espantada y el encargado del local intentó por todos los medios interponerse entre los iracundos manifestantes y yo. Es probable que el altercado no durase más de dos minutos, pero me pareció mucho más largo. Me trajo a la memoria un accidente de moto que tuve una vez. Todo se movía a cámara lenta, con una acentuada claridad e intensidad en cada grito y cada gesto de enfado.

Cuando por fin se marcharon, se me pasó por la cabeza algo escalofriante. Yo siempre me había dicho (y coinciden numerosos expertos) que internet amplifica la intensidad del odio de una gente que nunca se mostraría tan agresiva en persona, pero es posible que los límites entre el mundo virtual y el real ya no estén tan definidos, así que quizá deberíamos preocuparnos aún más por la violencia en internet.

Un coste social elevado dificulta el retorno desde la convicción infundada

Por desgracia, según parece, son más las ocasiones en las que el embudo de la convicción infundada actúa como vía de un solo sentido. Sí, he oído historias sobre gente que ha regresado, ha reconocido el error de su conducta y ha recuperado su relación con su familia y amigos. Muchas de esas historias tienen gran similitud con los relatos de los supervivientes de las sectas, pero son muchas más las de quienes simplemente se distanciaron todavía más de sus familiares, amigos y la sociedad convencional en general. Como hemos visto a lo largo de este libro, eso sucede por muchas razones y, una vez más, el elemento social ejerce una gran influencia.

Esa famosa cita que se atribuye a Upton Sinclair y que dice que «es difícil lograr que alguien entienda algo cuando su salario depende de que no lo entienda» nos coloca en situación de comprender la dificultad de que los convencidos cambien de opinión. Esta cita señala de forma condensada que llevamos programado de serie un sesgo para ver la realidad desde el punto de vista de nuestros incentivos económicos y que este sesgo es muy difícil de anular. Por supuesto, las motivaciones económicas son solo una pequeña parte de nuestro complejo conjunto de motivaciones. Podríamos cambiar perfectamente la palabra *salario* por *orgullo, ego, identidad* o *sensación de pertenencia.* La cuestión es que nuestras opiniones suelen satisfacer todo tipo de necesidades profundas emocionales, psicológicas y sociales: sentir que tenemos el control, que somos de los que conocen un secreto, que nos quieren y que tenemos autoridad, que formamos parte de algo. Por tanto, la batalla por hacer que alguien cambie de opinión es más compleja que la batalla por proporcionarle a esa persona una información que la lleve a renunciar a sus ideas.

En este aspecto, las redes sociales son particularmente potentes. Como si fueran sectas, las comunidades de convencidos se cobran un precio muy alto por lo que perciben como una traición. Si una persona ya se ha visto excluida por familiares y amigos por haber adoptado ciertas convicciones infundadas en un principio, los riesgos psicológicos de volver a cambiar sus creencias son muy elevados. Se arriesgan a perder su nueva comunidad, a sus nuevos amigos y sus nuevas redes de relaciones sociales. Quizá hayan alcanzado cierto estatus entre estos grupos, como la enfermera Nadine o Richard, y teman esa pérdida. Así, todos estos factores sociales se unen para hacer que sea muy difícil que la gente retorne de la convicción infundada, tanto como abandonar una secta o una comunidad religiosa radicalizada.

OJALÁ SEA ÚTIL...

Escuchar a los que han pasado por ello

Hay gente que ha abandonado grupos como QAnon, y algunas de esas personas han compartido su historia de forma pública y voluntaria y han tenido la gentileza de contarnos su experiencia de adoctrinamiento y su caída en la convicción infundada. Hay mucho que aprender de sus vivencias. Creo que este tipo de personas, igual que los familiares y amistades de antiguos convencidos, tienen que desempeñar un papel decisivo a la hora de ayudar a otros a salir del embudo, e incluso de evitar que pongan un pie dentro siquiera. Este es otro de los motivos por los que es tan importante no marginar a los convencidos que tenemos en nuestra vida. Si lo hacemos y ellos consiguen hallar la manera de salir del embudo, sentirán vergüenza y resentimiento y estarán mucho menos dispuestos a hablar abiertamente sobre sus experiencias.

En resumen...

En esta parte, hemos visto lo potentes que son las fuerzas sociales que actúan en cada etapa del convencido en su descenso por el embudo. Como te habrás dado cuenta, mi deseo de dividir el elemento social en sus tres componentes independientes —atracción inicial, mantenimiento y aceleración— es un poco artificial, pero espero que aun así te haya parecido una manera útil de destacar el papel de cada mecanismo específico implicado. Hemos visto que incluso el mínimo grado de exclusión por parte de familiares y amigos al inicio del recorrido pesa mucho en la conciencia del que está dando sus primeros pasos hacia la convicción infundada y lo empuja con más fuerza hacia el interior del embudo. Al mismo tiempo, la sensación de ser bien recibido, reconocido, escuchado, respetado y alabado por compañeros convencidos genera una poderosa atracción de pertenencia. Una vez comenzado el viaje, las fuerzas sociales también mantienen la convicción infundada. Hemos visto que las creencias refuerzan la comunidad y que la comunidad refuerza las creencias. Por último, hemos examinado cómo las fuerzas sociales aceleran la convicción infundada e impulsan a la gente a adoptar unas posturas cada vez más extremistas con tal de demostrar su lealtad y obtener cierto estatus. El temor al rechazo social o marginación mantiene a la gente muy metida en esas comunidades y les pone muy difícil cambiar sus convicciones.

FIGURA 9. Los elementos sociales del embudo de la convicción infundada

Las fuerzas sociales tienen mucho peso en el descenso por el embudo de la convicción infundada.

La sensación de aislamiento es un potente motor de la convicción infundada.

La atracción social se produce en las primeras etapas como resultado de una dinámica donde unos te empujan y otros tiran de ti: empezamos a sentirnos excluidos por nuestros amigos y familiares y atraídos por la sensación de pertenencia a una nueva comunidad.

El mantenimiento social se produce cuando ya estamos sumidos en el embudo y metidos en un nuevo grupo social. Por ejemplo:

- Nos fijamos en el nuevo grupo de personas que nos rodean y buscamos la prueba social de cómo comportamos.
- El grupo refuerza nuestras creencias.
- Las nuevas creencias refuerzan nuestra lealtad al nuevo grupo al tiempo que se intensifica la sensación de aislamiento por parte de nuestro antiguos círculos sociales.

La aceleración social se produce cuando ya estamos bien metidos en el embudo y los vínculos sociales con otros convencidos son determinantes, haciendo que sea difícil escapar. Esto sucede de varias formas:

- La disonancia cognitiva provoca que la gente insista con más fuerza en la convicción infundada.
- La necesidad de mostrar lealtad y alcanzar cierto estatus mueve a la gente a ser más extremista y la polarización acelera este proceso.
- El temor a perder el estatus y las relaciones dentro del nuevo grupo social dificulta que la gente lo abandone.

Sexta parte

LA CONVICCIÓN INFUNDADA, LA CONFIANZA Y LA HISTORIA DE NUESTRO FUTURO

11

¿Podemos permitirnos volver a confiar? ¿Y podemos permitirnos no hacerlo?

> Cuando descubrimos que ya no podemos seguir confiando en alguien, nos vemos obligados a reevaluar el universo, a cuestionar el instinto y todo el concepto entero de la confianza.
>
> Adrienne Rich

«Piénsalo de esta manera —me dijo Richard, mi guía espiritual de la convicción infundada—. ¿Alguna vez te ha traicionado una amante?» Intentaba explicarme cómo había perdido la confianza en tantas personas e instituciones. Pasó entonces a contarme el siguiente supuesto: imagínate que te enteras de que tu pareja lleva teniendo una aventura durante los últimos diez años. Cuando descubres que te ha engañado, esto erosiona tu confianza en todo lo que tenga que ver con esa persona. Empiezas a volver sobre los momentos felices que pasasteis y te preguntas si hubo algo de verdad en todo aquello. Y, aunque sigáis juntos, ya no podrás volver a confiar nunca en esa persona. Observas con nuevos ojos a los amigos comunes, con una mirada de sospecha, y te preguntas si ellos lo sabían desde el principio. Empiezas a desconfiar de todo lo que tenga que ver con esa persona.

> Así nos sentimos nosotros, «los de las teorías conspirativas», como tú nos llamas, con los medios, el Gobierno, las grandes far-

macéuticas y las élites —me dijo Richard—. Una traición es todo lo que hace falta, y por eso terminaremos ganando nosotros, porque antes o después todo el mundo habrá vivido una traición y de repente verán el mundo como es realmente.

Esta metáfora fue muy clarificadora y me hizo pensar en mayor profundidad sobre el tema de la confianza y sobre cómo la perdemos, tanto a nivel personal como social. Es un tema del que hablamos en el capítulo 1 y ha estado presente a lo largo de todo el libro, pero la confianza se merece un análisis más explícito antes de que nos despidamos. Desde una perspectiva más amplia, todo esto es una cuestión sobre la confianza y sobre su erosión. La vamos a analizar en este capítulo, vamos a tratar de entenderla mejor y a destacar el hecho de mejorarla como un objetivo importante de la sociedad. En este aspecto, las ciencias sociales y la economía conductual proporcionan una lente muy útil que nos ayuda a ver mejor dónde nos encontramos, hacia dónde nos dirigimos y cómo llegar hasta allí.

El lubricante de la sociedad

Tristemente, los dañinos efectos del embudo de la convicción infundada no solo no van a desaparecer, sino que van a cobrar más impulso y fuerza, y aquí es donde la situación se vuelve preocupante. ¿Por qué? Porque la confianza es uno de los elementos básicos de una sociedad funcional y la convicción infundada la va royendo y generando riesgos reales para nuestra capacidad de trabajar juntos y superar obstáculos. Si nos detenemos a pensar en ello, es bastante obvio que la confianza es una fuerza motriz importante en el mundo. Tal vez sea mejor pensar en la confianza como el lubricante fundamental que hace que la maquinaria de nuestra sociedad funcione con eficacia.

Tomemos el dinero como ejemplo. Lo que pensamos del dinero tiene relación en gran medida con la confianza: la confianza en los bancos que nos guardan el dinero, en que los demás van a ver el dinero igual que nosotros, en el mercado de valores, en que el Gobierno no imprimirá demasiado y mantendrá su valor estable. Los seguros, por supuesto, son pura cuestión de confianza: entregamos nuestro dinero ahora y confiamos en que la compañía aseguradora pagará en caso de que nos suceda algo malo (aunque estas compañías no suelen ser las depositarias de la mayor confianza, siguen dependiendo de que confiemos en ellas). Confiamos en nuestros médicos, abogados y mecánicos del automóvil. Confiamos en la vecina de quince años que va a cuidar a los niños cuando salimos a cenar y confiamos en otro adolescente cuando sale con el nuestro (aunque la confianza aquí sea un tanto limitada). Confiamos en otro chico para que le dé de comer al perro cuando estamos fuera y nos recoja el correo cuando estamos de vacaciones. Confiamos a Amazon los datos de nuestra tarjeta de crédito e incluso le pedimos a algún desconocido en el aeropuerto que nos vigile el equipaje cuando salimos corriendo al servicio (e incluso le decimos que, si nos quiere robar algo, este es el momento perfecto). Confiamos en que el Estado imponga unos criterios de seguridad en las carreteras, los puentes y los ascensores, y después confiamos en que las empresas los cumplan. Confiamos en la democracia, en la policía, en los bomberos y en el sistema de justicia. Aunque nuestra confianza no sea plena o sea más baja de lo que nos gustaría, seguimos teniendo mucha confianza en muchas de nuestras instituciones.

Tal y como ilustran todos estos ejemplos, la confianza tiene un papel inmenso en nuestra vida. Es como eso que se dice de que los peces no se dan cuenta de que están en el agua porque nunca salen de ella y la tienen por todas partes. La confianza es tan importante que cuesta imaginarse la cantidad de obstáculos que nos encontraríamos si confiáramos menos. Por desgracia, pienso que, a menos que afrontemos directamente la necesidad de incrementar ese nivel, nos vamos a topar con todos y cada uno de esos obstáculos antes de lo que pensamos.

Tú solo piensa en lo que pasaría si perdiésemos la confianza en todo. Dejaríamos de creer en la medicina moderna y rechazaríamos una cirugía que salva vidas; iríamos corriendo al banco a sacar nuestro dinero para cambiarlo por metálico y oro; nos armaríamos, ya que no confiaríamos en que la policía nos protegiera ni en que el ejército defendiese nuestras fronteras. ¿Y nos creeríamos el resultado de las elecciones? Y, si perdemos la confianza en el Estado, ¿seguiríamos pagando impuestos?, ¿obedeceríamos las normas básicas de la sociedad? Si no confiáramos en el sistema, ¿haríamos caso a las peticiones del Gobierno de que ahorremos energía o de que nos confinemos en casa si estamos enfermos? Espero que estés empezando a captar la idea de que las consecuencias de perder la confianza son profundamente preocupantes. Quizá veas ya los efectos de la pérdida de confianza en algunas de las personas a las que conoces.

Aunque la importancia de la confianza en nuestra sociedad moderna no se percibe a simple vista, desempeña un papel crucial y el embudo de la convicción infundada conduce a una erosión de esta entre las personas, en los Gobiernos y en nuestras instituciones más importantes. La desconfianza engendra más desconfianza en una peligrosa espiral descendente.

¿Cómo es que la desconfianza engendra más desconfianza?

En mi recorrido por el tema de la convicción infundada, he presenciado muchos ejemplos de cómo se intensifica la desconfianza. Uno de los más destacados de esos incidentes sucedió poco después de que salieran las vacunas del covid, cuando me enteré de la existencia del sistema de notificación de síntomas adversos de las vacunas (VAERS, por sus siglas en inglés), una base de datos estadounidense que recoge la información que aportan los ciudadanos sobre los efectos secundarios de todas las vacunas. Básicamente, cualquiera puede entrar en el VAERS a introducir información sobre los efectos secundarios que sufre después de una vacunación. Lo que se espera es que esta información proporcione datos de partida que sirvan a los profesionales sanitarios para averiguar qué vacunas podrían estar relacionadas con ciertos efectos secundarios a fin de estudiarlas en profundidad y, cuando corresponda, mejorarlas, cambiar la forma de administración o incluso retirarlas del mercado.

Al mismo tiempo que me enteré de la existencia del VAERS, descubrí una página web creada por los padres cuyos hijos habían enfermado de gravedad o habían muerto a consecuencia de la vacuna. El VAERS de los padres era mucho más sencillo para el usuario y facilitaba más el acceso a la información. Supuestamente, la web de los padres tomaba la información del VAERS, así que el contenido había de ser idéntico, aunque se presentara de un modo distinto y más claro. Sin embargo, en los debates en internet, había algunos convencidos que afirmaban que ciertos casos que antes figuraban en el VAERS seguían figurando en la web de los padres, pero se habían eliminado del VAERS. Aquellas conversaciones en internet dejaban claro que el borrado de esos casos no solo era algo malo de por sí, sino que daba otro motivo para desconfiar de cualquier información procedente del Gobierno. Richard me envió varios mensajes de advertencia al respecto. Al fin y al cabo, si el Gobierno estaba eliminando datos sobre los efectos secundarios en el VAERS, ¿qué más estaría haciendo?

Decidí comprobarlo por mí mismo y, en efecto, había casos que figuraban en la web de los padres, pero no en el VAERS. Desde el punto de vista de la lógica, esas discrepancias se podían haber producido o bien porque se hubiesen eliminado casos del VAERS (como sugerían los convencidos), o bien porque se hubiesen añadido casos a la web de los padres. Fuera cual fuese la causa, sin duda, había motivo para preocuparse porque algo no cuadraba.

Quiso la casualidad que, un par de días después, quedara a cenar con una de mis amistades del mundo de la medicina. De manera inesperada, se nos unió una tercera persona que trabajaba en el Departamento de Informática de la Administración de Alimentos y Medicamentos, que supervisa diversos programas, incluido el VAERS. Como es natural, me sentía un poco incómodo por preguntarle por los casos eliminados, pues no había manera de preguntárselo sin dar a entender que la FDA estaba ocultando información, pero no lo pude evitar.

Para mi sorpresa, esta persona sabía con exactitud de qué le estaba hablando y no solo me reconoció la eliminación de algunos casos, sino que me dijo que se había hecho bajo la supervisión de su propio departamento. Me explicó el motivo: ciertas potencias extranjeras, fundamentalmente Rusia e Irán, habían encontrado la manera de difundir desinformación a través del VAERS, así que, cuando la FDA identificó los casos cuya procedencia claramente era de aquellas fuentes, los eliminó del sistema para preservar la precisión de los datos. Si la web de los padres se descargó la información entre el momento en que se añadieron los casos falsos y el momento en que se clasificaron como desinformación y se eliminaron, eso explicaría la discrepancia. Aquello me pareció bastante razonable, así que pasamos al plato principal y a otros temas de conversación.

Más tarde, esa misma noche, informé a Richard de mi descubrimiento y le pregunté qué pensaba él de aquel giro de guion tan interesante. Le costó aceptar que la FDA apostara por una información precisa, pero también me preguntó por qué la gente que dirigía el VAERS no compartía ese problema de los datos con el público para que todo el mundo estuviera al tanto y entendiese las discrepancias. El argumento de Richard me pareció razonable, así que al día siguiente escribí a la persona del Departamento de Informática de la FDA y le pregunté por qué la agencia no hacía público el problema de la contaminación de los datos. Su respuesta: no querían hacer saber a las potencias extranjeras que los habían descubierto. Vale, eso también me parecía lógico. Volví a comunicarme con Richard para darle la información con la esperanza de que aumentara su confianza en el VAERS, tal vez por encima del nivel de confianza que tenía en la web de los padres, pero insistió en que borrar los casos estaba mal hecho por parte de la agencia, que no estaba claro qué era lo que estaban eliminando y que no se podía uno fiar del Gobierno. Ahí terminó la conversación.

Esa charla me dejó claro que, una vez erosionada la confianza —cuando uno comienza a dudar de la FDA, por ejemplo—, cualquier acción que conlleve la más mínima ambigüedad se podrá interpretar como una prueba más de una fechoría y un mayor motivo para desconfiar.

Por desgracia, la importancia de la confianza solo se vuelve muy evidente después de haberla perdido. Aun así, espero que, como sociedad, no tardemos en darnos cuenta de lo importante que es y empecemos a trabajar para recuperarla antes de que el daño sea mucho mayor.

OJALÁ SEA ÚTIL...

Practicar la confianza

En muchos sentidos, la confianza es como la meditación. Todo consiste en la práctica, por lo que, cuanto más practicamos la confianza, mejor se nos da. Esto significa que, en los momentos de tensión y estrés añadidos, aumentar nuestra confianza en la gente que nos rodea de tal forma que la perciban y se sientan con mayor control repercutirá de manera positiva indirectamente. No es algo sencillo, y menos cuando nuestros instintos nos piden que retiremos nuestra confianza y nos protejamos. Estas son algunas formas simples de practicar la confianza: muéstrate vulnerable y revela alguna información personal a tus amigos íntimos, cierra los acuerdos con un apretón de manos en lugar de dejar que lo haga tu abogado, paga tú la cuenta al salir a cenar y diles a tus acompañantes que ya pagarán ellos la próxima. Todos estos detalles pueden parecer pequeños pasos, porque lo son, pero de eso se trata, exactamente, practicar la confianza.

La desconfianza y los medios: una cuestión de responsabilidad

Mi siguiente paso para adentrarme en el complejo universo de la escalada de desconfianza se produjo unas semanas después del incidente del VAERS. Estaba hablando con una doctora de una gran organización sanitaria y debatíamos acerca de la sobrecarga de trabajo de los médicos, en especial durante la pandemia, y de lo que podría hacer su organización para intentar rebajarla. Antes de terminar nuestra reunión, no me pude resistir y le pregunté qué pensaba ella de todo aquel jaleo en internet sobre los efectos secundarios no documentados de la vacuna. Me contó que en su clínica había observado muchos efectos secundarios que no estaban documentados y que se había dedicado a recopilar la información que le daban sus pacientes. Le pregunté si compartiría conmigo esos datos para analizarlos con objetividad y, quizá, arrojar algo de luz sobre la cuestión, pero me recordó que se trataba de unos datos médicos y que solo podía compartirlos con los funcionarios del Estado o en respuesta a una petición formal de uno de los canales de noticias.

Impertérrito, cogí el coche, me fui hasta las oficinas centrales de un gran periódico y pedí reunirme con el redactor jefe. Le hablé de los efectos secundarios no documentados y le sugerí que el periódico solicitara los datos de la doctora y los publicara para revelar la verdadera historia y, al hacerlo, quizá, recuperar algo de la confianza de los convencidos. El redactor me dijo que pensaba que yo estaba en lo cierto sobre los efectos secundarios no documentados, pero que no tenía intención de publicar nada al respecto.

Me quedé muy sorprendido al oír algo así de labios del redactor jefe de un periódico, y se me debió de notar en la cara, porque de inmediato pasó a explicarme que no quería publicar nada sobre el tema porque creía que los aficionados a las conspiraciones iban a utilizar aquella información de manera poco ética, que la iban a distorsionar tanto que acabaría convirtiéndose en desinformación. Era como si estuviera sopesando el volumen de desinformación que se iba a generar si publicaba su artículo (en una mezcla de dar más veracidad a su periódico y echar gasolina al fuego de la distorsión de los convencidos) frente a la falta de información si no publicaba el artículo.

Me marché de aquella reunión muy confuso e inseguro al respecto de la responsabilidad de los periódicos: ¿hasta dónde llega esa responsabilidad?, ¿se termina en el momento en que publica la verdad o también es responsabilidad de un periódico asegurarse de que la información que proporciona se interpreta de forma correcta? ¿Y qué relevancia debería darle a la posibilidad de que la gente utilice e interprete mal esa información? ¿Forma parte de su trabajo hacer este análisis coste-beneficio para la sociedad como un todo o su trabajo se limita a publicar la verdad y se acabó? Me decepcionaba que no fuesen a publicar el artículo, pero veía la lógica de su argumento. He de reconocer que me alegré de no estar en su piel y tener que tomar las decisiones que él estaba teniendo que tomar.

Con independencia de dónde te posiciones en la cuestión, esta historia deja bien claro que la desconfianza y la desinformación se alimentan la una de la otra. Una vez rebajada la confianza, la cuestión sobre qué difundir o no se vuelve más compleja y, si a la gente y a las organizaciones les entra el miedo y comienzan a actuar de manera estratégica en cuanto a qué publicar o difundir, poca esperanza nos queda de sacar la verdad a la luz y recuperar la confianza.

Una vez iniciada la espiral de la desconfianza, alguien tiene que ser el primero en mover ficha para romper el círculo vicioso, y esto implica extender la confianza en lugar de insistir en la desconfianza. En nuestras relaciones sociales, aunque la cuestión de quién es el primero que va a mover ficha esté abierta a debate, cuando el Estado se encuentra de por medio, creo que la respuesta parece más clara. Dada la asimetría en el diferencial de poder, le corresponde al Estado dar el primer paso.

El desmotivador azote de la burocracia

Antes de que dejemos el tema de la confianza, concédeme otro instante para que te hable de la relación entre la confianza y una de las cosas que menos me gustan del mundo: la burocracia, un mecanismo que evoluciona cuando no confiamos en los demás. Las Administraciones crean normas que reducen las posibilidades de que la gente desobedezca en un área determinada, pero no ven que, al añadir la burocracia, reducen el nivel de confianza que tendrán los administrados en el conjunto del sistema. Cuando se incrementa la burocracia, la gente percibe una desconfianza hacia ella y disminuye su buena voluntad hacia las instituciones (a menudo Gobiernos) que están haciendo las normas. En consecuencia, se tuercen más cosas, lo que provoca más normativas, generando un círculo vicioso que incrementa la desconfianza. Aunque la burocracia sirva para solucionar un punto concreto de una regulación específica, erosiona la buena voluntad global y destroza la motivación de la gente para mejorar la institución y contribuir a ella. Por desgracia, la burocracia se está incrementando en casi todas partes.

OJALÁ SEA ÚTIL...

Fomentar la confianza mostrando interés

Para generar confianza, tenemos que demostrar que estamos dispuestos a situar los intereses de los demás por encima de los nuestros. He aquí un ejemplo de esto. Imagínate que un camarero de un restaurante se acerca a una mesa de cuatro y les pregunta: «¿Qué les apetece tomar?». El primer comensal dice que quiere el pescado, a lo que el camarero responde que el pescado de hoy no es muy bueno y que le recomienda el pollo. Es más barato y está mejor, añade. Ahora, imagínate al mismo camarero en la mesa, pero esta vez recomienda el entrecot en lugar del pollo. Es el doble de caro, comenta, pero está impresionante. En cada mesa, calculamos la probabilidad de que cada comensal pida el plato recomendado por el camarero y la probabilidad de que siga el consejo del mismo camarero sobre el vino. Como habrás adivinado, es mucho más probable que los comensales de la primera mesa sigan las recomendaciones del camarero. ¿Por qué? Porque ese camarero se ha mostrado dispuesto a sacrificar algo bueno para él (el total de la cuenta de esa mesa y la propina proporcional) en beneficio de los comensales (una señal costosa, como hemos visto en el capítulo 10). En el segundo caso, es posible que el camarero diese un buen consejo, pero los comensales se quedan con la duda de si intenta ayudarlos a ellos o sacar partido. Si queremos generar confianza, primero tenemos que demostrar a los demás de manera tangible que nos preocupamos por ellos más que por nosotros mismos.

La tentación de no confiar

Siempre me he tenido por una persona confiada en el plano personal, pero hace unos años tuve una experiencia profesional que me hizo replantearme mi inclinación a la confianza. Tuvo que ver con una mujer llamada Clare, la amiga de una amiga, a la que conocí y con la que tiempo después accedí a colaborar en un proyecto de comunicación. Era inteligente, creativa y divertida y me apetecía mucho que trabajásemos juntos, incluso rechacé otro proyecto por trabajar con ella. Me esforcé mucho en mi parte del proyecto y generé una gran cantidad de contenido audiovisual, aunque, cuando Clare lo editó, añadió todo tipo de efectos especiales que a mí me daba la sensación de que distorsionaban el mensaje. No fuimos capaces de ponernos de acuerdo en por dónde tirar; acabamos separándonos y yo accedí a pagarle por su tiempo, a ella y al editor de vídeo, además de la factura de la cancelación del *hosting* de la web. Fue entonces cuando las cosas se pusieron raras. Por resumirlo, descubrí que Clare no había pagado al editor ni mucho menos la cantidad que me había dicho a mí y no había factura de cancelación. Es más, nos habían pagado por adelantado, cosa que ella nunca me dijo. Me quedé perplejo con aquellas jugarretas de dinero y, cuando se lo expuse, ella respondió de manera confusa y con evasivas. Al final, decidí olvidarme de aquello y pasar a otra cosa.

Por desgracia, me resultó difícil gestionar los rescoldos de aquella experiencia. Todos tenemos alguna historia similar en la que alguien traiciona nuestra confianza. Yo diría que la mayoría de la gente comparte mi primera reacción instintiva: revisar todos los aspectos de nuestra tendencia a confiar en la gente y de nuestra susceptibilidad ante futuras traiciones. Igual que en el ejemplo del amante traicionado de Richard, una traición nos hace replantearnos nuestra confianza de un modo más general. Es posible, incluso, que lleguemos a pensar que jamás deberíamos volver a confiar en nadie y que vamos a utilizar un modelo legal de contrato para cada proyecto. Qué bien sienta esta determinación. Nuestro futuro parece más predecible y bajo control.

Unos días después, volví a evaluar la cuestión de la quiebra de la confianza. Sí que había tomado la decisión de no volver a confiar en nadie y de utilizar siempre abogados y contratos, pero pensé que, antes de poner en práctica ese planteamiento, quizá debiese hacer un análisis más detenido de costes y beneficios. Al fin y al cabo, se supone que mi profesión consiste en la toma de buenas decisiones.

Entonces me pregunté: ¿qué he ganado a lo largo del tiempo depositando mucha confianza, tal vez demasiada, en todas las personas con las que trabajo y qué he perdido? Las pérdidas estaban claras, sobre todo en relación al fiasco con Clare, algunos temas económicos y algún que otro desengaño. Ahora bien —y esto es lo más interesante—, aunque los puntos negativos de confiar en la gente eran patentes, los beneficios y las ventajas se me escapaban, estaban un tanto escondidos. Empecé pensando en toda la gente que trabajaba conmigo y en la confianza que depositaba en ella (suelo decir a las personas con las que trabajo que confío en ellas plenamente y que no me hace falta que me entreguen informes hasta el final del proyecto, pero que estoy ahí para ayudarlas siempre que lo necesiten). Era evidente que estaba obteniendo muchos beneficios de mi confianza: gestionábamos muchos más proyectos con una mayor eficacia, la gente se sentía autorizada, nos divertíamos más, no estábamos hasta el cuello de cargas burocráticas, etcétera. Aunque esos beneficios no fuesen tan aparentes ni tan fáciles de calibrar, vi con claridad lo que pasaría si abandonaba la confianza. Sí, quizá me protegiese de las traiciones, pero iba a perder todos esos beneficios tan maravillosos.

Decidí que los beneficios de la confianza superaban con creces los costes. Por dolorosa que hubiera sido mi experiencia con Clare, tenía que considerarla el coste de los negocios y no arrojar toda la confianza por la ventana.

Creo que esta lección es más aplicable aún a escala social. Cuando nos enfrentamos a un mundo donde la confianza es un bien cada vez más escaso, puede ser tentador retirar la nuestra y buscar la manera de protegernos. Aun así, no nos damos cuenta de que, cuando hacemos esto, generamos una onda expansiva aún mayor y reducimos la confianza del espacio social común. Cuando quienes lo hacen son las empresas —o peor aún, los Gobiernos—, se daña uno de los tejidos más importantes que nos conectan a los unos con los otros. Cierto, retirar la confianza de una actividad concreta seguramente reduzca la probabilidad de que ese abuso específico se produzca de nuevo, pero lo más probable es que también se reduzca la confianza general y, con ella, la cooperación y la buena voluntad.

Cada vez que perdemos la confianza, nos sentimos bien a corto plazo, pero esto repercute negativamente a largo plazo. Juntos podemos hacer maravillas, en grupo o como sociedad, pero nuestra motivación para colaborar en pos de un objetivo común depende en gran medida de la confianza. Este es el dilema al que se enfrentan individuos e instituciones: ¿cómo vencemos ese primer instinto defensivo de retirar nuestra confianza y, en lugar de eso, la aumentamos en pro de un bien mayor? Uno de los grandes desafíos a los que nos enfrentamos como sociedad es una crisis de confianza, algo que hay que afrontar si queremos ponerle freno a la avalancha de convicciones infundadas.

12

Por qué Superman me da esperanzas

Unas últimas palabras (no tanto)

> Las soluciones casi siempre llegan por donde menos te lo esperas, lo cual significa que no tiene ningún sentido quedarse mirando en esa dirección, porque no van a llegar por ahí.
>
> DOUGLAS ADAMS, *The Salmon of Doubt*

—Dan, ¿qué planes tienes para el verano? ¿En qué estás trabajando?

Muchos de mis amigos me hicieron esta pregunta durante el verano de 2022, y la conversación que venía después siempre se desarrollaba de un modo parecido a este:

YO: Estoy intentando entender y escribir algo sobre quienes niegan el covid, sobre las teorías conspirativas y, más en general, sobre el proceso de las convicciones infundadas, por el cual la gente pierde la confianza en la ciencia, las instituciones, los Gobiernos y los medios.

AMIGO: ¿Y por qué pierdes el tiempo con eso? ¿No te has dado cuenta de que ya no hay covid? Ya no quedan negacionistas del covid.

YO: Pues sí y no. Hasta cierto punto, la pandemia se ha terminado, pero las repercusiones de las convicciones infundadas en la sociedad siguen siendo muy fuertes. Tú piensa en lo difícil que sería para cualquiera que hubiese caído por la senda de todas esas creencias y se hubiera entregado durante tanto tiempo a ese relato alternativo salir y decir de repente: «Vale, me he equivocado, perdonad los errores que he cometido y vamos a pasar página». Después de haber invertido tanto tiempo y energías, los efectos no son solo personales, sino que también provocan cambios profundos en la estructura social de los convencidos. ¿Tú crees que después de todo eso van a dedicarse a otra cosa con tanta facilidad?

AMIGO: Pero si ya no se los ve.

YO: Créeme, siguen ahí y están reforzando sus convicciones y expandiéndolas, tal y como establece la disonancia cognitiva.

Estas conversaciones me dejaban claro que mis amigos no entendían lo eficaz que es el embudo de la convicción infundada: el alcance de los cambios que provoca en la gente, cómo la empuja a un mayor grado de compromiso y lo difícil que resulta escapar. Ahora que llegamos al final de este libro, espero que todos seamos capaces de reconocer mejor las fuerzas que dan lugar al embudo. Los elementos emocionales, cognitivos, personales y sociales intervienen, se amplifican y se refuerzan los unos a los otros mientras el proceso se acelera.

¿Y el hecho de comprender todo esto nos va a conducir a la gran solución del problema de las convicciones infundadas? Lamentablemente, no, aunque sí creo que revela muchas maneras de resistirnos a caer por el embudo. Esto es lo que espero que haya logrado este recorrido.

Primero, espero que haber explorado en cierta profundidad los aspectos psicológicos de la convicción infundada haya arrojado algo de luz sobre el peligro que acarrea y sobre el alcance del fenómeno.

Segundo, espero que sea una guía útil sobre algunas de las trampas que nos podemos encontrar por el camino y que nos ayude a tener más cuidado a la hora de decidir lo que nos creemos y lo que no.

Tercero, espero que nos sirva para ayudar a los que nos rodean a evitar algunas de las trampas.

Cuarto, y de un modo más general, espero que este libro nos ayude también a reflexionar sobre la complejidad de la naturaleza humana. Por un lado, es incuestionable que esta es fantástica y fascinante, pues podemos hacer cosas extraordinarias. Por otro lado, podemos causarnos un daño tremendo a nosotros mismos y a nuestro entorno.

Quinto, espero que este libro nos ayude a discernir mejor la importancia de la confianza y las implicaciones de la falta de esta.

Por qué Superman me da esperanzas

Si te quedas un rato largo pensando en los problemas sociales y estructurales que impulsan la crisis de confianza y de difusión de noticias falsas, es fácil desesperarse un poco, al menos. Entonces, enciendes el ordenador y lees los últimos titulares sobre la tecnología de la IA, capaz de generar como churros desinformación que parece auténtica, creíble y adaptable a nuestra personalidad individual. Difundir falsedades es más fácil, barato y con más posibilidades de crecer que nunca. ¿Conseguiremos tenerla alguna vez bajo control? Claro que sí, algunas compañías tecnológicas están trabajando para crear mejores protecciones y mejorar nuestra capacidad para detectar las noticias falsas, pero es algo así como una partida del juego de darle martillazos al topo donde no hay manera de ganar. Por este motivo, hay que prestarle más atención a la faceta humana del problema, entender el recorrido interior de la convicción infundada y trabajar para mitigarlo en nosotros, en nuestros seres queridos y en nuestros círculos sociales. Ahí es donde veo yo la esperanza, en los seres humanos, lo cual me lleva a mi superhombre preferido.

Vamos a pensar un momento en Superman. Más concretamente, vamos a pensar en las capacidades de Superman comparadas con las de un ser humano común. Imagínate que creáramos una tabla con una columna en la izquierda para las capacidades de Superman y otra en la derecha para las capacidades humanas correspondientes. En la columna de Superman, enumeraríamos cosas como que puede volar, ver en la oscuridad, correr rapidísimo, quedarse de pie mucho tiempo, soportar el calor o el frío gélido, oír a grandes distancias, recordarlo todo y hasta es capaz de no coger el móvil al volante. En el lugar correspondiente a las capacidades humanas, escribiríamos no, no, no, no, no, no, no, no y no mucho.

Esta comparación tal vez parezca un poco desalentadora, pero hay otra manera de verla. En el transcurso de los últimos trescientos años, más o menos, la humanidad se ha aproximado mucho más a Superman. Si no te fijas en nuestras capacidades naturales innatas, sino en lo que somos capaces de hacer, está claro que hemos avanzado a paso de gigante. Ahora, podemos cruzar grandes distancias por el aire, desplazarnos muy rápido por tierra y quedarnos muchas horas sentados en la comodidad de nuestras sillas y sofás. Hemos inventado el aire acondicionado y los ventiladores y contamos con sistemas de calefacción y ropa de abrigo. Tenemos micrófonos, altavoces, teléfonos y videoconferencias. Incluso disponemos de aplicaciones que nos ayudan a recordarlo todo. Lo de no utilizar el móvil mientras conducimos..., ahí todavía nos falta.

Si pensamos en esta lista, pero también en las diferencias en la manera en que tanto Superman como la humanidad han llegado a sus capacidades respectivas, está claro que nosotros no hemos alcanzado nuestras posibilidades actuales a base de mejorar nuestras características naturales. Es más, en términos de nuestras capacidades físicas individuales, es probable que nos estemos volviendo un poco más lentos y débiles. Nos hemos acercado al nivel de prestaciones de Superman creando una envoltura de tecnología a nuestro alrededor.

En esencia, incluso con un cuerpo frágil como el nuestro, nuestra tecnología nos da un nivel de prestaciones similar al de Superman. Piensa en la silla de oficina en la que quizá estés ahora mismo. Alguien ha dedicado mucho tiempo a darle vueltas al diseño del respaldo, los brazos, las ruedecillas. Un equipo de diseñadores e ingenieros habrá pasado cientos de horas pensando en el tipo de cojín que es mejor para las posaderas, de modo que puedas estar a gusto durante periodos largos. Por supuesto, nuestros esfuerzos por adaptar el entorno de tal forma que potencie nuestras capacidades va mucho más allá de las sillas. Con el deseo de alcanzar unas prestaciones sobrehumanas, hemos inventado todo tipo de cosas y vamos a seguir haciéndolo (ya verás cuando tengamos drones personales que nos permitan ir volando al supermercado).

En el proceso de mejora de nuestro entorno físico, hemos incrementado nuestra esperanza de vida y hemos hecho que esa vida sea mucho más interesante, pero también mucho más compleja y, a consecuencia de ese aumento de complejidad, ahora nos vemos en la obligación de forzar la máquina de nuestro sistema cognitivo mucho más que nunca. Piensa en nuestros ancestros en la sabana: no tenían que tomar decisiones sobre la jubilación, dónde invertir su dinero, a qué colegio llevar a sus hijos, a qué medios de comunicación creer, etcétera, por no mencionar si comprar criptomonedas o no, escoger entre un tratamiento médico u otro o cómo interpretar las instrucciones de montaje de esa cómoda de IKEA.

No me malinterpretes, la vida moderna es increíble y cada día que vivimos en estos tiempos deberíamos considerarnos unos privilegiados, pero también hemos de reconocer que el entorno moderno ha incrementado de manera drástica la complejidad de las decisiones que tenemos que tomar día sí y día también, y hay ocasiones en que eso nos conduce a tomar unas decisiones que no son las mejores.

Ahora bien, con este reconocimiento de la incompatibilidad humana con la complejidad de nuestro entorno moderno, ¿qué deberíamos hacer?, ¿por dónde deberíamos tirar? Es aquí donde nos resulta útil la analogía con Superman. Del mismo modo en que no le pedimos a la gente que se vuelva resistente al frío, sino que inventamos calefacciones y nos tejemos jerséis que nos ayuden con nuestras limitaciones físicas, deberíamos inventar tecnologías que nos ayuden a contrarrestar nuestras limitaciones mentales. Claro que sí, podemos asumir que la gente es racional y que todo el mundo va a tomar siempre la decisión adecuada, pero suponer esto tiene tanto sentido como asumir que la gente es físicamente perfecta, como

Superman. Si reconocemos nuestras limitaciones e irracionalidades, podríamos empezar a fabricar el equivalente de los aviones, la bicicleta, unas muletas y una almohada para la mente, y así alcanzar un nivel superior de prestaciones. Como último ejemplo, piensa en el automóvil y en cuántos accesorios hemos creado para reducir las posibilidades de cometer un error letal. Tenemos los faros para ver en la oscuridad; los retrovisores, porque somos demasiado vagos para volver la cabeza; detectores para los puntos ciegos, allá donde no llegan los retrovisores; detectores para las líneas del carril, porque perdemos la concentración con demasiada frecuencia; velocímetros que nos dicen a qué velocidad vamos; esos pitidos tan molestos del mecanismo de los cinturones para que no se nos olvide una medida de seguridad tan importante. Prácticamente todas las prestaciones que se te ocurran surgieron de un proceso de ensayo y error (sobre todo, de error). La gente que conducía sin todas esas ayudas cometía errores y, al hacerlo, los conductores resultaban heridos o se mataban, o herían o mataban a otras personas. Entonces, los increíbles ingenieros que trabajaban en la industria del automóvil fueron inventando nuevas ayudas que redujeran nuestra tendencia a cometer esos errores concretos. Básicamente, esas ayudas nos protegen de nosotros mismos.

Este mismo planteamiento es importante en otras áreas de esta vida nuestra tan compleja (economía, medicina, salud, relaciones, educación, etcétera), así como en lo referente a la desinformación y la confianza. Es muy tentador asumir que la gente va a reaccionar de un modo racional ante la información que se publica en las webs, medios convencionales, revistas científicas, fuentes oficiales gubernamentales y redes sociales, pero, a estas alturas, espero que coincidas conmigo en que eso tiene tanto sentido como dar por sentado que la gente es capaz de ver en la oscuridad. En lugar de eso, hemos de ahondar en el conocimiento de nuestras limitaciones y fabricar herramientas que nos sirvan de ayuda en vez de actuar en nuestra contra. Ya lo hemos hecho en muchas otras ocasiones en muchas áreas de la vida, así que en esta podemos hacerlo también. Por ese motivo, soy optimista. Eso no significa que el recorrido que tenemos por delante resulte sencillo, tan solo que es posible adaptar el entorno que nos rodea para que actúe más como respaldo del funcionamiento de nuestra mente y, así, obtengamos unos resultados mucho mejores.

Concluyendo...

¿Y cómo me quedo yo después de todo esto? Como decía, desde esa perspectiva general inspirada por Superman, soy optimista. Ahora bien, en lo personal, continúo con mi esfuerzo para abrirme paso a través de todo lo que he vivido y aprendido sobre la naturaleza humana, la convicción infundada y la confianza. Todo ese tiempo que he pasado con los convencidos, sufriendo unos ataques tan brutales casi todos los días durante los últimos años, ha provocado daños evidentes en mi bienestar, mi resiliencia y mi optimismo en general. Si me hubieras preguntado hace diez años si la desconfianza y la desinformación eran grandes problemas, les hubiera restado importancia porque los tenía en la parte baja de la escala de urgencias. Ahora, están en lo más alto de mi lista. Ya no veo la desinformación como unas simples imprecisiones que se pueden arreglar informando con más exactitud, sino como unas falsedades corrosivas que pueden llegar a cambiar a una persona en lo más profundo de su ser, a menudo hasta un punto de no retorno. La veo como una amenaza real para nuestra capacidad de unirnos y resolver las grandes dificultades a las que nos enfrentamos.

Hay veces en que las fuerzas que actúan en el embudo de la convicción infundada, así como la desmesurada influencia que este embudo ejerce en nuestra vida, me parecen inmensas y demasiado extraordinarias como para abordarlas, y no digamos ya vencerlas, pero la humanidad ha mejorado de muchas formas y ha conseguido superar muchísimos obstáculos. ¿Por qué no este? Y, sí, cuando se inventa una tecnología, al principio se utiliza de maneras cuestionables, pero después aprendemos y arreglamos las cosas. Cierto, el embudo de la convicción infundada no es una tecnología, sino una compleja maraña de procesos humanos, tecnologías y fuerzas externas, y como tal va a ser muy complicado solucionar esa maraña. Es algo mucho más complejo que ponerse a arreglar las plataformas de las redes sociales. Como hemos visto a lo largo de este libro, hay muchas cosas que podemos hacer para mitigar el problema y hay muchas más cosas con las que no sabemos qué hacer... aún. Esperemos que el hecho de reconocer la importancia de la confianza y los devastadores efectos del embudo de la convicción infundada nos aliente a dar pasos importantes en la dirección adecuada. Y esperemos también que, al entender la psicología profunda que subyace al problema de la convicción infundada, comencemos a encontrar formas de tender puentes para salvar las brechas y trabajar juntos. Al final, y a pesar de las demonizaciones, yo fui capaz de humanizar a las personas que me demonizaban, entenderlas hasta cierto punto y empatizar con ellas. Y con eso me basta para tener motivos para el optimismo.

FIGURA 10. Como recordatorio final, el embudo de la convicción infundada y sus elementos constituyentes (emocionales, cognitivos, personales y sociales)

Agradecimientos

Escribo esta líneas en Acción de Gracias, que es un momento maravilloso para pensar en la gratitud en general y, de manera más específica, en mi gratitud por la ayuda que he recibido con este libro.

Uno de los principales superpoderes sin los que me habría resultado imposible gestionar este periodo tan complejo y salir de él tan solo con daños leves ha sido contar con Liron Frumerman. Hace tiempo que somos amigos y, cuando los ataques comenzaron a acumularse, Liron decidió convertirse en mi escudo humano. Era ella quien supervisaba las redes sociales y me pasaba únicamente aquello que consideraba que yo tenía que conocer. También se unió a numerosos grupos en internet, fue a manifestaciones y —en pleno cumplimiento del deber— estuvo a punto de acceder a tener una cita con uno de los convencidos. En todos estos aspectos, Liron no fue solo una de mis principales fuentes de resiliencia, sino que también fue decisiva para ayudarme a entender el mundo de las convicciones infundadas. No podría haber contado con una mejor amiga y colega en este recorrido tan complejo.

La experiencia de meterse de lleno en este mundo que aquí describo ha sido compleja y desagradable y Ellen Daly no solo me ha ayudado a pulir y aclarar las ideas con elegancia y humor, sino también a cribar las experiencias desagradables por las que estaba pasando yo. Al echar ahora la vista atrás, me doy cuenta de que también estaba actuando como mi terapeuta, así que le debo un agradecimiento extra por esto. No podía haberme imaginado una compañía mejor en esta aventura y mi único lamento es que no tuviésemos más tiempo para trabajar juntos, codo con codo, en persona. También quiero dar las gracias a Talia Krohn, la primera persona que me animó a poner este libro en marcha y me ofreció muy buenos consejos sobre el modo de plantearlo. Dana Kindler me ha ayudado con gran parte del trabajo de documentación para el libro, Nathaniel Barr y Ben Heller me han aportado unas opiniones e ideas muy útiles y Rotem Schwartz fue quien creó los gráficos tan bonitos. Estoy profundamente agradecido a todos vosotros.

Como de costumbre, quiero darle las gracias a mi maravilloso amigo y agente, Jim Levine, por estar ahí para lo que necesite en todos los aspectos de mi vida profesional y personal durante tantos años. Mi profundo agradecimiento también a mi editor, Matt Harper, y a mis numerosos amigos en HarperCollins.

Quiero dar las gracias de manera especial a los investigadores incluidos en este libro, cuyo trabajo ha sido para mí muy esclarecedor, formativo y útil a la hora de tratar de comprender este fenómeno tan complejo. Me gustaría dar las gracias también al equipo del Centro para la Retrospectiva Avanzada, no solo por los estudios que incluimos en este libro, sino por no permitir que mi vida en Duke deje de ser interesante y divertida.

Fuera del contexto de este libro, quiero dar las gracias a la gente que llena de magia mi vida cotidiana: Megan Hogerty y Yifah Hermony. Mucho de lo que considero maravilloso en la vida se debe al privilegio de contar con vosotras dos en la mía. Mi agradecimiento y mi amor más profundo.

Por último, me gustaría dar las gracias a toda la gente que me ha ofrecido parte de su tiempo, ya sea para escuchar mis ideas, compartir conmigo las suyas o ayudarme a entender su punto de vista sobre lo que está pasando en el mundo. Quiero agradecer de manera especial a tantas personas convencidas sin fundamento que hayan tenido la generosidad de compartir conmigo sus puntos de vista y opiniones y que hayan pasado horas en comunicaciones y discusiones conmigo (y culpándome, a veces). Agradezco vuestra disposición a hablar conmigo y a ayudarme a entender este mundo tan complejo en el que vivimos todos.

Irracionalmente vuestro,

Referencias bibliográficas

Introducción

Basada en:

Anandi Mani, Sendhil Mullainathan, Eldar Shafir y Jiaying Zhao, «Poverty Impedes Cognitive Function», *Science* (30 de agosto de 2013).

Capítulos 1 y 2

Basados en:

La figura 1 está basada en Adam Enders, Christina Farhart, Joanne Miller, Joseph Uscinski, Kyle Saunders y Hugo Drochon, «Are Republicans and Conservatives More Likely to Believe Conspiracy Theories?», *Political Behavior* (2022).

Jonathan Haidt, *La mente de los justos: por qué la política y la religión dividen a la gente sensata.* Deusto (Barcelona, 2019).

Desinformación para promover los programas políticos en 2017: Sam Levin, «Fake News for Liberals: Misinformation Starts to Lean Left Under Trump», *The Guardian* (6 de febrero de 2017).

Lecturas complementarias

Michael Shermer, *Conspiracy: Why the Rational Believe the Irrational.* Johns Hopkins University Press (Baltimore, 2022).

Harry Frankfurt, *Sobre la charlatanería: sobre la verdad.* Paidós Ibérica (Barcelona, 2013).

Mikey Biddlestone, Ricky Green, Aleksandra Cichocka, Karen Douglas y Robbie Sutton, «A Systematic Review and Meta-analytic Synthesis of the Motives Associated with Conspiracy Beliefs», *PsyArXiv* (2022).

Jan-Willem van Prooijen, «Psychological Benefits of Believing Conspiracy Theories», *Current Opinion in Psychology* (2022).

Karen Douglas y Robbie Sutton, «Why Conspiracy Theories Matter: A Social Psychological Analysis», *European Review of Social Psychology* (2018).

Daniel Sullivan, Mark Landau y Zachary Rothschild, «An Existential Function of Enemyship: Evidence That People Attribute Influence to Personal and Political Enemies to Compensate for Threats to Control», *Journal of Personality and Social Psychology* (2010).

Capítulos 3 y 4

Basados en:

Shira Hebel-Sela, Anna Stefaniak, Daan Vandermeulen, Eli Adler, Boaz Hameiri y Eran Halperin, «Are Societies in Conflict More Susceptible to Believe in COVID-19 Conspiracy Theories? A 66 Nation Study», *Peace and Conflict: Journal of Peace Psychology* (publicación *online*, 2022).

Donald Dutton y Arthur Aron, «Some Evidence for Heightened Sexual Attraction Under Conditions of High Anxiety», *Journal of Personality and Social Psychology* (1974).

Martin Seligman y Steven Maier, «Failure to Escape Traumatic Shock», *Journal of Experimental Psychology* (1967).

Anandi Mani, Sendhil Mullainathan, Eldar Shafir y Jiaying Zhao, «Poverty Impedes Cognitive Function», *Science* (2013).

Eileen Chou, Bidhan Parmar y Adam Galinsky, «Economic Insecurity Increases Physical Pain», *Psychological Science* (2016).

Jon Jachimowicz, Salah Chafik, Sabeth Munrat, Jaideep Prabhu y Elke Weber, «Community Trust Reduces Myopic Decisions of Low-Income Individuals», *Proceedings of the National Academy of Sciences of the United States of America* (2017).

Jon Jachimowicz, Barnabas Szaszi, Marcel Lukas, David Smerdon, Jaideep Prabhu y Elke Weber, «Higher Economic Inequality Intensifies the Financial Hardship of People Living in Poverty by Fraying the Community Buffer», *Nature Human Behaviour* (2020).

Joshua Kalla y David Broockman, «Reducing Exclusionary Attitudes Through Interpersonal Conversation: Evidence from Three Field Experiments», *American Political Science Review* (2020).

Kurt Gray y Daniel Wegner, «The Sting of Intentional Pain», *Psychological Science* (2008).

Real Time with Bill Maher, HBO, temporada 19, episodio 31 (22 de octubre de 2021).

Clive Thompson, «QAnon Is like a Game: A Most Dangerous Game», *Wired* (22 de septiembre de 2020).

Reed Berkowitz, «QAnon Resembles the Games I Design. But for Believers, There Is No Winning», *The Washington Post* (11 de mayo de 2021).

Lecturas complementarias

Karen Douglas, Robbie Sutton y Aleksandra Cichocka, «The Psychology of Conspiracy Theories», *Current Directions in Psychological Science* (2017).

Stephan Lewandowsky y John Cook, «The Conspiracy Theory Handbook», *Skeptical Science* (2020).

Michael Butter y Peter Knight (eds.), *Routledge Handbook of Conspiracy Theories.* Routledge (Londres, 2020).

Capítulos 5 y 6

Basados en:

Andy Norman, *Mental Immunity: Infectious Ideas, Mind-Parasites, and the Search for a Better Way to Think.* Harper Wave (Nueva York, 2021).

Ruth Appel, Jon Roozenbeek, Rebecca Rayburn-Reeves, Jonathan Corbin, Josh Compton y Sander van der Linden, «Psychological Inoculation Improves Resilience Against Misinformation on Social Media», *Science Advances* (2022).

Sobre el método socrático: Leonard Nelson, «The Socratic Method», *Thinking: The Journal of Philosophy for Children* (1980).

Peter Wason, «Reasoning About a Rule», *Quarterly Journal of Experimental Psychology* (1968).

Peter Johnson-Laird y Peter Wason (eds.), *Thinking: Readings in Cognitive Science*. University Press (Cambridge, 1977).
Julia Galef, *La mentalidad del explorador: por qué algunas personas ven las cosas con claridad y otras no*. Paidós (Barcelona, 2023).
Donato Paolo Mancini, «Cheap Antiparasitic Could Cut Chance of Covid-19 Deaths by Up to 75 %», *Financial Times* (20 de enero de 2021).
Jaimy Lee, «"You Will Not Believe What I've Just Found". Inside the Ivermectin Saga: A Hacked Password, Mysterious Websites and Faulty Data», *MarketWatch* (7 de febrero de 2022).
Troy Campbell y Aaron Kay, «Solution Aversion: On the Relation Between Ideology and Motivated Disbelief», *Journal of Personality and Social Psychology* (2014).
Rebecca Lawson, «The Science of Cycology: Failures to Understand How Everyday Objects Work», *Memory & Cognition* (2006).
Leonid Rozenblit y Frank Keil, «The Misunderstood Limits of Folk Science: An Illusion of Explanatory Depth», *Cognitive Science* (2002).
Ethan Meyers, Jeremy Gretton, Joshua Budge, Jonathan Fugelsang y Derek Koehler, «Broad Effects of Shallow Understanding: Explaining an Unrelated Phenomenon Exposes the Illusion of Explanatory Depth», documento de trabajo, Universidad de Yale (2023).
Benjamin Lyons, Jacob Montgomery, Andrew Guess, Brendan Nyhan y Jason Reifler, «Overconfidence in News Judgments Is Associated with False News Susceptibility», *Proceedings of the National Academy of Sciences of the United States of America* (2021).

Lecturas complementarias

Petter Johansson, Lars Hall, Sverker Sikström y Andreas Olsson, «Failure to Detect Mismatches Between Intention and Outcome in a Simple Decision Task», *Science* (7 de octubre de 2005).
Gordon Pennycook, James Allan Cheyne, Derek Koehler y Jonathan Fugelsang, «On the Belief That Beliefs Should Change According to Evidence: Implications for Conspiratorial, Moral, Paranormal, Political, Religious, and Science Beliefs», *Judgment and Decision Making* (2020).
Gordon Pennycook, Jabin Binnendyk y David Rand, «Overconfi-

dently Conspiratorial: Conspiracy Believers Are Dispositionally Overconfident and Massively Overestimate How Much Others Agree with Them», documento de trabajo, Universidad de Regina (2022).

Nicholas Light, Philip Fernbach, Nathaniel Rabb, Mugur Geana y Steven Sloman, «Knowledge Overconfidence Is Associated with Anti-Consensus Views on Controversial Scientific Issues», *Science Advances* (2022).

Capítulos 7 y 8

Basados en:

Susan Clancy, Richard McNally, Daniel Schacter, Mark Lenzenweger y Roger Pitman, «Memory Distortion in People Reporting Abduction by Aliens», *Journal of Abnormal Psychology* (2002).

«Sleep Paralysis: Symptoms, Causes, and Treatment», *The Sleep Foundation* (2022).

Michael Shermer, «Patternicity: Finding Meaningful Patterns in Meaningless Noise», *Scientific American* (1 de diciembre de 2008).

Jan-Willem van Prooijen, Karen Douglas y Clara de Inocencio, «Connecting the Dots: Illusory Pattern Perception Predicts Belief in Conspiracies and the Supernatural», *European Journal of Social Psychology* (2018).

Jennifer Whitson y Adam Galinsky, «Lacking Control Increases Illusory Pattern Perception», *Science* (2008).

Bronislaw Malinowski, *Magia, ciencia, religión*. Ariel (Barcelona, 1982).

P. V. Simonov, M. V. Frolov, V. F. Evtushenko y E. P. Sviridov, «Effect of Emotional Stress on Recognition of Visual Patterns», *Aviation, Space, and Environmental Medicine* (1977).

George Gmelch, «Baseball Magic», *Trans-action* (1971).

La parte sobre Trump y la intuición visceral está basada en: Aaron Blake, «President Trump's Full Washington Post Interview Transcript, Annotated», *The Washington Post* (27 de noviembre de 2018).

La escala exhaustiva de humildad intelectual se ha extraído de: Elizabeth Krumrei-Mancuso y Steven Rouse, «The Development and Validation of the Comprehensive Intellectual Humility Scale», *Journal of Personality Assessment* (2016).

Shauna Bowes, Thomas Costello, Winkie Ma y Scott Lilienfeld, «Looking Under the Tinfoil Hat: Clarifying the Personological and Psychopathological Correlates of Conspiracy Beliefs», *Journal of Personality* (2021).

Tenelle Porter y Karina Schumann, «Intellectual Humility and Openness to the Opposing View», *Self and Identity* (2018).

Shane Frederick, «Cognitive Reflection and Decision Making», *Journal of Economic Perspectives* (2005).

Gordon Pennycook y David Rand, «Lazy, Not Biased: Susceptibility to Partisan Fake News Is Better Explained by Lack of Reasoning Than by Motivated Reasoning», *Cognition* (2019).

Amos Tversky y Daniel Kahneman, «Extensional Versus Intuitive Reasoning: The Conjunction Fallacy in Probability Judgment», *Psychological Review* (1983).

Robert Brotherton y Christopher French, «Belief in Conspiracy Theories and Susceptibility to the Conjunction Fallacy», *Applied Cognitive Psychology* (2014).

Neil Dagnall, Andrew Denovan, Kenneth Drinkwater, Andrew Parker y Peter Clough, «Urban Legends and Paranormal Beliefs: The Role of Reality Testing and Schizotypy», *Frontiers in Psychology* (2017).

Steven Stroessner y Jason Plaks, «Illusory Correlation and Stereotype Formation: Tracing the Arc of Research over a Quarter Century», en *Cognitive Social Psychology: The Princeton Symposium on the Legacy and Future of Social Cognition*, editado por Gordon Moskowitz. Lawrence Erlbaum Associates (Mahwah, 2001).

Ziva Kunda, *Social Cognition: Making Sense of People*. MIT Press (Cambridge, 1999).

Neal Roese y Kathlene Vohs, «Hindsight Bias», *Perspectives on Psychological Science* (2012).

Christian Jordan, Miranda Giacomin y Leia Kopp, «Let Go of Your (Inflated) Ego: Caring More About Others Reduces Narcissistic Tendencies», *Social and Personality Psychology Compass* (2014).

Lecturas complementarias

Andreas Goreis y Martin Voracek, «A Systematic Review and Meta-Analysis of Psychological Research on Conspiracy Beliefs:

Field Characteristics, Measurement Instruments, and Associations with Personality Traits», *Frontiers in Psychology* (2019).
Aleksandra Cichocka, Marta Marchlewska y Mikey Biddlestone, «Why Do Narcissists Find Conspiracy Theories So Appealing?», *Current Opinion in Psychology* (2022).

Capítulos 9 y 10

Basados en:

Kipling Williams, «Ostracism», *Annual Review of Psychology* (enero de 2007).
Naomi Eisenberger, Matthew Lieberman y Kipling Williams, «Does Rejection Hurt? An fMRI Study of Social Exclusion», *Science* (2003).
David McRaney, *How Minds Change: The Surprising Science of Belief, Opinion, and Persuasion*. Portfolio/Penguin (Nueva York, 2022).
Robert Cialdini, *Influence: How and Why People Agree to Things*. William Morrow (Nueva York, 1984).
Jessica Nolan, Paul Wesley Schultz, Robert Cialdini, Noah Goldstein y Vladas Griskevicius, «Normative Social Influence Is Underdetected», *Personality and Social Psychology Bulletin* (2008).
Solomon Asch, «Studies of Independence and Conformity. A Minority of One Against a Unanimous Majority», *Psychological Monographs: General and Applied* (1956).
Jean Twenge, Roy Baumeister, Nathan DeWall, Natalie Ciarocco y Michael Bartels, «Social Exclusion Decreases Prosocial Behavior», *Journal of Personality and Social Psychology* (2007).
Kai-Tak Poon, Zhansheng Chen y Nathan DeWall, «Feeling Entitled to More: Ostracism Increases Dishonest Behavior», *Personality and Social Psychology Bulletin* (2013).
Leon Festinger, Henry Riecken y Stanley Schachter, *Cuando las profecías fallan*. Vergel Fernández, Pablo (Alicante, 2019).
Taylor Lorenz, «Birds Aren't Real, or Are They? Inside a Gen Z Conspiracy Theory», *The New York Times* (9 de diciembre de 2021).
Zoe Williams, «"The Lunacy Is Getting More Intense": How Birds Aren't Real Took On the Conspiracy Theorists», *The Guardian* (14 de abril de 2022).
Jonathan Haidt, *La mente de los justos: por qué la política y la religión dividen a la gente sensata*. Deusto (Barcelona, 2019).

Tyler Kingkade, Ben Goggin, Ben Collins y Brandy Zadrozny, «How an Urban Myth About Litter Boxes in Schools Became a GOP Talking Point», *NBC News* (14 de octubre de 2022).
Amotz Zahavi y Avishag Zahavi, *The Handicap Principle: A Missing Piece of Darwin's Puzzle*. Oxford University Press (Londres, 1997).
Sobre Kipling Williams y el ostracismo: «Purdue Professor Studies the Pain of Ostracism», *Purdue Today* (13 de enero de 2011).

Lecturas complementarias

Daniel Sullivan, Mark Landau y Zachary Rothschild, «An Existential Function of Enemyship: Evidence That People Attribute Influence to Personal and Political Enemies to Compensate for Threats to Control», *Journal of Personality and Social Psychology* (2010).
Antoine Marie y Michael Bang Petersen, «Political Conspiracy Theories as Tools for Mobilization and Signaling», *Current Opinion in Psychology* (2022).
Karen Douglas y Robbie Sutton, «What Are Conspiracy Theories? A Definitional Approach to Their Correlates, Consequences, and Communication», *Annual Review of Psychology* (2023).
Anni Sternisko, Aleksandra Cichocka y Jay van Bavel, «The Dark Side of Social Movements: Social Identity, Non-conformity, and the Lure of Conspiracy Theories», *Current Opinion in Psychology* (2020).
Zhiying Ren, Eugen Dimant y Maurice Schweitzer, «Beyond Belief: How Social Engagement Motives Influence the Spread of Conspiracy Theories», *Journal of Experimental Social Psychology* (2023).

Índice onomástico y de materias

Los números de página en *cursiva* hacen referencia a las ilustraciones